今注本二十四史

晋書

二

紀〔二〕

唐 房玄齡等 撰

梁滿倉 主持校注

中国社会科学出版社

晋書　卷四

帝紀第四

惠帝

孝惠皇帝諱衷，字正度，武帝第二子也。泰始三年，立爲皇太子，時年九歲。太熙元年四月己酉，[1]武帝崩。是日，皇太子即皇帝位，大赦，改元爲永熙。尊皇后楊氏曰皇太后，[2]立妃賈氏爲皇后。[3]夏五月辛未，葬武皇帝於峻陽陵。丙子，[4]增天下位一等，預喪事者二等，復租調一年，二千石已上皆封關中侯。以太尉楊駿爲太傅，[5]輔政。秋八月壬午，立廣陵王遹爲皇太子，[6]以中書監何劭爲太子太師，[7]吏部尚書王戎爲太子太傅，[8]衛將軍楊濟爲太子太保。[9]遣南中郎將石崇、射聲校尉胡奕、長水校尉趙俊、揚烈將軍趙歡將屯兵四出。[10]冬十月辛酉，以司空石鑒爲太尉，[11]前鎮西將軍、隴西王泰爲司空。[12]

[1]太熙元年：太，原本、宋本作“大”，殿本作“太”，據殿

本改。

[2]楊氏：武帝皇后楊艷，字瓊芝，本書卷三一有傳。

[3]賈氏：惠帝皇后賈南風，本書卷三一有傳。

[4]丙子：丙，原本、宋本、殿本作“景”。“景”爲“丙”的避諱字。本卷後凡遇此避諱字均徑改，不再出注。

[5]太尉：官名，曹操爲丞相後，太尉府屬官歸相府，晋時太尉雖爲八公之一、三公之首，實爲名譽宰相，多爲大臣加官。一品。　楊駿：字文長，本書卷四〇有傳。

[6]遹：司馬遹，字熙祖，本書卷五三有傳。

[7]中書監：官名，中書省長官之一。三國魏文帝初年分秘書置中書省，長官爲中書監、中書令。掌收納奏章，草擬詔令。平常不分高下，入朝時監略高於令。三品。　何劭：字敬祖，何曾子，本書卷三三有傳。　太子太師：官名，東宮三師之首。與太子太傅、太子太保、太子少師、太子少傅、太子少保並號六傅。掌輔導太子。三品。

[8]吏部尚書：官名，三國魏時爲尚書省吏部曹長官，位居列曹尚書之上。三品。　王戎：字濬冲，本書卷四三有傳。　太子太傅：官名，東宮三師之一。與太子少傅並稱二傅，與太子太傅、太子太保、太子少師、太子少傅、太子少保並號六傅。西晋時下設丞、功曹、主簿等屬官。掌輔導太子。三品。

[9]衛將軍：官名，魏晋時位在名號將軍之上，多爲軍府名號，加給大臣、重要州郡長官。二品，開府位從公者一品。　楊濟：西晋人，楊駿弟，字文通，本書卷四〇有傳。　太子太保：官名，東宮三師之一。與太子太傅、太子太保、太子少師、太子少傅、太子少保並號六傅。位居太子太師、太子太傅下。三品。

[10]南中郎將：官名，與東、西、北中郎將並稱四中郎將，統兵征戰，權職甚重。四品。　石崇：字季倫，本書卷三三有傳。　射聲校尉：官名，五校尉之一。統宿衛兵，魏晋時隸屬中領軍。四品。　長水校尉：官名，五校尉之一，統宿衛兵，魏晋時隸屬中領

軍。四品。　趙俊：武帝楊皇后舅家，歷任中護軍、長水校尉等職。　揚烈將軍：官名，統軍出鎮地方，或爲刺史加官。五品。

[11]司空：官名，魏晋南北朝爲名譽宰相，多爲大臣加官。晋八公之一，位在三公之末。一品。　石鑒：字林伯，本書卷四四有傳。

[12]鎮西將軍：官名，與鎮東、鎮南、鎮北將軍合稱四鎮將軍。多爲持節都督，出鎮方面。曹魏二品。晋改三品，加持節都督者二品。　泰：司馬泰，字子舒，本書卷三七有傳。

永平元年春正月乙酉朔，[1]臨朝，不設樂。詔曰："朕夙遭不造，[2]淹恤在疚。[3]賴祖宗遺靈，宰輔忠賢，得以眇身託于群后之上。昧於大道，不明于訓，戰戰兢兢，夕惕若厲。[4]乃者哀迷之際，[5]三事股肱，[6]惟社稷之重，率遵翼室之典，猶欲長奉先皇之制，是以有永熙之號。然日月逾邁，已涉新年，開元易紀，禮之舊章。其改永熙二年爲永平元年。"又詔子弟及群官並不得謁陵。丙午，皇太子冠，[7]丁未，見于太廟。二月甲寅，賜王公已下帛各有差。癸酉，鎮南將軍楚王瑋、鎮東將軍淮南王允來朝。[8]戊寅，復置秘書監官。[9]

[1]永平元年：中華本校勘記："是年三月又改元'元康'，依例應作'元康元年'。此仍作'永平'，則三月改元後應出'元康'年號，使讀者明白自此以下至九年皆'元康之年'。《紀》文此處既用'永平'，下文又不出'元康'，似自此至九年皆屬'永平'矣。此爲史例之失。"

[2]不造：不幸。

[3]淹恤在疚：長期遭受憂傷的困擾。淹恤，久遭憂患。

[4]夕愓若厲：朝夕戒懼，如臨如履，不敢稍有懈怠。

[5]哀迷：悲哀不醒，此指惠帝丁憂之時。

[6]三事股肱：依靠三公輔佐。三事，三公。《詩·小雅·雨無正》："三事大夫，莫肯夙夜。"孔穎達疏："三事大夫爲三公耳。"

[7]冠：冠禮，古代男子到成年則舉行加冠禮，叫作冠。一般在二十歲。《禮記·曲禮上》："男子二十冠而字。"鄭玄注："成人矣，敬其名。"

[8]鎮南將軍：官名，與鎮東、鎮西、鎮北將軍合稱四鎮將軍。多爲持節都督，出鎮方面。曹魏二品。晋改三品，加持節都督者二品。　瑋：司馬瑋，字彦度，本書卷五九有傳。　鎮東將軍：官名，與鎮南、鎮西、鎮北將軍合稱四鎮將軍。多爲持節都督，出鎮方面。曹魏二品。晋改三品，加持節都督者二品。　允：司馬允，字欽度，本書卷六四有傳。

[9]秘書監：官名，秘書省長官，掌管藝文圖籍、課試署吏，統著作局，掌國史修撰並管理中外三閣圖書。三品。

三月辛卯，誅太傅楊駿，駿弟衛將軍珧，[1]太子太保濟，中護軍張劭，[2]散騎常侍段廣、楊邈，[3]左將軍劉預，[4]河南尹李斌，[5]中書令蔣俊，[6]東夷校尉文淑，[7]尚書武茂，[8]皆夷三族。壬辰，大赦，改元。[9]賈后矯詔廢皇太后爲庶人，[10]徙于金墉城，[11]告于天地宗廟。誅太后母龐氏。壬寅，徵大司馬、汝南王亮爲太宰，[12]與太保衛瓘輔政。[13]以秦王柬爲大將軍，[14]東平王楙爲撫軍大將軍，[15]鎮南將軍、楚王瑋爲衛將軍，領北軍中候，[16]下邳王晃爲尚書令，[17]東安公繇爲尚書左僕射，[18]進封東安王。督將侯者千八十一人。庚戌，免東安王繇及東平王楙，繇徙帶方。[19]

［1］珧：楊珧，字文據，本書卷四〇有傳。珧，原本、宋本作“瑶”，殿本作“珧”，據本傳、殿本改。

［2］中護軍：官名，掌武官選舉，與中領軍同掌禁軍。曹魏四品，晋三品。　張劭：楊駿外甥。

［3］散騎常侍：官名，三國魏文帝黄初年間置，侍從皇帝左右，諫諍得失，顧問應對，與侍中等共平尚書奏事。也用作宰相、諸公等加官，入宫議政。三品。　段廣：楊駿外甥。　楊邈：歷任散騎常侍、駙馬都尉。

［4］左將軍：官名，漢代爲重號將軍，與前、後、右將軍並爲上卿。魏晋時爲常設官職，權位較兩漢漸低，僅爲武官名號，略高於一般雜號將軍，不典禁兵。三品。

［5］河南尹：官名，京都洛陽所在河南郡長官，主管京都事務。三品。　李斌：楊駿外甥。

［6］中書令：官名，掌收納尚書奏事，傳達皇帝詔旨。三國魏文帝初年分秘書置中書省，設中書監和中書令。職權甚重。三品。　蔣俊：蔣，殿本作“符”。

［7］東夷校尉：官名，亦稱護東夷校尉，掌東北地區少數民族事務。駐平州（今遼寧省遼陽市）。四品。　文淑：周家禄《晋書校勘記》：“扶風王駿、東安王繇《傳》並作‘文俶’。按：《魏志·諸葛誕傳》作‘文鴦’，注引《晋諸公贊》又作‘文俶’。裴松之云鴦一名俶。”

［8］尚書：官名，東漢尚書臺六曹各置尚書，秩六百石。魏晋出爲朝官，分掌尚書省諸曹，品秩提高。三品。　武茂：武陔弟，字季夏，本書卷四五有附傳。

［9］改元：此次改元年號爲元康。

［10］賈后：惠帝皇后賈南風，本書卷三一有傳。　皇太后：武帝皇后楊芷，本書卷三一有傳。

［11］金墉城：三國魏明帝時築。位於今河南省洛陽市東北漢魏洛陽城故址西北角。三面開門，南曰乾光門，東曰含春門，北曰違

門。城内又置西宫，西晋改爲永昌宫。魏晋時被廢的皇帝及后妃都安置於此。城小而固，爲攻占戍守要地。

[12]大司馬：官名，八公之一，位在上公之下、大將軍及三公之上，高級將帥，多爲大臣加官。一品。　亮：司馬亮，字子翼，本書卷五九有傳。　太宰：官名，即太師，因避司馬師名諱而改名太宰。八公之一，居上公之首，爲宰相之任。一品。

[13]太保：官名，史上屢次廢置，三國魏末年復置。晋爲八公之一，位上公，在太宰、太傅之下。安置元老重臣，無職掌。一品。　衛瓘：字伯玉，本書卷三六有傳。

[14]柬：司馬柬，字弘度，本書卷六四有傳。　大將軍：官名，高級軍事統帥。曹魏時多以之屯駐長安，對付蜀漢，蜀漢以其爲最高軍事長官，孫吴則别置上大將軍居其上。西晋時爲八公之一，位居上公、大司馬下，三公之上。東晋時常專擅軍政事務。一品。

[15]楙：司馬楙，字孔偉，本書卷三七有傳。　撫軍大將軍：官名，三國魏文帝始置，皇帝出征，總管留守事。晋二品，開府位從公者一品。

[16]北軍中候：官名，掌監屯騎校尉、越騎校尉、步兵校尉、長水校尉、射聲校尉所領北軍五營。魏晋時增設禁軍兵力，由地位更高的中領軍統轄，北軍五營作用漸輕，北軍中候置省無常。常與中領軍並置。五品。

[17]晃：司馬晃，字子明。本書卷三七有傳。　尚書令：官名，秦漢時爲尚書署長官。秩位雖低，權力甚重。魏晋時沿置，爲尚書省長官，綜理全國政務，參議大政，爲高級政務長官。三品。

[18]繇：司馬繇，字思玄，本書卷三八有傳。　尚書左僕射：官名，尚書省次官，輔助尚書令執行政務，參議大政，諫諍得失，監察糾彈百官。有時尚書省不置令，祇設左右僕射，此時左僕射居右僕射之上。三品。

[19]帶方：郡名，東漢治所在帶方縣（今朝鮮民主主義共和

國文石井土城)，西晉治所在棘城（今遼寧省義縣北）。

夏四月癸亥，以征東將軍、梁王肜爲征西大將軍、都督關西諸軍事，[1]太子少傅阮坦爲平東將軍、監青徐二州諸軍事。[2]己巳，以太子太傅王戎爲尚書右僕射。[3]五月甲戌，[4]毗陵王軌薨。[5]壬午，除天下户調綿絹，賜孝悌、高年、鰥寡、力田者帛，人三匹。六月，賈后矯詔使楚王瑋殺太宰、汝南王亮，太保、菑陽公衞瓘。乙丑，以瑋擅害亮、瓘，殺之。曲赦洛陽。[6]以廣陵王師劉寔爲太子太保，[7]司空、隴西王泰録尚書事。[8]秋七月，分揚州、荆州十郡爲江州。[9]八月庚申，以趙王倫爲征東將軍、都督徐兖二州諸軍事；[10]河間王顒爲北中郎將，[11]鎮鄴；[12]太子太師何劭爲都督豫州諸軍事，[13]鎮許昌。[14]徙長沙王乂爲常山王。[15]己巳，進西陽公羕爵爲王。[16]辛未，立隴西世子越爲東海王。[17]九月甲午，大將軍、秦王柬薨。辛丑，徵征西大將軍、梁王肜爲衞將軍、録尚書事，以趙王倫爲征西大將軍、都督雍梁二州諸軍事。[18]冬十二月辛酉，京師地震。是歲，東夷十七國、南夷二十四部並詣校尉内附。[19]

[1]征東將軍：官名，東漢末置，與征西、征南、征北將軍合稱四征將軍。魏晉時多爲持節都督，出鎮方面。三品，加持節都督者二品。　肜：司馬肜，字子徽，本書卷三八有傳。　征西大將軍：官名，屬將軍名號，多授予統兵出鎮在外，都督數州諸軍事者。位在征西將軍之上。二品，開府位從公者一品。　都督關西諸軍事：關西地區最高軍事行政長官。

[2]太子少傅：官名，與太子太傅並稱二傅，三國時並攝東宫事務，與尚書、東曹並掌太子、諸侯官署選舉。西晋時下設丞、功曹、主簿等屬官。三品。　阮坦：坦，殿本作“垣”。　平東將軍：官名，與平北、平南、平西將軍合稱四平將軍，權任很重，多持節都督或監某一地區的軍事，有時亦作爲刺史等地方官員兼理軍務的加官。三品，加持節都督者二品。　監青徐二州諸軍事：上述二州軍政事務長官，位低於都督。

[3]尚書右僕射：官名，尚書令副手，掌拆閱封緘奏章文書、參議政事、諫諍駁議、監察百官。位在左僕射之下。三品。

[4]五月甲戌：中華本校勘記：“五月癸未朔，此‘甲戌’及下‘壬午’均在四月，‘五月’二字疑衍。”

[5]軌：司馬軌，字正則，本書卷六四有傳。

[6]曲赦：特赦。《資治通鑑》卷八三《晋紀》惠帝永康元年胡三省注曰：“不普赦天下，而獨赦洛陽，故曰曲赦。”

[7]劉寔：字子真，本書卷四一有傳。

[8]録尚書事：官名，初爲職銜名，重臣加此名義始得總知國事，綜理政務，成爲真宰相。魏晋多以公卿權重者居之，總領尚書省政務，凡重號將軍、刺史皆得命曹授用，位在三公之上。

[9]揚州：三國魏、吴各置揚州，魏治所在壽春縣（今安徽省壽縣），吴治所在建業縣（今江蘇省南京市）。西晋統一後復合，治所在建鄴縣（今江蘇省南京市）。　荆州：三國時曹魏治所在新野縣（今河南省新野縣），孫吴治所在江陵縣（今湖北省江陵縣），西晋統一後治所在江陵縣（今湖北省江陵縣）。　江州：治所在南昌縣（今江西省南昌市）。

[10]倫：司馬倫，字子彝，本書卷五九有傳。　都督徐兖二州諸軍事：上述二州最高軍事行政長官。

[11]顒：司馬顒，字文載，本書卷五九有傳。　北中郎將：官名，與東、西、南中郎將並稱四中郎將，統兵征戰，權職甚重。四品。

[12]鄴：縣名，曹魏五都之一。治所在今河北省臨漳縣西南。

[13]都督豫州諸軍事：豫州地區軍政長官。

[14]許昌：縣名，治所在許昌城（今河南省許昌市東）。

[15]乂：司馬乂，字士度，本書卷五九有傳。

[16]兼：司馬兼，字延年，本書卷五九有傳。

[17]越：司馬越，字元超，本書卷五九有傳。

[18]都督雍梁二州諸軍事：上述二州最高軍事行政長官。

[19]校尉：官名，此處爲南夷校尉。東晋改作鎮蠻校尉。負責南中地區事務，考核當地大姓子弟入仕資格，權力甚重。四品。

二年春二月己酉，賈后弑皇太后于金墉城。秋八月壬子，大赦。九月乙酉，中山王耽薨。[1]冬十一月，大疫。是歲，沛國雨雹，[2]傷麥。

[1]耽：司馬耽，濟南王司馬遂之子，司馬懿之孫。

[2]沛國：三國魏時治所在沛縣（今江蘇省沛縣），西晋時治所在相縣（今安徽省濉溪縣西北）。

三年夏四月，滎陽雨雹。[1]六月，弘農郡雨雹，[2]深三尺。冬十月，太原王泓薨。[3]

[1]滎陽：郡名，治所在滎陽縣（今河南省滎陽市東北）。

[2]弘農郡：治所在弘農縣（今河南省靈寶市）。

[3]泓：司馬泓，中華本校勘記："本書《太原成王輔傳》'泓'作'弘'。且弘時已改中丘王。"

四年春正月丁酉朔，侍中、太尉、安昌公石鑒薨。[1]夏五月，蜀郡山移，[2]淮南壽春洪水出，[3]山崩地陷，壞城府及百姓廬舍。匈奴郝散反，[4]攻上黨，[5]殺長吏。六月，壽春地大震，死者二十餘家。上庸郡山崩，[6]殺二十餘人。秋八月，郝散帥衆降，馮翊都尉殺之。[7]上谷居庸、上庸並地陷裂，[8]水泉涌出，人有死者。大饑。九月丙辰，[9]赦諸州之遭地灾者。甲午，枉矢東北竟天。[10]是歲，京師及郡國八地震。

[1]侍中：官名，東漢建安中與給事黄門侍郎出入禁中，省尚書事。曹魏時爲門下之侍中省長官。常侍衛皇帝左右，掌顧問應對、諫諍糾察、平議奏事、駁奏異議等，權力甚重。三品。　安昌公：中華本校勘記據《通鑑考異》《晉書斠注》認爲，“安昌”當爲“昌安”。

[2]蜀郡：治所在成都縣（今四川省成都市）。

[3]淮南：郡名，治所在壽春縣（今安徽省壽縣）。　壽春：縣名，治所在今安徽省壽縣東南。

[4]匈奴：古代北方少數民族名。東漢時分裂爲南北兩部，建安二十一年（216）南匈奴呼厨泉單于入朝，部衆分爲五部，散居各郡縣。

[5]上黨：郡名，治所在潞縣（今山西省黎城縣南）。

[6]上庸：郡名，東漢建安二十二年（217）置，治所在上庸縣（今湖北省竹山縣西南四十里堵水北岸）。

[7]馮翊：郡名，三國魏以左馮翊改置，治所在臨晉縣（今陝西省大荔縣）。　都尉：官名，統兵武職，不常置。

[8]上谷：郡名，三國魏治所在居庸縣（今北京市延慶區），晉治所在沮陽縣（今河北省懷來縣東南）。

[9]九月丙辰：中華本校勘記：“九月甲午朔，甲午當在丙辰前。”

[10]枉矢東北竟天：枉矢劃向西北的天邊。枉矢，星名。《史記》卷二七《天官書》："枉矢，類大流星，虵行而倉黑，望之如有毛羽然。"

五年夏四月，彗星見于西方，孛于奎，[1]至軒轅。[2]六月，金城地震。[3]東海雨雹，[4]深五寸。秋七月，下邳暴風，[5]壞廬舍。九月，雁門、新興、太原、上黨大風，[6]傷禾稼。冬十月，武庫火，焚累代之寶。十二月丙戌，新作武庫，大調兵器。丹楊雨雹。[7]有石生于京師宜年里。是歲，荆、揚、兖、豫、青、徐等六州大水，[8]詔遣御史巡行振貸。[9]

[1]孛于奎：星孛，彗星。奎，星宿名。二十八宿之一，爲西方白虎七宿的第一宿，有星十六顆。因其形似胯而得名。古人多因其形亦似"文"字而認爲它主文運和文章。

[2]軒轅：星座名。在斗宿北。共十七星，蜿蜒如龍，故稱。

[3]金城：郡名，治所原在允吾縣（今甘肅省永靖縣西北），曹魏時移治榆中縣（今甘肅省榆中縣西北黄河南岸）。

[4]東海：郡名，治所在郯縣（今山東省郯城縣北）。

[5]下邳：郡國名，治所在下邳縣（今江蘇省睢寧縣古邳鎮東）。

[6]雁門：郡名，治所在廣武縣（今山西省代縣西南）。　新興：郡名，治所在九原縣（今山西省忻州市）。　太原：郡名，治所在晋陽縣（今山西省太原市西南）。

[7]丹楊：郡名，治所在建鄴縣（今江蘇省南京市）。楊，殿本作"陽"。

[8]兖：兖州，三國魏治所在廪丘縣（今山東省鄆城縣西北），晋惠帝末，兖州闔境淪没於石勒。東晋元帝僑置兖州，治京口（今

江蘇省鎮江市）。

[9]御史：官名，此爲巡行御史，奉旨巡行地方。多爲臨時設置。

六年春正月，大赦。司空、下邳王晃薨。以中書監張華爲司空，[1]太尉、隴西王泰爲尚書令，衛將軍、梁王肜爲太子太保。丁丑，地震。三月，東海隕霜，傷桑麥。彭城吕縣有流血，[2]東西百餘步。夏四月，大風。五月，荆、揚二州大水。匈奴郝散弟度元帥馮翊、北地馬蘭羌、盧水胡反，[3]攻北地，太守張損死之。馮翊太守歐陽建與度元戰，[4]建敗績。徵征西大將軍、趙王倫爲車騎將軍，[5]以太子太保、梁王肜爲征西大將軍、都督雍梁二州諸軍事，鎮關中。[6]秋八月，雍州刺史解系又爲度元所破。[7]秦雍氐、羌悉叛，[8]推氐帥齊萬年僭號稱帝，[9]圍涇陽。[10]冬十月乙未，曲赦雍、凉二州。十一月丙子，遣安西將軍夏侯駿、建威將軍周處等討萬年，[11]梁王肜屯好畤。[12]關中饑，大疫。

[1]張華：字茂先，本書卷三六有傳。

[2]彭城：郡國名，治所在彭城縣（今江蘇省徐州市）。　吕縣：治所在今江蘇省徐州市銅山區東南舊黄河北岸吕梁集。

[3]北地：郡名，三國魏治所在祋祤城（今陝西省銅川市耀州區東），西晋移治泥陽縣（今甘肅省寧縣東南）。　馬蘭羌：《資治通鑑》卷八二《晋紀》永平六年胡三省注："北地有馬蘭山，羌居其中，因爲種落之名。"　盧水胡：古族名，因世居盧水（今青海省西寧市西）得名。最初見於《後漢書》卷八七《西羌傳》。魏晋時散居西北各地。唐長孺先生《魏晋雜胡考》對盧水胡有專門

考證。

[4]歐陽建：西晋渤海南皮（今河北省南皮縣東北）人，字堅石，石崇外甥。在玄學方面主張“言盡意”，與王弼等人的“言不盡意”相左。

[5]車騎將軍：官名，魏晋南北朝時位次於驃騎將軍，在諸名號將軍之上，多作爲軍府名號，以加授大臣及重要州郡長官。二品，開府位從公者一品。

[6]關中：地區名，函谷關以西秦國故地，包括今河南省靈寶市以西及陝西省、甘肅省東部和四川省部分地區。

[7]雍州：治所在姑臧縣（今甘肅省武威市）。東漢建安十八年（213）移治長安（今陝西省西安市西北）。　解系：字少連，本書卷六〇有傳。

[8]氐：古代生活在西北地區的少數民族。黄烈先生《中國古代民族研究》（人民出版社 1987 年版）對氐人的源流有詳細考證。

[9]齊萬年：西晋時關中人，氐族。元康六年（296）稱帝，元康九年被晋左積弩將軍孟觀擊敗被俘。

[10]涇陽：縣名。治所在今甘肅省平凉市西北。

[11]安西將軍：官名，東漢建安年間置，與安東、安南、安北將軍合稱四安將軍，爲出鎮某一地區的軍事長官，或作爲刺史等兼理軍務的加官，權任頗重。三品，加持節都督者二品。　夏侯駿：駿，原本、宋本、殿本作“俊”，據中華本校勘記改。　建威將軍：官名，領兵征戰，曹魏、孫吴、西晋皆置。四品。　周處：字子隱，本書卷五八有傳。

[12]好畤：縣名，治所在今陝西省乾縣東五里好畤村。

七年春正月癸丑，周處及齊萬年戰於六陌，[1]王師敗績，處死之。夏五月，魯國雨雹。[2]秋七月，雍、梁州疫。大旱，隕霜，殺秋稼。關中饑，米斛萬錢。詔骨肉相賣者不禁。丁丑，[3]司徒、京陵公王渾薨。[4]九月，以尚書右僕射王戎爲司徒，太子太師何劭爲尚書左僕射。

[1]六陌：地名，在今陝西省乾縣西北。

[2]魯國：治所在魯縣（今山東省曲阜市東）。

[3]丁丑：七月丁未朔，月内無丁丑。《宋書》卷三一《五行志》、《晋書》卷二八《五行志》載雍、梁二州疾疫、大旱、隕霜諸事均在七年七月。牛繼清先生認爲，下接九月條，疑“丁丑”上脱“八月”二字，八月丁丑朔日。

[4]司徒：官名，西漢哀帝元壽二年（前1）改丞相爲大司徒，東漢光武帝時改名爲司徒，東漢末又改爲丞相。三國魏恢復三公制，改丞相爲司徒，管理民政。兩晋沿制，爲八公之一，在太尉之下、司空之上。與丞相通職，一般不並置，爲名譽宰相。一品。　王渾：字玄冲，本書卷四二有傳。

八年春正月丙辰，地震。詔發倉廩，賑雍州饑人。三月壬戌，大赦。夏五月，郊禖石破爲二。[1]秋九月，荆、豫、揚、徐、冀等五州大水。[2]雍州有年。[3]

[1]禖石：用來祈求生子的神石。　破爲二：原本、宋本無“爲”字，殿本有。據殿本補。

[2]豫：豫州，曹魏時治所在安城縣（今河南省正陽縣東北），西晋移治陳縣（今河南省周口市淮陽區）。　揚：宋本作“楊”。　徐：徐州，治所在彭城縣（今江蘇省徐州市）。　冀：冀州，三國魏治所在信都縣（今河北省衡水市冀州區），西晋移治房子縣（今河北省高邑縣西南）。

[3]有年：豐年。

九年春正月，左積弩將軍孟觀伐氐，[1]戰于中亭，[2]大破之，獲齊萬年。徵征西大將軍、梁王肜録尚書事。[3]以北中郎將、河間王顒爲鎮西將軍，鎮關中；成都王穎爲鎮北大將軍，[4]鎮鄴。夏四月，鄴人張承基等妖言署置，聚黨數千。郡縣逮捕，皆伏誅。六月戊戌，太尉、隴西王泰薨。[5]秋八月，以尚書裴頠爲尚書僕射。[6]冬十一月甲子朔，日有食之。京師大風，發屋折木。十二月壬戌，廢皇太子遹爲庶人，及其三子幽于金墉城，殺太子母謝氏。

[1]左積弩將軍：官名，領禁衛營兵，隸屬中領軍。四品。　孟觀：字叔時，本書卷六〇有傳。

[2]中亭：即中亭川，今陝西省渭水支流漆水河。

[3]徵征西大將軍：原本、宋本無"征"字，殿本有，據殿本補。

[4]成都王：成，原本、宋本作"城"，殿本作"成"，據殿本改。　穎：司馬穎，字章度，本書卷五九有傳。　鎮北大將軍：官名，三國蜀、吴置，職掌與鎮北將軍同，唯資歷深者得任此職，不常置。晋二品，開府位從公者一品。

[5]隴西王泰薨：中華本校勘記據《通鑑》及《通鑑考異》，認爲"隴西王"應作"高密王"，此處有誤。

[6]裴頠：字逸民，本書卷三五有傳。　尚書僕射：官名，秦漢爲尚書令副貳，東漢建安四年（199）分置左、右，爲尚書省次官。三品。

永康元年春正月癸亥朔，大赦，改元。己卯，[1]日有蝕之。丙子，皇孫霖卒。二月丁酉，大風，飛沙拔木。三月，尉氏雨血，[2]妖星見于南方。癸未，賈后矯詔害庶人遹于許昌。夏四月辛卯，日有蝕之。癸巳，梁王肜、趙王倫矯詔廢賈后爲庶人，司空張華、尚書僕射裴頠皆遇害，侍中賈謐及黨與數十人皆伏誅。[3]甲午，倫矯詔大赦，自爲相國、都督中外諸軍，[4]如宣文輔魏故事，追復故皇太子位。丁酉，以梁王肜爲太宰，左光禄大夫何劭爲司徒，[5]右光禄大夫劉寔爲司空，[6]淮南王允爲驃騎將軍。[7]己亥，趙王倫矯詔害賈庶人于金墉城。五月己巳，立皇孫臧爲皇太孫，尚爲襄陽王。六月壬寅，葬愍懷太子于顯平陵。[8]撫軍將軍、清河王遐薨。[9]癸卯，震崇陽陵標。秋八月，淮南王允舉兵討趙王倫，不克，允及其二子秦王郁、漢王迪皆遇害。曲赦洛陽。平東將軍、彭城王植薨。[10]改封吴王晏爲賓徒縣王。[11]以齊王冏爲平東將軍，[12]鎮許昌；光禄大夫陳準爲太尉、録尚書事。[13]九月，改司徒爲丞相，以梁王肜爲之。冬十月，黄霧四塞。十一月戊午，大風飛沙石，六日乃止。甲子，立皇后羊氏，[14]大赦，大酺三日。十二月，彗星見于東方。益州刺史趙廞與略陽流人李庠害成都内史耿勝、犍爲太守李密、汶山太守霍固、西夷校尉陳總，[15]據成都反。

[1]己卯：正月癸亥朔，丙子十四日，己卯十七日，丙子在己卯后，失序。又《晋書》卷一二《天文志中》中華本校勘記："《通鑑考異》云，按《長曆》，己卯十七日，安得日蝕？"可見己卯十七日不應當有日食。

[2]尉氏：縣名，治所在今河南省尉氏縣。

[3]賈謐：字長深，本書卷四〇有傳。

[4]都督中外諸軍：官名，亦稱都督中外諸軍事。全國最高軍事統帥，總統中央地方的内外諸軍，權力極大。

[5]左光禄大夫：官名，齊王曹芳正始元年（240）在光禄大夫上增置左、右，位在光禄大夫上。在朝顯職的加官，或授予年老有病致仕者，或授予死者。西晋時禄賜與特進同。二品，開府位從公者一品。

[6]右光禄大夫：官名，職掌、品秩與左光禄大夫同。

[7]驃騎將軍：官名，東漢以後，居諸名號將軍之首，僅作爲軍府名號加授大臣或重要州郡長官。二品，開府位從公者一品。

[8]愍懷太子：即司馬遹，字熙祖，本書卷五三有傳。

[9]撫軍將軍：官名，三國蜀漢、孫吴皆置，爲加官，以示權重。晋沿置，與中軍將軍、鎮軍將軍並爲三名號將軍。三品。遐：司馬遐，字深度，本書卷六四有傳。

[10]植：司馬植，彭城王司馬權之子，歷任後將軍，尋拜國子祭酒、太僕卿、侍中、尚書。出爲安東將軍、都督揚州諸軍事，代淮南王允鎮壽春，未發。或云植助允攻趙王倫，遂以憂薨。

[11]晏：司馬晏，字平度，本書卷六四有傳。

[12]冏：司馬冏，字景治，本書卷五九有傳。　平東將軍：平東，原本、宋本作“東平”，殿本作“平東”，據殿本乙正。

[13]光禄大夫：官名，三公等大臣告老回家即拜此職，或作爲在朝顯職的加官。三品，開府位從公者一品。　陳準：西晋人，歷任太尉、光禄大夫、中書令、録尚書事等職，封廣陵公。　太尉：太，宋本作“大”。

[14]羊氏：惠帝皇后，名獻容。本書卷三一有傳。

[15]趙廞：西晋益州刺史。朝廷征其爲大長秋，因不滿而反叛，自稱大都督、大將軍、益州牧。後被李特所殺。　略陽：郡名，治所在臨渭縣（今甘肅省天水市東北渭河北岸）。略陽，原本、宋本、殿本作“洛陽”，據中華本校勘記改。　李庠：西晋巴西宕

渠（今四川省渠縣東北）人，李特之弟，任趙廞威寇將軍。素爲東羌良將，曉軍法，斬部下不用命者三人，部陣肅然。趙廞惡其齊整，後殺之。　内史：官名，西晋武帝太康十年（289）改諸王國相爲内史，掌管民政。五品。周家禄《晋書校勘記》認爲："晋制，以郡爲國，内史治民事，若郡太守。國除爲郡，復稱太守。然二名往往混淆，史家亦互稱之。"　耿勝：中華本校勘記："《通鑑》八三作'耿滕'。《通鑑考異》並云，《李特載記》及《華陽國志》均作'耿滕'。"　犍爲太守李密、汶山太守霍固：中華本校勘記："《通鑑考異》：'按《華陽國志》，"犍爲太守李苾、汶山太守楊邠"，非密、固也。《載記》亦作"李苾"，蓋《紀》誤。"犍爲，郡名，治所在武陽縣（今四川省眉山市彭山區東）。汶山，郡名，治所在汶山縣（今四川省茂縣北）。　西夷校尉：官名，亦稱護西夷校尉。晋武帝太康三年（282）置，治寧州，寧州併入益州後以益州刺史兼領。東晋平蜀後復置，持節統兵，掌益州少數民族事務。立府，置長史、司馬，可與刺史一樣舉秀才、廉吏、良吏。四品。十六國前秦亦置，掌益州及西部地區少數民族事務。北凉段業亦置，掌凉興以西少數民族事務。

永寧元年春正月乙丑，趙王倫篡帝位。丙寅，遷帝于金墉城，號曰太上皇，[1]改金墉曰永昌宫。廢皇太孫臧爲濮陽王。五星經天，[2]縱横無常。癸酉，倫害濮陽王臧。略陽流人李特殺趙廞，[3]傳首京師。三月，平東將軍、齊王冏起兵以討倫，[4]傳檄州郡，屯于陽翟。[5]征北大將軍、成都王穎，[6]征西大將軍、河間王顒，常山王乂，豫州刺史李毅，[7]兖州刺史王彦，南中郎將、新野公歆，[8]皆舉兵應之，衆數十萬。倫遣其將閭和出伊闕，[9]張泓、孫輔出堮坂以距冏，[10]孫會、士猗、許超出黄橋以距穎。[11]及穎將趙驤、石超戰於溴水，[12]會等大敗，棄軍走。閏月丙戌朔，日有蝕之。[13]

[1]太上皇：太，宋本作“大”。

[2]五星：金、木、水、火、土五星。

[3]李特：字玄休，本書卷一二〇有載記。　略陽流人李特：略，殿本作“洛”。

[4]平東將軍、齊王冏：中華本校勘記：“《校文》：據《冏傳》，時爲鎮東大將軍，故下癸亥詔文亦稱‘鎮東’。”

[5]陽翟：縣名，治所在今河南省禹州市。

[6]征北大將軍：官名，職掌與征北將軍同，位在其上，多統兵出鎮一方，都督數州軍事，不常置。二品，開府位從公者一品。

[7]豫州刺史李毅：中華本校勘記：“《校文》：考《齊王冏傳》，時豫州刺史爲何勖；《成都王穎傳》，毅則冀州刺史，‘豫’當爲‘冀’字之誤。按：《通鑑》八四‘豫’正作‘冀’。”

[8]歆：司馬歆，字弘舒，本書卷三八有傳。

[9]伊闕：又名闕口、龍門。在今河南省洛陽市南。

[10]張泓：趙王司馬倫部將，征虜將軍。　堮坂：即嵦坂關，位於今河南省登封市東南。

[11]孫會：趙王司馬倫黨羽，被王輿所誅。　士猗：趙王司馬倫黨羽，被王輿所誅。　許超：趙王司馬倫黨羽，被王輿所誅。　黄橋：地名，在今河南省淇縣西。

[12]趙驤：齊王冏右司馬，司馬穎前鋒都督，因破趙王倫軍有功，被司馬穎上表封侯。　石超：石苞之子，司馬穎部下，奮武將軍，爲范陽王司馬虓所殺。　溴（jú）水：位於今河南省西北部，源出濟源縣西部，東南向流入黄河。

[13]日有蝕之：原本、宋本“蝕”後衍“食”字，殿本無，據殿本删。

夏四月，歲星晝見。[1]冏將何勖、盧播擊張泓於陽翟，[2]大破之，斬孫輔等。辛酉，左衛將軍王輿與尚書、淮陵王漼勒兵入宫，[3]擒倫黨孫秀、孫會、許超、士猗、駱休等，[4]皆斬之。逐倫歸第，即日乘輿反正。[5]群臣頓首謝罪，帝曰："非諸卿之過也。"癸亥，詔曰："朕以不德，纂承皇統，遠不能光濟大業，靖綏四方；近不能開明刑威，[6]式遏奸宄，[7]至使逆臣孫秀敢肆凶虐，窺間王室，遂奉趙王倫饕據天位。鎮東大將軍、齊王冏，[8]征北大將軍、成都王穎，征西大將軍、河間王顒，並以明德茂親，忠規允著，首建大策，匡救國難。尚書漼共立大謀，左衛將軍王輿與群公卿士，協同謀略，親勒本營，斬秀及其二子。前趙王倫爲秀所誤，與其子等已詣金墉迎朕幽宫，旋軫閶闔。[9]豈在余一人獨饗其慶，[10]宗廟社稷實有賴焉。"於是大赦，改元，孤寡賜穀五斛，大酺五日。誅趙王倫、義陽王威、九門侯質等及倫之黨與。[11]

[1]歲星：即木星。

[2]何勖：西晋人，歷任中領軍、廷尉、豫州刺史。　盧播：司馬冏部將，任振威將軍。殿本"盧播"作"等"字。　張泓：趙王司馬倫部將，征虜將軍。

[3]左衛將軍：官名，三國魏咸熙二年（265），司馬炎即晋王位，分中衛將軍爲左、右衛將軍。掌佽飛虎賁及前驅、由基、强弩三部司馬，屬下還有虎賁、羽林、上騎、異力、命中共五部督，負責宫禁侍衛。西晋屬中軍將軍，後屬領軍將軍。爲禁衛軍主要統帥之一，權任很重。四品。　王輿：趙王倫左衛將軍，後反戈。趙王

倫敗後，王輿以功免誅，後與東萊王蕤謀殺冏，失敗伏法。　淮：司馬漼，字思冲，本書卷三八有傳。

［4］擒倫黨：擒，殿本作“禽”。　孫秀：西晋琅邪臨沂（今山東省臨沂市）人，趙王倫心腹。趙工倫執政後任中書令，威震朝廷。趙王倫稱帝，任侍中、中書監、驃騎將軍等職。趙王倫失敗後被殺。　駱休：黄門郎、華林令，趙王倫黨羽，倫敗後被殺。

［5］乘輿反正：皇帝重新復位。乘輿，皇帝所乘之車。

［6］開明刑威：開，原本、宋本作“閑”，殿本作“開”，據殿本改。

［7］式遏奸宄：遏制違法作亂。式，發語詞，表示説話者的態度。

［8］鎮東大將軍：官名，三國魏置，職掌與鎮東將軍同，唯資歷深者得任此職。二品，開府位從公者一品。

［9］旋軫閶闔：驅車入洛陽閶闔門。閶闔，洛陽城門名。本書卷一四《地理志上》：洛陽“西有廣陽、西明、閶闔三門”。

［10］余一人：余，殿本作“予”。

［11］威：司馬威，河間王司馬洪之子，封章武王，後出繼義陽王司馬望。

五月，立襄陽王尚爲皇太孫。六月戊辰，大赦，增吏位二等。復封賓徒王晏爲吴王。庚午，東萊王蕤、左衛將軍王輿謀廢齊王冏，[1]事泄，蕤廢爲庶人，輿伏誅，夷三族。甲戌，以齊王冏爲大司馬、都督中外諸軍事，成都王穎爲大將軍、録尚書事，河間王顒爲太尉。罷丞相，復置司徒官。己卯，以梁王肜爲太宰，[2]領司徒。封齊王冏功臣葛旟牟平公，[3]路季小黄公，[4]衛毅平陰公，[5]劉真安鄉公，[6]韓泰封丘公。[7]秋七月甲午，立吴王晏子國爲漢王，[8]復封常山王乂爲長沙王。八月，大赦。戊辰，原徙邊者。益州刺史羅尚討羌，[9]破之。己巳，徙南平王祥爲宜都王。[10]下邳王韡薨。[11]以東平王楙爲平東將軍、都督徐州諸軍事。[12]九月，追東安王繇復其爵。丁丑，[13]封楚王瑋子範爲襄陽王。[14]冬十月，流人李特反於蜀。十二月，司空何劭薨。[15]封齊王冏子冰爲樂安王，英爲濟陽王，超爲淮南王。[16]是歲，郡國十二旱，六蝗。

[1]蕤：司馬蕤，字景回，本書卷三八有傳。

[2]太宰：太，宋本作"大"。

[3]葛旟：司馬冏謀臣，任長史、從事中郎。司馬冏所封"五公"之一。

[4]路季：中華本校勘記："《齊王冏傳》、《通鑑》八四'路季'作'路秀'。"司馬冏謀臣，所封"五公"之一。

[5]衞毅：司馬冏謀臣，所封"五公"之一。

[6]劉真：司馬冏謀臣，所封"五公"之一。

[7]韓泰：司馬冏謀臣，所封"五公"之一。

[8]立吴王晏子國爲漢王：中華本校勘記："據《武十三王傳》，'國'當作'固'。"

[9]羅尚：字敬之，本書卷五七有傳。

[10]祥：司馬祥，司馬晏之子。

[11]韡：司馬韡，司馬輔第三子。原本、宋本作"韓"，殿本作"韡"，據殿本改。

[12]以東平王楙爲平東將軍：楙，原本、宋本、殿本作"懋"，據中華本校勘記改。

[13]丁丑：中華本校勘記："九月癸未朔，丁丑爲八月二十

五日。”

[14]範：司馬範，司馬瑋之子，拜散騎常侍，後爲石勒所害。

[15]司空何劭薨：中華本校勘記：“據《紀》及《劭傳》，上年四月劭遷司徒；據《通鑑》八四，本年正月遷太宰。此作‘司空’，疑誤。”

[16]超：司馬超，司馬冏子，封超爲縣王，以繼冏祀，歷員外散騎常侍。

太安元年春正月庚子，安東將軍、譙王隨薨。[1]三月癸卯，赦司、冀、兗、豫四州。[2]皇太孫尚薨。夏四月，彗星晝見。五月乙酉，侍中、太宰、領司徒、梁王肜薨。以右光祿大夫劉寔爲太傅。太尉、河間王顒遣將衙博擊李特於蜀，爲特所敗。特遂陷梓潼、巴西，[3]害廣漢太守張微，自號大將軍。[4]癸卯，以清河王遐子覃爲皇太子，[5]賜孤寡帛，大酺五日。以齊王冏爲太師，東海王越爲司空。秋七月，兗、豫、徐、冀等四州大水。冬十月，地震。十二月丁卯，河間王顒表齊王冏窺伺神器，有無君之心，與成都王穎、新野王歆、范陽王虓同會洛陽，[6]請廢冏還第。長沙王乂奉乘輿屯南止車門，[7]攻冏，殺之，幽其諸子于金墉城，廢冏弟北海王寔。[8]大赦，改元。以長沙王乂爲太尉、都督中外諸軍事。封東萊王蕤子炤爲齊王。[9]

[1]安東將軍：官名，東漢建安年間置，與安西、安南、安北將軍合稱四安將軍，爲出鎮某一地區的軍事長官，或作爲刺史等兼理軍務的加官，權任頗重。三品，加持節都督者二品。　譙王隨：譙王司馬遜之子，繼承父爵。

[2]司：三國曹魏通稱司隸校尉部爲司州，西晋始定爲正式名稱，治所在洛陽縣（今河南省洛陽市東北）。

[3]梓潼：郡名，治所在梓潼縣（今四川省梓潼縣）。 巴西：郡名，治所在閬中縣（今四川省閬中市）。

[4]害廣漢太守張微，自號大將軍：中華本校勘記："《華陽國志》八、《通鑑》八四破德陽殺張微皆繫於八月，在特稱大將軍之後。此並屬之五月，恐誤。"廣漢，郡名，治所在廣漢縣（今四川省射洪市南）。張微，本書卷一二〇《李特載記》作"張徵"。

[5]覃：司馬覃，司馬遐之子，本書卷六四有傳。

[6]范陽王虓：司馬虓，司馬綏之子，本書卷三七有傳。

[7]南止車門：《文選·左思〈魏都賦〉》李善注："文昌殿前值端門，端門之前南當南止車門。"《資治通鑑》卷四七《漢紀》章和二年胡三省注："漢制，太子諸王至司馬門皆下車，故謂止車門。"

[8]寔：司馬寔，字景期，本書卷三八有傳。

[9]封東萊王蕤子炤爲齊王：王，原本、宋本、殿本作"侯"，據中華本校勘記改。

二年春正月甲子朔，[1]赦五歲刑。三月，[2]李特攻陷益州。荆州刺史宋岱擊特，[3]斬之，傳首京師。夏四月，特子雄復據益州。[4]五月，義陽蠻張昌舉兵反，[5]以山都人丘沉爲主，[6]改姓劉氏，僞號漢，建元神鳳，攻破郡縣，南陽太守劉彬，[7]平南將軍羊伊，[8]鎮南大將軍、新野王歆並遇害。[9]六月，遣荆州刺史劉弘等討張昌于方城，[10]王師敗績。秋七月，中書令卞粹、侍中馮蓀、河南尹李含等貳於長沙王乂，[11]乂疑而害之。張昌陷江南諸郡，武陵太守賈隆、零陵太守孔紘、豫章太守閻濟、武昌太守劉根皆遇害。[12]昌别帥石冰寇揚州，[13]刺史陳徽與戰，[14]大敗，諸郡盡没。臨淮人封雲舉兵應之，[15]自阜陵寇徐州。[16]八月，河間王顒、成都王穎舉兵討長沙王乂，帝以乂爲大都督，帥軍禦之。庚申，劉弘及張昌戰於清水，[17]斬之。顒遣其將張方，[18]穎遣其將陸機、牽秀、石超等來逼京師。[19]乙丑，帝幸十三里橋，[20]遣將軍皇甫商距方於宜陽。[21]己巳，帝旋軍于宣武場。[22]庚午，舍于石樓。[23]天中裂，無雲而雷。九月丁丑，帝次于河橋。[24]壬午，皇甫商爲張方所敗。甲申，帝軍于芒山。[25]丁亥，幸偃師。[26]辛卯，舍于豆田。[27]癸巳，尚書右僕射、興晋侯羊玄之卒，[28]帝旋于城東。丙申，進軍緱氏，[29]擊牽秀，走之。大赦。張方入京城，燒清明、開陽二門，[30]死者萬計。石超逼乘輿于緱氏。冬十月壬寅，帝旋于宫。石超焚緱氏，服御無遺。丁未，破牽秀、范陽王虓于東陽門外。[31]戊申，破陸機于建春門，[32]石超走，[33]斬其大將賈崇等十六人，[34]懸首銅駝街。[35]張方退屯十三里橋。十一月辛巳，星晝隕，聲如雷。王師攻方壘，不利。方决千金堨，[36]水碓皆涸。[37]乃發王公奴婢手舂給兵廪，一品已下不從征者、男子十三以上皆從役。又發奴助兵，號爲四部司馬。公私窮踧，米石萬錢。詔命所至，一城而已。壬寅夜，[38]赤氣竟天，[39]隱隱有聲。丙辰，地震。癸亥，東海王越執長沙王乂，幽於金墉城，尋爲張方所害。甲子，大赦。[40]丙寅，揚州秀才周玘、前南平内史王矩、前吴興内史顧秘起義軍以討石冰。[41]冰退，自臨淮趣壽陽。[42]征東將軍劉準遣廣陵度支陳敏擊冰。[43]李雄自郫城攻益州刺史羅尚，[44]尚委城而遁，[45]雄盡有成都之地。封鮮卑段勿塵爲遼西公。[46]

[1]正月甲子朔：中華本校勘記："正月乙亥朔，此誤。"

[2]三月：中華本校勘記："《通鑑》八五特攻陷益州在正月，斬特在二月。"

[3]宋岱：中華本校勘記："《羅尚傳》、《郭舒傳》、《孫旂傳》、《通鑑》八五並作'宗岱'。"

[4]雄：李雄，字仲儁，李特之子，本書卷一二一有載記。

[5]義陽：縣名，治所在今河南省信陽市。　蠻：古代對長江中游及其以南地區少數民族的泛稱。　張昌：少爲平氏縣吏，有武力，好論戰。太安二年（303），更名李辰，聚衆立山都縣吏丘沉爲天子，建元神鳳，自任相國。後失敗被殺。

[6]山都：縣名，治所在今湖北省襄陽市西北。　丘沉：原爲山都縣吏，張昌名之爲聖人，立其爲天子，置百官。當皇帝後易姓名爲劉尼。

[7]南陽：郡名，治所在宛縣（今河南省南陽市）。

[8]平南將軍：官名，與平東、平西、平北將軍合稱四平將軍。多持節都督或監某一地區的軍事，有時作爲刺史等地方官員監理軍務的加官。三品，加持節都督者二品。　羊伊：伊，殿本作"尹"。

[9]鎮南大將軍：官名，三國魏置，職掌與鎮南將軍同，唯資歷深者得任此職，不常置。二品，開府位從公者一品。

[10]劉弘：字和季，本書卷六六有傳。　方城：位於今湖北省竹山縣東南。

[11]卞粹：字玄仁，本書卷七〇有傳。　馮蓀：侍中，愍懷太子文學。　李含：字世容，本書卷六〇有傳。

[12]武陵：郡名，治所在臨沅縣（今湖南省常德市）。　零

陵：郡名，西漢置，治所在零陵縣（今廣西壯族自治區全州縣西南），東漢至晋治所在泉陵縣（今湖南省永州市）。　豫章：郡名，治所在南昌縣（今江西省南昌市）。　武昌：郡名，治所在武昌縣（今湖北省鄂州市鄂城區）。

［13］石冰：西晋人，太安二年隨張昌起兵，攻破江州。後被晋將周玘打敗，又被陳敏擊破，乃北投封雲，爲封雲部將張統所殺。

［14］陳徽：陳準弟，歷任太子左衛帥、揚州刺史等職。

［15］臨淮：郡國名，治所在盱眙縣（今江蘇省盱眙縣東北）。　封雲：西晋臨淮（今江蘇省盱眙縣東北）人，太安二年起兵相應張昌，後爲部將張統所殺。

［16］阜陵：縣名，治所在今安徽省全椒縣東。

［17］清水：古水名，位於今湖北省通城縣境内。

［18］張方：西晋河間（今河北省獻縣東南）人，本書卷六〇有傳。

［19］陸機：字士衡，本書卷五四有傳。　牽秀：字成叔，本書卷六〇有傳。

［20］十三里橋：位於今河南省洛陽市東北白馬寺西。

［21］皇甫商：西晋安定朝那（今寧夏回族自治區固原市東南）人，皇甫重弟，本書卷六〇有傳。　宜陽：縣名，治所在今河南省宜陽縣西。

［22］帝旋軍于宣武場：殿本無“場”字。

［23］石樓：位於今河南省洛陽市西南香山寺。

［24］河橋：即河陽橋，西晋泰始中杜預在黄河富平津所建，位於今河南省孟州市西南、孟津縣東北黄河上。

［25］芒山：即北邙山，位於今河南省洛陽市北。

［26］偃師：縣名，治所在今河南省偃師市東。

［27］豆田：即豆田壁，位於今河南省洛陽市東。

［28］興晋侯羊玄之卒：中華本校勘記：“《校文》：‘侯’當從《玄之傳》作‘公’。”羊玄之，惠帝羊皇后父，本書卷九三有傳。

［29］緱氏：縣名，治所在今河南省偃師市緱氏鎮。

［30］清明、開陽二門：清明，洛陽東門。《水經注·穀水》："穀水於城東南隅，枝分北注，逕青陽門東，故清明門也。"郭守敬引《洛陽伽藍記》："東面次南曰青陽門，魏、晋曰清明門，高祖改爲青陽門。"開陽門，《水經注·穀水》："穀水又東，逕開陽門南。"《晋宫閣名》曰："故建陽門也。"郭守敬按："《續漢書·百官志》，雒陽城有開陽門。《洛陽伽藍記序》，南面東頭第一門曰開陽門，自魏及晋，因而不改，高祖亦然。"

［31］東陽門：洛陽東門。本書卷一四《地理志上》：洛陽"東有建春、東陽、清明三門"。

［32］建春門：洛陽東門。本書卷一四《地理志上》：洛陽"東有建春、東陽、清明三門"。

［33］石超走：原本、宋本無"走"字，殿本有，據殿本補。

［34］賈崇：本書卷五四《陸機傳》作"賈棱"。

［35］銅駝街：在今河南省洛陽市東北漢魏洛陽城中。三國魏明帝置銅駝街於此。時有"金馬門外集衆賢，銅駝陌上集少年"之語。

［36］千金堨：古代水利工程名。位於河南省洛陽市境内。《水經注·穀水》："《河南十二縣境簿》曰：'河南縣城東十五里有千金堨。'《洛陽記》曰：'千金堨舊堰穀水，魏時更修此堰，謂之千金堨。'"

［37］水碓：利用水力舂米的器械。

［38］壬寅：中華本校勘記："是年十二月庚子朔，壬寅爲初三日。'壬寅'上當有'十二月'。下'丙辰'上，《五行志》下及《宋書·五行志》五均有'十二月'可證。"

［39］赤氣：紅色的雲氣。《周禮·春官·保章氏》"以五雲之物辨吉凶"，鄭玄注引鄭司農云："以二至二分觀雲色，青爲蟲，白爲喪，赤爲兵荒，黑爲水，黄爲豐。"認爲赤氣爲兵災之象。

［40］甲子，大赦：中華本校勘記："《通鑑》八五繫於永興元

年。甲子爲正月二十六日。《通鑑考異》云：帝紀‘太安二年十二月甲子大赦’，‘永興元年正月大赦改元’疑是一事。”

［41］秀才：察舉科目，州舉秀才，郡舉孝廉。　周玘：字宣佩，本書卷五八有傳。　南平：郡名，治所在江安縣（在今湖北省公安縣西北）。　王矩：王機兄，字令式，本書卷一〇〇有傳。矩，宋本作“短”。　吴興：郡名，治所在烏程縣（今浙江省湖州市南）。

［42］壽陽：東晋時始改壽春爲壽陽，此處當作“壽春”。

［43］劉準：《世説新語·方正》劉孝標注引《晋諸公贊》：“準字君平，沛國杼秋人。少以清正稱。累遷河内太守、侍中、尚書僕射、司徒。”　廣陵：郡名，三國時治淮陰縣（今江蘇省淮安市淮陰區甘羅城），東晋治所在廣陵縣（今江蘇省揚州市西北蜀岡上）。　度支：官名，即度支都尉，簡稱度支。三國魏置，掌諸軍兵田。職與典農校尉相通。兩晋時置於諸郡，掌財賦會計漕運。魏七品。　陳敏：字令通，本書卷一〇〇有傳。

［44］李雄自郫城攻益州刺史羅尚：中華本校勘記：“《華陽國志》八、《通鑑》八五均謂此事在閏十二月，此脱書月。”郫城，郫縣城，位於今四川省成都市郫都區。

［45］委城而遁：遁，殿本作“退”。

［46］鮮卑：我國古代北方少數民族，有拓拔、宇文、慕容、秃髮、乞伏、段諸部。　段勿塵：鮮卑段部酋帥，西晋八王之亂中助都督幽州諸軍事王浚攻打司馬穎。永嘉三年（309）又破石勒軍於飛龍山。此年被任爲大單于，封遼西郡公。

永興元年春正月丙午，尚書令樂廣卒。[1]成都王穎自鄴諷于帝，乃大赦，改元爲永安。帝逼于河間王顒，密詔雍州刺史劉沉、秦州刺史皇甫重以討之。[2]沉舉兵攻長安，[3]爲顒所敗。張方大掠洛中，還長安。於是軍中大餒，人相食。以成都王穎爲丞相。穎遣從事中郎成夔等以兵五萬屯十二城門，[4]殿中宿所忌者，穎皆殺之，以三部兵代宿衛。二月乙酉，廢皇后羊氏，幽于金墉城，黜皇太子覃復爲清河王。三月，陳敏攻石冰，斬之，揚徐二州平。[5]河間王顒表請立成都王穎爲太弟。戊申，詔曰："朕以不德，纂承鴻緒，于兹十有五載。禍亂滔天，奸逆仍起，至乃幽廢重宫，宗廟圮絶。成都王穎温仁惠和，克平暴亂。其以穎爲皇太弟、都督中外諸軍事，丞相如故。"大赦，賜鰥寡高年帛三匹，大酺五日。丙辰，盗竊太廟服器。以太尉顒爲太宰，太傅劉寔爲太尉。[6]六月，新作三城門。秋七月丙申朔，右衛將軍陳眕以詔召百寮入殿中，[7]因勒兵討成都王穎。戊戌，大赦，復皇后羊氏及皇太子覃。己亥，司徒王戎、東海王越、高密王簡、平昌公模、吴王晏、豫章王熾、襄陽王範、右僕射荀藩等奉帝北征。[8]至安陽，[9]衆十餘萬，穎遣其將石超距戰。己未，六軍敗績于蕩陰，[10]矢及乘輿，百官分散，侍中嵇紹死之。[11]帝傷頰，中三矢，亡六璽。[12]帝遂幸超軍，餒甚，超進水，左右奉秋桃。超遣弟熙奉帝之鄴，穎帥群官迎謁道左。帝下輿涕泣，其夕幸于穎軍。穎府有九錫之儀，[13]陳留王送貂蟬文衣鶡尾，[14]明日，乃備法駕幸于鄴，[15]唯豫章王熾、司徒王戎、僕射荀藩從。[16]庚申，大赦，改元爲建武。

[1]尚書令樂廣卒：《世説·言語》注引《晋陽秋》云，成都王起兵，長沙王猜廣，遂以憂卒。《廣傳》亦謂死於穎、乂遘難時。《通鑑考異》引《晋春秋》謂穎太安二年（303）七月起兵，八月

樂廣自裁。二年八月壬寅朔，亦有丙午日。樂廣，字彦輔，本書卷四三有傳。

[2]劉沉：字道真，本書卷八九有傳。　秦州：治所在冀縣(今甘肅省甘谷縣東)。　皇甫重：字倫叔，本書卷六〇有傳。

[3]長安：縣名，治所在今陝西省西安市西北。

[4]從事中郎：官名，東漢時爲大將軍屬官，地位較高。三國時爲將軍府或公府屬官。六品。　成夔：成，殿本作"盛"。

[5]揚徐二州平：揚，宋本作"楊"。

[6]劉寔：寔，殿本作"實"。

[7]右衛將軍：官名，三國魏咸熙二年（265），司馬炎即晋王位，分中衛將軍爲左、右衛將軍。掌佽飛虎賁及前驅、由基、强弩三部司馬，屬下還有虎賁、羽林、上騎、異力、命中共五部督，負責宫禁侍衛。西晋屬中軍將軍，後屬領軍將軍。爲禁衛軍主要統帥之一，權任很重。四品。　陳眕：西晋潁川（今河南省許昌市東）人，歷任右衛將軍、左衛將軍等職，附賈謐，與石崇、歐陽建、潘岳等爲"二十四友"。

[8]高密王簡：中華本校勘記："按：《通鑑》八五'簡'作'略'。《通鑑考異》云《宗室傳》高密孝王略字元簡，蓋'簡'即'略'也。按：《劉暾傳》亦作'略'，蓋以字行。"　模：司馬模，司馬泰之子，字元表，本書卷三七有傳。　熾：司馬熾，即晋懷帝，字豐度，本書卷五有紀。　右僕射：官名，即尚書右僕射。　荀藩：字大堅，本書卷三九有傳。

[9]安陽：縣名，治所在今河南省安陽市西南。

[10]蕩陰：縣名，治所在今河南省湯陰縣。

[11]嵇紹：字延祖，本書卷八九有傳。

[12]六璽：秦漢皇帝除傳國璽之外，尚有六璽，皆白玉制，螭虎紐，用武都紫泥封：一，皇帝行璽，用於封國；二，皇帝之璽，用於賜諸王侯；三，皇帝信璽，用於發兵；四，天子行璽，用於召大臣；五，天子之璽，用於策封外國君主；六，天子信璽，用於祭

天地鬼神。其後，自晉至隋，用制屢變而其名不改。

[13]九錫：《漢書》卷六《武帝紀》顔師古注引應劭曰："一曰車馬，二曰衣服，三曰樂器，四曰朱户，五曰納陛，六曰虎賁百人，七曰鈇鉞，八曰弓矢，九曰秬鬯。此皆天子制度，尊之，故事事錫與，但數少耳。"

[14]陳留王：即常道鄉公曹奂，字景明，燕王曹宇之子。封安次縣常道鄉公，後被司馬昭迎立爲帝。公元260至265年在位。後被廢爲陳留王。　貂蟬：貂尾和附蟬。附蟬爲金質蟬形的冠飾。文衣：華美的服裝。　鶡尾：鶡的尾羽，用作冠飾。

[15]法駕：天子車駕的一種。天子的鹵簿分大駕、法駕、小駕三種，其儀衛之繁簡各有不同。《史記》卷九《吕太后本紀》："迺奉天子法駕，迎代王於邸。"裴駰集解引蔡邕曰："天子有大駕、小駕、法駕。法駕上所乘，曰金根車，駕六馬，有五時副車，皆駕四馬，侍中参乘，屬車三十六乘。"

[16]唯豫章王熾：唯，殿本作"惟"。

八月戊辰，穎殺東安王繇。張方復入洛陽，廢皇后羊氏及皇太子覃。匈奴左賢王劉元海反於離石，[1]自號大單于。[2]安北將軍王浚遣烏丸騎攻成都王穎于鄴，[3]大敗之。穎與帝單車走洛陽，服御分散，倉卒上下無賫，[4]侍中黄門被囊中賫私錢三千，[5]詔貸用。所在買飯以供，宫人止食於道中客舍。宫人有持升餘粺米飯及燥蒜鹽豉以進帝，帝噉之，御中黄門布被。次獲嘉，[6]市粗米飯，盛以瓦盆，帝噉兩盂。有老父獻蒸雞，帝受之。至温，[7]將謁陵，帝喪履，納從者之履，下拜流涕，左右皆歔欷。及濟河，張方帥騎三千，以陽燧青蓋車奉迎。[8]方拜謁，帝躬止之。辛巳，大赦，賞從者各有差。

[1]左賢王：匈奴官名，即左屠耆王。屠耆爲匈奴語“賢”，漢人因稱之爲左賢王。單于手下最高官職，常由太子擔任。　劉元海：劉淵，字元海，本書卷一〇一有載記。　離石：縣名，治所在今山西省吕梁市離石區。

[2]大單于：匈奴最高首領稱號。

[3]安北將軍：官名，東漢建安年間置，與安東、安南、安西將軍合稱四安將軍，爲出鎮某一地區的軍事長官，或作爲刺史等兼理軍務的加官，權任頗重。三品，加持節都督者二品。　王浚：字彭祖，本書卷三九有傳。

[4]賫：携帶。

[5]中黄門：官名，宦官中地位較低者。七品。

[6]獲嘉：縣名，治所在今河南省新鄉市西南。

[7]温：縣名，治所在今河南省温縣西南。

[8]陽燧青蓋車：帶采光裝置的青蓋車。陽燧，古代車上的一種采光裝置。　奉迎：奉，原本、宋本作“奏”，殿本作“奉”，據殿本改。

冬十一月乙未，方請帝謁廟，因劫帝幸長安。方以所乘車入殿中，帝馳避後園竹中。方逼帝升車，左右中黄門鼓吹十二人步從，唯中書監盧志侍側。[1]方以帝幸其壘，帝令方具車載宫人寶物，軍人因妻略後宫，分争府藏。魏晋已來之積，掃地無遺矣。行次新安，[2]寒甚，帝墮馬傷足，尚書高光進面衣，[3]帝嘉之。河間王顒帥官屬步騎三萬，迎于霸上。[4]顒前拜謁，帝下車止之。以征西府爲宫。唯僕射荀藩、司隸劉暾、太常鄭球、河南尹周馥與其遺官在洛陽，[5]爲留臺，[6]承制行事，[7]號爲東西臺焉。丙午，[8]留臺大赦，改元復爲永安。辛丑，復皇后羊氏。李雄僭號成都王，劉元海僭號漢王。

［1］盧志：字子道，本書卷四四有傳。

［2］新安：縣名，治所在今河南省澠池縣東。

［3］高光：字宣茂，本書卷四一有傳。　面衣：用以遮蓋臉面的服飾。

［4］霸上：亦作灞上，又名霸頭，地名，在今陝西省西安市東北白鹿原北首。

［5］司隸：官名，即司隸校尉，三國魏時先治弘農，後治河南，轄司州所屬河南、河東、河內、弘農、平陽五郡。掌監察京師，糾察京都百官。西晋沿置。三品。　劉暾：字長升，本書卷四五有傳。　太常：官名，漢代稱奉常，本掌禮樂宗廟、社稷祭祀，魏晋時此職掌歸尚書裁定，太常成爲閑職。三品。　鄭球：字子瑜，本書卷四四有傳。　周馥：字祖宣，本書卷六一有傳。

［6］留臺：指古代帝王因故离京，奉命留守京師之官及其機構。

［7］承制行事：秉承皇帝旨意便宜行事。

［8］丙午：中華本校勘記據《讀史舉正》："'丙午'書'辛丑'前，誤。十一月乙未朔，丙午爲十二日，辛丑爲初七。"

十二月丁亥，詔曰："天禍晋邦，冢嗣莫繼。[1]成都王穎自在儲貳，[2]政績虧損，四海失望，不可承重，其以王還第。豫章王熾先帝愛子，令問日新，[3]四海注意，[4]今以爲皇太弟，以隆我晋邦。以司空越爲太傅，與太宰顒夾輔朕躬。司徒王戎參録朝政，光禄大夫王衍爲尚書左僕射。[5]安南將軍虓、安北將軍浚、平北將軍騰各守本鎮。[6]高密王簡爲鎮南將軍，領司隸校尉，[7]權鎮洛陽；東中郎將模爲寧北將軍、都督冀州，[8]鎮于鄴；

鎮南大將軍劉弘領荆州，以鎮南土。周馥、繆胤各還本部，[9]百官皆復職。齊王冏前應還第，長沙王乂輕陷重刑，封其子紹爲樂平縣王，[10]以奉其嗣。自頃戎車屢征，勞費人力，供御之物皆減三分之二，户調田租三分減一。蠲除苛政，愛人務本。清通之後，當還東京。”大赦，改元。以河間王顒都督中外諸軍事。[11]

[1]冢嗣：嫡長子。《國語·晋語三》：“十四年，君之冢嗣其替乎?”韋昭注：“冢嗣，太子也。”

[2]儲貳：儲副，太子。

[3]令問：美好的名聲。

[4]注意：傾注心意。

[5]王衍：字夷甫，本書卷四三有傳。

[6]安南將軍：官名，東漢建安年間置，與安東、安北、安西將軍合稱四安將軍，爲出鎮某一地區的軍事長官，或作爲刺史等兼理軍務的加官，權任頗重。三品，加持節都督者二品。　安北將軍浚：浚，原本、宋本、殿本作“濬”，據中華本校勘記改。　平北將軍：官名，與平東、平西、平南將軍合稱四平將軍。多持節都督或監某一地區的軍事，有時作爲刺史等地方官員監理軍務的加官。三品，加持節都督者二品。　騰：司馬騰，字元邁，本書卷三七有傳。

[7]領：以地位較高的官員兼理較低的職務。

[8]東中郎將：官名，東、西、南、北四中郎將之一，統兵征伐，多有固定的轄區和治所，職權甚重。四品。　寧北將軍：官名，西晋置，多兼并州、青州等州刺史，或都督并州、冀州諸軍事，位在東中郎將之上。四品。

[9]繆胤：字休祖，本書卷六〇有傳。

[10]封其子紹爲樂平縣王：中華本校勘記：“《考異》：《齊王

囧傳》，永興初，赦其三子超、冰、英還第，封超爲縣王，以繼囧祀。超與紹本一人，轉寫之訛，當以'超'爲正。"

[11]河間王顒：殿本無"顒"字。

二年春正月甲午朔，帝在長安。夏四月，詔封樂平王紹爲齊王。[1]丙子，張方廢皇后羊氏。六月甲子，侍中、司徒、安豐侯王戎薨。隴西太守韓稚攻秦州刺史張輔，[2]殺之。李雄僭即帝位，國號蜀。秋七月甲午，尚書諸曹火，燒崇禮闥。[3]東海王越嚴兵徐方，[4]將西迎大駕。成都王穎部將公師藩等聚衆攻陷郡縣，[5]害陽平太守李志、汲郡太守張延等，[6]轉攻鄴，平昌公模遣將軍趙驤擊破之。八月辛丑，[7]大赦。驃騎將軍、范陽王虓逐冀州刺史李義。揚州刺史曹武殺丹楊太守朱建。李雄遣其將李驤寇漢安。[8]車騎大將軍劉弘逐平南將軍、彭城王釋于宛。[9]九月庚寅朔，公師藩又害平原太守王景、清河太守馮熊。[10]庚子，豫州刺史劉喬攻范陽王虓於許昌，[11]敗之。壬子，以成都王穎爲鎮軍大將軍、都督河北諸軍事，[12]鎮鄴。河間王顒遣將軍吕朗屯洛陽。[13]冬十月丙子，詔曰："得豫州刺史劉喬檄，稱潁川太守劉輿迫脅驃騎將軍虓，[14]距逆詔令，造構凶逆，擅劫郡縣，合聚兵衆，擅用苟晞爲兖州，[15]斷截王命。鎮南大將軍、荆州刺史劉弘，平南將軍、彭城王釋等，其各勒所統，徑會許昌，與喬并力。今遣右將軍張方爲大都督，[16]統精卒十萬，建武將軍吕朗、廣武將軍騫蝹、建威將軍刁默等爲軍前鋒，[17]共會許昌，除輿兄弟。"丁丑，使前車騎將軍石超、北中郎將王闡討輿等。[18]赤氣見于北方，東西竟天。有星孛于北斗。[19]平昌公模遣將軍宋胄等屯河橋。[20]十一月，立節將軍周權詐被檄，[21]自稱平西將軍，[22]復皇后羊氏。洛陽令何喬攻權，殺之，復廢皇后。十二月，吕朗等東屯滎陽，成都王穎進據洛陽，張方、劉弘等並案兵不能禦。范陽王虓濟自官渡，[23]拔滎陽，斬石超；襲許昌，破劉喬於蕭，[24]喬奔南陽。右將軍陳敏舉兵反，[25]自號楚公。矯稱被中詔，從沔漢奉迎天子，逐揚州刺史劉機、丹楊太守王曠。[26]遣弟恢南略江州，刺史應邈奔弋陽。[27]

[1]詔封樂平王紹爲齊王："紹"當作"超"，見前段注。

[2]隴西：郡名，治所原在狄道縣（今甘肅省臨洮縣），曹魏時徙治襄武縣（今甘肅省隴西縣東南）。　韓稚：任隴西太守、東羌校尉，殺張輔後被凉州刺史張軌征討，投降。　張輔：字世偉，本書卷六〇有傳。

[3]崇禮闥：洛陽宫中建築之一。《太平御覽》卷一八四《居處部·闥》引《晋宫閣名》曰："洛陽宫有崇陽闥、延明闥、通明闥、修雲闥、通福闥、承休闥、玄明闥、玄暉闥、崇禮闥、白藏闥。"

[4]嚴兵：部署軍隊。　徐方：即徐州。

[5]公師藩：陽平（今河北省大名縣東北）人，成都王司馬穎部將，後被濮陽太守苟晞斬殺。

[6]汲郡：西晋始置，治所在汲縣（今河南省衛輝市西南）。

[7]八月辛丑：中華本校勘記據《讀史舉正》認爲，辛丑當在七月。

[8]李驤：十六國時略陽臨渭（今甘肅省天水市東北渭河北岸）人，原籍巴西宕渠（今四川省渠縣東北）人，字玄龍，李特

幼弟。本書卷一二〇、一二一及《華陽國志》有詳載。　漢安：縣名，治所在今四川省内江市西。

[9]車騎大將軍：官名，西晋置，位在車騎將軍之上，多授予元老重臣，以示尊崇。開府置僚屬，一般不領兵。二品，開府位從公者一品。　釋：司馬釋，彭城王司馬權之孫，其事附於本書卷三七《司馬權傳》。　宛：縣名，治所在今河南省南陽市。

[10]平原：郡國名，治所在平原縣（今山東省平原縣西南）。　清河：郡名，治所在清河縣（今山東省臨清市東北）。

[11]劉喬：字仲彦，本書卷六一有傳。

[12]鎮軍大將軍：官名，高級軍事長官，權任甚重。兩晋二品，開府位從公者一品。　都督河北諸軍事：河北地區軍政長官。

[13]吕朗：河間王司馬顒部下，任建威將軍、建武將軍，後投降劉琨。

[14]劉輿：字慶孫，本書卷六二有傳。

[15]荀晞：字道將，本書卷六一有傳。

[16]右將軍：官名，漢代重號將軍之一，與前、左、後將軍並爲上卿。魏晋時常設，權位漸低，僅爲武官名號，略高於一般雜號將軍。三品。

[17]建武將軍：官名，東漢末曹操置，統兵征伐。四品。　廣武將軍：官名，名號將軍中地位較高者。四品。　建威將軍：官名，領兵征伐。四品。　刁默：司馬顒部下，任北地太守、陽平太守、建威將軍等職。刁，原本作“刀”，宋本、殿本作“刁”，據宋本、殿本改。

[18]王闡：司馬顒部下，任右將軍。

[19]北斗：即斗宿，二十八星宿之一。

[20]宋胄：司馬越部下，平陽太守。

[21]立節將軍：官名，雜號將軍，統兵。四品。

[22]平西將軍：官名，與平北、平南、平東將軍合稱四平將軍，權任很重，多持節都督或監某一地區的軍事，有時亦作爲刺史

等地方官員兼理軍務的加官。三品，加持節都督者二品。

［23］官渡：古官渡水，位於今河南中牟縣境内。

［24］蕭：縣名，治所在今安徽省蕭縣西北。

［25］陳敏：字令通，本書卷一〇〇有傳。

［26］王曠：中華本校勘記："《陳敏傳》作'王廣'。"

［27］弋陽：郡名，治所在弋陽縣（今河南省潢川縣西）。

光熙元年春正月戊子朔，日有蝕之。帝在長安。河間王顒聞劉喬破，大懼，遂殺張方，請和于東海王越，越不聽。宋胄等破穎將樓裒，[1]進逼洛陽，穎奔長安。甲子，[2]越遣其將祁弘、宋胄、司馬纂等迎帝。[3]三月，東萊惤令劉柏根反，[4]自稱惤公，襲臨淄，[5]高密王簡奔聊城。[6]王浚遣將討柏根，斬之。夏四月己巳，東海王越屯于温。顒遣弘農太守彭隨、北地太守刁默距祁弘等於湖。五月，枉矢西南流。范陽國地燃，可以爨。壬辰，祁弘等與刁默戰，默大敗，顒、穎走南山，奔于宛。[7]弘等所部鮮卑大掠長安，殺二萬餘人。是日，日光四散，赤如血。甲午又如之。己亥，弘等奉帝還洛陽，帝乘牛車，行宫藉草，[8]公卿跋涉。戊申，驃騎、范陽王虓殺司隸校尉邢喬。己酉，盜取太廟金匱及策文各四。六月丙辰朔，至自長安，升舊殿，哀感流涕。謁于太廟。復皇后羊氏。辛未，大赦，改元。秋七月乙酉朔，日有蝕之。太廟吏賈苞盜太廟靈衣及劍，伏誅。八月，以太傅、東海王越録尚書，驃騎將軍、范陽王虓爲司空。九月，頓丘太守馮嵩執成都王穎，[9]送之于鄴。進東嬴公騰爵爲東燕王，平昌公模爲南陽王。冬十月，司空、范陽王虓薨。虓長史劉輿害成都王穎。十一月庚午，帝崩于顯陽殿，[10]時年四十八，葬太陽陵。

[1]樓裒：中華本校勘記："《河間王顒傳》、《通鑑》八六皆作'樓褒'。"

[2]甲子：中華本據《讀史舉正》，正月戊子朔，不得有甲子日。

[3]祁弘：先任王浚主簿，後爲司馬越部下。

[4]東萊：郡國名，治所在掖縣（今山東省萊州市）。　惤：縣名，治所在今山東省龍口市東南。

[5]臨淄：縣名，治所在今山東省淄博市東北。

[6]聊城：縣名，治所在今山東省聊城市西北。

[7]顒、穎走南山，奔于宛：中華本校勘記："《顒傳》及《通鑑》八六皆云顒單馬入太白山；《穎傳》謂穎自華陰趣武關。穎、顒所走異道，此'穎'字疑衍。"

[8]藉草：睡在草上。

[9]頓丘：郡名，治所在頓丘縣（今河南省浚縣北）。頓，殿本作"穎"。　馮嵩：歷任司馬模長史、前鋒都護、頓丘太守、魏郡太守、豫州刺史等職。

[10]顯陽殿：洛陽宮殿。《太平御覽》卷一七五《居處部·殿》引《晋宫閣名》："太極殿十二間、徽音殿、顯陽殿、暉章殿、含章殿、建始殿、仁壽殿、百福殿、清暑殿、章華殿、嘉福殿、宣光殿、修明殿、嘉樂殿、芙蓉殿、崇光殿、華光殿、蔬圃殿、華德殿、九華殿、章陽殿、百兒殿、芳德殿、靈圃殿、承光殿、永寧殿、景福殿、延休殿、百子殿、虞清殿、淵冥殿、安昌殿。"

帝之爲太子也，朝廷咸知不堪政事，武帝亦疑焉。嘗悉召東宫官屬，使以尚書事令太子决之，帝不能對。

賈妃遣左右代對，多引古義。給使張泓曰：[1]“太子不學，陛下所知。今宜以事斷，不可引書。”妃從之。泓乃具草，令帝書之。武帝覽而大悦，太子遂安。及居大位，政出群下，綱紀大壞，貨賂公行。勢位之家，以貴陵物；忠賢路絶，讒邪得志；更相薦舉，天下謂之互市焉。高平王沉作《釋時論》，[2]南陽魯褒作《錢神論》，[3]廬江杜嵩作《任子春秋》，[4]皆疾時之作也。帝又常在華林園，[5]聞虾蟆聲，謂左右曰：“此鳴者爲官乎，私乎？”或對曰：“在官地爲官，在私地爲私。”及天下荒亂，百姓餓死，帝曰：“何不食肉糜？”[6]其蒙蔽皆此類也。後因食𪍿中毒而崩，或云司馬越之鴆。

[1]給使：宫中職役。使，殿本作“事”。

[2]高平：郡名，治所在昌邑縣（今山東省巨野縣南）。　王沉：字彦伯，本書卷九二有傳。

[3]魯褒：字元道，本書卷九四有傳。

[4]廬江：郡名，三國魏、吴於境内各置廬江郡，魏治所在六安縣（今安徽省六安市北），吴治所在皖縣（今安徽省潛山市）。西晋合爲一，治舒縣（今安徽省廬江縣西南）。　杜嵩：《杜夷傳》作“杜崧”。本書卷九一有傳

[5]華林園：宫苑名，本東漢芳林園，魏正始初因避齊王芳諱改。故址在今河南省洛陽市東洛陽故城内。有瑶華宫、景陽山、天淵池諸勝。

[6]肉糜：肉粥。

史臣曰：不才之子，則天稱大，[1]權非帝出，政邇宵人。[2]褒姒共叔帶並興，[3]襄后與犬戎俱運。[4]昔者，

丹朱不肖，[5]赧王逃責，[6]相彼凶德，事關休咎，[7]方乎土梗，[8]以墜其情。溽暑之氣將闌，[9]淫蠹之音罕記，[10]乃彰嗤笑，[11]用符顛隕。[12]豈通才俊彥猶形於前代，增淫助虐獨擅於當今者歟？物號忠良，[13]于兹拔本，人稱妖孽，自此疏源。長樂不祥，承華非命，生靈版蕩，[14]社稷丘墟。[15]古者敗國亡身，分鑣共軫，[16]不有亂常，則多庸暗。豈明神喪其精魄，武皇不知其子也！

[1]則天稱大：把自己等同於天，自稱老大。則，等同。

[2]政邇宵人：爲政親近小人。宵人，小人。

[3]褒姒：周幽王妃子。褒國（今陝西省漢中市西北褒城鎮東）人，姒姓。深得幽王寵愛。幽王廢太子宜臼，立褒姒子伯服爲太子。相傳幽王爲博其一笑，以烽火戲諸侯，引起諸侯不滿。　叔帶：又稱王子帶、太叔帶，周惠王之子，襄王之弟。食邑於甘，故稱甘公。惠王死，襄王立，叔帶勾結戎人謀推翻襄王，失敗後奔齊。後被襄王召回，又勾結戎狄伐京師，襄王出逃。晋文公出兵伐之，叔帶被俘，處死。

[4]襄后：即周襄王之狄后，與叔帶私通，逼走襄王，與叔帶同居於温（今河南省温縣西南）。

[5]丹朱：堯之子，不肖，故堯不傳位於他而傳與舜。舜使其居丹淵，故號曰丹朱。

[6]赧王逃責：周赧王，亦稱王赧，在位時值戰國，依附西周武公，處列强之間，深受兼併之害。相傳他因欠民債，逃避於臺上，周人名其臺曰“逃債臺”。

[7]休咎：吉凶，善惡。

[8]方乎土梗：比作泥塑偶像。方，比作。土埂，《莊子·田子方》：“吾所學者，直土梗耳。”成玄英疏：“自覺所學，土人而已，逢雨則壞，並非其物。”

[9]溽暑之氣將闌：潮濕悶熱之氣即將盡。

[10]淫鼃（wā）之音：雜亂的蛙聲，指惠帝聽華林園的蛙聲一事。

[11]嗤笑：譏笑。

[12]用符顛隕：因此成爲覆滅的徵兆。

[13]物號忠良：忠良之名。

[14]版蕩：《詩·大雅》有《板》《蕩》兩篇，皆刺周厲王暴虐無道，而致天下不寧。版，同“板”。後因以“版蕩”指動亂不安。

[15]丘墟：荒凉，殘破。

[16]分鑣共軫：同車而分道，喻分崩離析。

贊曰：惠皇居尊，臨朝聽言。厥體斯昧，其情則昏。高臺望子，長夜奚冤。[1]金墉毁冕，蕩陰釋胄。[2]及爾皆亡，滔天來遘。[3]

[1]高臺望子，長夜奚冤：指愍懷太子冤死，惠帝築思子臺之事。見本書卷五三《愍懷太子傳》。

[2]金墉毁冕，蕩陰釋胄：指八王之亂中，賈后被廢並死於金墉城，蕩陰之亂惠帝受傷等事。

[3]滔天來遘：遭遇天大的亂子。

晋書　卷五

帝紀第五

孝懷帝　孝愍帝

孝懷帝

孝懷皇帝諱熾，字豐度，武帝第二十五子也。[1]太熙元年，封豫章郡王。屬惠帝之時，[2]宗室構禍，帝冲素自守，[3]門絶賓游，不交世事，專玩史籍，[4]有譽於時。初拜散騎常侍，[5]及趙王倫篡，[6]見收。倫敗，爲射聲校尉。[7]累遷車騎大將軍、都督青州諸軍事，[8]未之鎮。[9]

[1]第二十五子也：原本、宋本無“第”字，殿本有，據殿本補。

[2]屬惠帝之時：殿本作“屬孝惠之時”。

[3]冲素：冲淡，純樸。

[4]玩：鑽研，體會。

[5]散騎常侍：官名，三國魏文帝黄初年間置，侍從皇帝左右，

諫諍得失，顧問應對，與侍中等共平尚書奏事。也用作宰相、諸公等加官，入宫議政。三品。

[6]倫：司馬倫，字子彝。本書卷五九有傳。

[7]射聲校尉：官名，統宿衛兵，魏晋時隸屬中領軍。四品。

[8]車騎大將軍：官名，西晋置，位在車騎將軍之上，多授予元老重臣，以示尊崇。開府置僚屬，一般不領兵。二品，開府位從公者一品。　都督青州諸軍事：青州地區最高軍事行政長官。

[9]之：到。

永興元年，改授鎮北大將軍、都督鄴城守諸軍事。[1]十二月丁亥，立爲皇太弟，帝以清河王覃本太子也，[2]懼不敢當。典書令廬陵脩肅曰：[3]"二相經營王室，[4]志寧社稷，儲貳之重，[5]宜歸時望，親賢之舉，非大王而誰？清河幼弱，未允衆心，是以既升東宫，復贊藩國。今乘輿播越，[6]二宫久曠，[7]常恐氐羌飲馬於涇川，[8]螘衆控弦於霸水。[9]宜及吉辰，時登儲副，上翼大駕，早寧東京，下允黔首喁喁之望。"帝曰："卿，吾之宋昌也。"[10]乃從之。

[1]鎮北大將軍：官名，三國蜀、吴置，職掌與鎮北將軍同，唯資歷深者得任此職，不常置。晋二品，開府位從公者一品。　都督鄴城守諸軍事：鄴城地區軍政長官。

[2]覃：司馬覃，司馬遐之子，本書卷六四有傳。

[3]典書令：官名，西晋王國屬官，位在常侍下、侍郎上。廬陵：郡名，治所在石陽縣（今江西省吉水縣東北）。

[4]二相：指司馬穎、司馬顒。他們在八王之亂中都任過相國和宰相。

[5]儲貳：皇太子，皇位繼承人。

[6]乘輿播越：皇帝顛沛流離。

[7]二宫：太子東宫。周一良先生指出："蓋當時東宫之别稱，取義於副貳。貳字從弍聲，弍即古二字，故二貳相通，二宫即貳宫也。"（周一良：《魏晋南北朝史札記》，中華書局1985年版，第45頁）

[8]氐羌：氐族和羌族，古代生活在西北地區的少數民族。涇川：即涇水，渭河支流，位於今陝西省中部。

[9]霸水：即今陝西省渭河支流灞河。

[10]宋昌：西漢初人。吕后時爲代國中尉。吕后死，周勃等迎立代王爲帝，郎中令張武等勸代王静觀其變。宋昌力排衆議，勸代王立即赴長安即位。

光熙元年十一月庚午，孝惠帝崩。羊皇后以於太弟爲嫂，[1]不得爲太后，催清河王覃入，已至尚書閣，[2]侍中華混等急召太弟。[3]癸酉，即皇帝位，大赦，尊皇后羊氏爲惠皇后，居弘訓宫，追尊所生太妃王氏爲皇太后，立妃梁氏爲皇后。十二月壬午朔，日有蝕之。己亥，封彭城王植子融爲樂城縣王。[4]南陽王模殺河間王顒於雍谷。[5]辛丑，以中書監温羡爲司徒，[6]尚書左僕射王衍爲司空。[7]己酉，葬孝惠皇帝于太陽陵。李雄别帥李離寇梁州。[8]

[1]羊皇后：惠帝皇后羊獻容，本書卷三一有傳。

[2]尚書閣：尚書省的門。閣，官署的門。

[3]侍中：官名，東漢建安中與給事黄門侍郎出入禁中，省尚書事。曹魏時爲門下之侍中省長官。常侍衛皇帝左右，掌顧問應

對、諫諍糾察、平議奏事、駁奏異議等，權力甚重。三品。　華混：字敬倫，本書卷四四有傳。

[4]彭城王植子融：檢本書，貞王司馬融爲司馬漼之子。司馬植子爲康王司馬釋。

[5]模：司馬模，司馬泰之子，字元表，本書卷三七有傳。　顒：司馬顒，字文載，本書卷五九有傳。　雍谷：雍山之谷。雍山位於今陝西省鳳翔縣西北三十里。

[6]中書監：官名，中書省長官之一。三國魏文帝初年分秘書置中書省，長官爲中書監、中書令。掌收納奏章，草擬詔令。平常不分高下，入朝時監略高於令。三品。　温羨：字長卿，本書卷四四有傳。　司徒：官名，西漢哀帝元壽二年（前1）改丞相爲大司徒，東漢光武帝時改名爲司徒，東漢末又改爲丞相。三國魏恢復三公制，改丞相爲司徒，管理民政。兩晋沿制，爲八公之一，在太尉之下、司空之上。與丞相通職，一般不並置，爲名譽宰相。一品。

[7]尚書左僕射：官名，尚書省次官，輔助尚書令執行政務，參議大政，諫諍得失，監察糾彈百官。有時尚書省不置令，祇設左右僕射，此時左僕射居右僕射之上。三品。　王衍：字夷甫，本書卷四三有傳。　司空：官名，魏晋南北朝爲名譽宰相，多爲大臣加官。晋八公之一，位在三公之末。一品。

[8]李雄：字仲儁，李特之子，本書卷一二一有載記。　李離：李含之子，任李雄政權折衝將軍、太尉，爲部將所殺。　梁州：三國曹魏治所在沔陽縣（今陝西省勉縣東），西晋移治南鄭縣（今陝西省漢中市東）。

永嘉元年春正月癸丑朔，[1]大赦，改元，除三族刑。以太傅、東海王越輔政，[2]殺御史中丞諸葛玫。[3]二月辛巳，東萊人王彌起兵反，[4]寇青徐二州，[5]長廣太守宋羆、東牟太守龐伉並遇害。[6]三月己未朔，[7]平東將軍周馥斬送陳敏首。[8]丁卯，改葬武悼楊皇后。[9]庚午，立豫章王詮爲皇太子。[10]辛未，大赦。庚辰，東海王越出鎮許昌。[11]以征東將軍、高密王簡爲征南大將軍、都督荆州諸軍事，[12]鎮襄陽；[13]改封安北將軍、東燕王騰爲新蔡王、都督司冀二州諸軍事，[14]鎮鄴；[15]以征南將軍、南陽王模爲征西大將軍、都督秦雍梁益四州諸軍事，[16]鎮長安。[17]并州諸郡爲劉元海所陷，[18]刺史劉琨獨保晋陽。[19]夏五月，馬牧帥汲桑聚衆反，[20]敗魏郡太守馮嵩，[21]遂陷鄴城，害新蔡王騰。燒鄴宫，火旬日不滅。又殺前幽州刺史石尟於樂陵，[22]入掠平原，[23]山陽公劉秋遇害。洛陽步廣里地陷，[24]有二鵝出，色蒼者冲天，白者不能飛。建寧郡夷攻陷寧州，[25]死者三千餘人。秋七月己酉朔，東海王越進屯官渡，[26]以討汲桑。己未，以平東將軍、琅邪王睿爲安東將軍、都督揚州江南諸軍事、假節，[27]鎮建鄴。[28]八月己卯朔，撫軍將軍苟晞敗汲桑於鄴。[29]甲辰，曲赦幽、并、司、冀、兖、豫等六州。[30]分荆州、江州八郡爲湘州。[31]九月戊申，苟晞又破汲桑，陷其九壘。辛亥，有大星如日，小者如斗，自西方流於東北，天盡赤，俄有聲如雷。始修千金堨於許昌以通運。[32]冬十一月戊申朔，日有蝕之。甲寅，以尚書右僕射和郁爲征北將軍，[33]鎮鄴。十二月戊寅，并州人田蘭、薄盛等斬汲桑于樂陵。甲午，以前太傅劉寔爲太尉。[34]庚子，以光禄大夫、延陵公高光爲尚書令。[35]東海王越矯詔囚清河王覃于金墉城。[36]癸卯，越自爲丞相。以撫軍將軍苟晞爲征東大將軍。[37]

[1]正月癸丑朔：中華本校勘記："正月壬子朔，非癸丑。"

[2]太傅：官名，晋爲八公之一。位上公，太宰之下、太保之上。一品。　越：司馬越，字元超，本書卷五九有傳。

[3]御史中丞：官名，御史大夫副手，掌監察、執法，爲京師顯官，職權甚重。四品。

[4]東萊：郡國名，治所在掖縣（今山東省萊州市）。　王彌：本書卷一〇〇有傳。

[5]青：青州，治所在臨淄縣（今山東省淄博市東北）。　徐：徐州，治所在彭城縣（今江蘇省徐州市）。

[6]長廣：郡名，治所在不其縣（今山東省即墨市西南）。　東牟：郡名，治所在黄縣（今山東省龍口市東）。

[7]三月己未朔：中華本校勘記："三月辛亥朔，己未乃月之初九日，疑此'朔'字爲衍文。"

[8]平東將軍：官名，與平北、平南、平西將軍合稱四平將軍，權任很重，多持節都督或監某一地區的軍事，有時亦作爲刺史等地方官員兼理軍務的加官。三品，加持節都督者二品。　周馥：字祖宣，本書卷六一有傳。　陳敏：字令通，本書卷一〇〇有傳。

[9]武悼楊皇后：楊芷，字季蘭，本書三一有傳。

[10]立豫章王詮爲皇太子：中華本校勘記："《清河康王傳》'詮'作'銓'。"

[11]許昌：縣名，治所在許昌城（今河南省許昌市東）。

[12]征東將軍：官名，東漢末置，與征西、征南、征北將軍合稱四征將軍。魏晋時多爲持節都督，出鎮方面。三品，加持節都督者二品。　高密王簡：即高密王司馬略，字元簡，本書卷三七有傳。《通鑑》八五"簡"作"略"。《通鑑考異》云《宗室傳》高密孝王略字元簡，蓋"簡"即"略"也。《劉暾傳》亦作"略"，蓋以字行。　征南大將軍：官名，屬將軍名號，多授予統兵出鎮在外，都督數州諸軍事者。位在征南將軍之上。二品，開府位從公者一品。　都督荆州諸軍事：荆州地區最高軍政長官。

[13]襄陽：郡名，東漢建安十三年（208）置，治所在襄陽縣（今湖北省襄陽市），西晉移治宜城縣（今湖北省宜城市南）。

[14]安北將軍：官名，東漢建安年間置，與安東、安南、安西將軍合稱四安將軍，爲出鎮某一地區的軍事長官，或作爲刺史等兼理軍務的加官，權任頗重。三品，加持節都督者二品。　騰：司馬騰，字元邁，本書卷三七有傳。　都督司冀二州諸軍事：上述二州最高軍事行政長官。

[15]鄴：縣名，曹魏五都之一。治所在今河北省臨漳縣西南。

[16]征南將軍：官名，與征東將軍、征西將軍、征北將軍合稱四征將軍。三國魏蜀吴兩晋皆置，出鎮方面，地位顯要。三品，加持節都督者二品。　征西大將軍：官名，屬將軍名號，多授予統兵出鎮在外，都督數州諸軍事者。位在征西將軍之上。二品，開府位從公者一品。　都督秦雍梁益四州諸軍事：上述四州最高軍事行政長官。

[17]長安：縣名，治所在今陝西省西安市西北。

[18]并州：治所在晋陽縣（今山西省太原市西南）。　劉元海：劉淵，字元海，本書卷一〇一有載記。

[19]劉琨：字越石，本書卷六二有傳。　晋陽：縣名，治所在今山西省太原市西南。

[20]汲桑：西晋魏郡（今河北省臨漳縣西南）人，一説平陽（今山西省臨汾市西南）人。與石勒從成都王司馬穎故將公師藩，後自稱大將軍爲石勒前驅，被乞活田甄攻殺。

[21]魏郡：治所在鄴縣（今河北省臨漳縣西南）。　馮嵩：西晋人，歷任司馬模長史、前鋒都護、頓丘太守、魏郡太守、豫州刺史等職。

[22]幽州：治所在薊縣（今北京市西南）。　樂陵：郡國名，治所在厭次縣（今山東省惠民縣東），西晋末改爲郡。

[23]平原：郡國名，治所在平原縣（今山東省平原縣西南）。

[24]步廣里：《水經注》卷一六《穀水》引陸機《洛陽記》

曰：“步廣里在洛陽城内宫東。”

［25］建寧郡：治所在味縣（今雲南省曲靖市西）。　寧州：治所在滇池縣（今雲南省昆明市晋寧區晋城鎮）。

［26］官渡：地名，在今河南省中牟縣東北，臨古官渡水。渡，原本、宋本作“度”，殿本作“渡”，據殿本改。

［27］琅邪王睿：即司馬睿，字景文，本書卷六有紀。　安東將軍：官名，東漢建安年間置，與安西、安南、安北將軍合稱四安將軍，爲出鎮某一地區的軍事長官，或作爲刺史等兼理軍務的加官，權任頗重。三品，加持節都督者二品。　都督揚州江南諸軍事：揚州江南地區的最高軍政長官。　假節：假以節杖。指大臣臨時持節出巡，爲權臣掌軍、秉政的地位象徵和政治待遇。

［28］建鄴：縣名，治所在今江蘇省南京市。

［29］撫軍將軍：官名，三國蜀漢、孫吴皆置，爲加官，以示權重。晋沿置，與中軍將軍、鎮軍將軍並爲三名號將軍。三品。　荀晞：字道將，本書卷六一有傳。

［30］曲赦：特赦。《資治通鑑》卷八三《晋紀》惠帝永康元年胡三省注曰：“不普赦天下，而獨赦洛陽，故曰曲赦。”　司：司州，司隸校尉部，治所在洛陽縣（今河南省洛陽市東北）。　冀：冀州，三國魏治所在信都縣（今河北省衡水市冀州區），西晋移治房子縣（今河北省高邑縣西南）。　兖：兖州，三國魏治所在廪丘縣（今山東省鄆城縣西北），晋惠帝末，兖州闔境淪没於石勒。東晋元帝僑置兖州，治京口（今江蘇省鎮江市）。　豫：豫州，曹魏時治所在安城縣（今河南省正陽縣東北），西晋移治陳縣（今河南省周口市淮陽區）。

［31］荆州：三國時曹魏治所在新野縣（今河南省新野縣），孫吴治所在江陵縣（今湖北省江陵縣），西晋統一後治所在江陵縣（今湖北省江陵縣）。　江州：治所在南昌縣（今江西省南昌市）。　湘州：治所在臨湘縣（今湖南省長沙市）。

［32］千金堨：古代水利工程名。位於今河南省洛陽市境内。

《水經注·穀水》："《河南十二縣境簿》曰：河南縣城東十五里有千金堨。《洛陽記》曰：'千金堨舊堰穀水，魏時更修此堰，謂之千金堨。'" 於許昌：往許昌。於，往。《史記》卷三二《齊太公世家》："晋使郤克於齊，齊使夫人帷中而觀之。"

[33]尚書右僕射：官名，尚書令副手，掌拆閲封緘奏章文書、參議政事、諫諍駁議、監察百官。位在左僕射之下。三品。 和郁：字仲輿，和嶠弟，本書卷四五有傳。 征北將軍：官名，與征東、征西、征南將軍合稱四征將軍。三國魏蜀吴兩晋皆置，出鎮方面，地位顯要。三品，加持節都督者二品。

[34]劉寔：字子真，本書卷四一有傳。 太尉：官名，曹操爲丞相後，太尉府屬官歸相府，晋時太尉雖爲八公之一、三公之首，實爲名譽宰相，多爲大臣加官。一品。

[35]光禄大夫：官名，三公等大臣告老回家即拜此職，或作爲在朝顯職的加官。三品，開府位從公者一品。 高光：字宣茂，本書卷四一有傳。 尚書令：官名，秦漢時爲尚書署長官。秩位雖低，權力甚重。魏晋時沿置，爲尚書省長官，綜理全國政務，參議大政，爲高級政務長官。三品。

[36]金墉城：三國魏明帝時築。位於今河南省洛陽市東北漢魏洛陽城故址西北角。三面開門，南曰乾光門，東曰含春門，北曰遷門。城内又置西宫，西晋改爲永昌宫。魏晋時被廢的皇帝及后妃都安置於此。城小而固，爲攻占戍守要地。

[37]征東大將軍：官名，三國魏文帝黄初三年（222）置，職掌與征東將軍同，但位在其上，多統兵出鎮方面，都督數州軍事。不常置。二品，開府位從公者一品。

二年春正月丙午朔，[1]日有蝕之。丁未，大赦。二月辛卯，清河王覃爲東海王越所害。庚子，石勒寇常山，[2]安北將軍王浚討破之。[3]三月，東海王越鎮鄄城。[4]劉元海侵汲郡，略有頓丘、河内之地。[5]王彌寇青、徐、兖、豫四州。夏四月丁亥，入許昌，諸郡守將皆奔走。五月甲子，彌遂寇洛陽，司徒王衍帥衆禦之，彌退走。秋七月甲辰，劉元海寇平陽，[6]太守宋抽奔京師，河東太守路述力戰，[7]死之。八月丁亥，東海王越自鄄城遷屯于濮陽。[8]九月，石勒寇趙郡，[9]征北將軍和郁自鄴奔于衛國。[10]冬十月甲戌，劉元海僭帝號於平陽，仍稱漢。十一月乙巳，尚書令高光卒；丁卯，以太子少傅荀藩爲尚書令。[11]己酉，[12]石勒寇鄴，魏郡太守王粹戰敗，[13]死之。十二月辛未朔，大赦。立長沙王乂子碩爲長沙王，尟爲臨淮王。

[1]丙午：原本、宋本、殿本作“景子”，“景”爲“丙”的避諱字，本卷下文凡遇此避諱字均徑改，不再出注。午，據中華本改。

[2]石勒：字世龍，本書卷一〇四有載記。　常山：郡名，治所在真定縣（今河北省石家莊市）。

[3]王浚：字彭祖，本書卷三九有傳。

[4]鄄城：縣名，治所在今山東省鄄城縣北。

[5]汲郡：西晋始置，治所在汲縣（今河南省衛輝市西南）。　頓丘：郡名，治所在頓丘縣（今河南省浚縣北）。　河内：郡名，治所在野王縣（今河南省沁陽市）。

[6]平陽：郡名，治所在平陽縣（今山西省臨汾市西南）。　路述：殿本無此二字。

[7]河東：郡名，治所在安邑縣（今山西省夏縣西北禹王城）。

[8]濮陽：縣名，治所在今河南省濮陽市西南。

[9]趙郡：治所在房子縣（今河北省高邑縣西南）。

[10]衛國：縣名，治所在今河南省清豐縣東南。

[11]太子少傅：官名，與太子太傅並稱二傅，三國時並攝東宫事務，與尚書、東曹並掌太子、諸侯官署選舉。西晋時下設丞、功曹、主簿等屬官。三品。　荀藩：字大堅，本書卷三九有傳。

[12]己酉：中華本校勘記：“己酉在丁卯前，此失日序。”

[13]王粹：弘農（今河南省靈寶市）人，歷任魏郡太守、北中郎將，附賈謐，與石崇、歐陽建、潘岳等爲“二十四友”。

三年春正月甲午，[1]彭城王釋薨。[2]三月戊申，征南大將軍、高密王簡薨。以尚書左僕射山簡爲征南將軍、都督荆湘交廣等四州諸軍事，[3]司隸校尉劉暾爲尚書左僕射。[4]丁巳，東海王越歸京師。乙丑，勒兵入宫，於帝側收近臣中書令繆播、帝舅王延等十餘人，[5]並害之。丙寅，曲赦河南郡。[6]丁卯，太尉劉寔請老，以司徒王衍爲太尉，東海王越領司徒。劉元海寇黎陽，[7]遣車騎將軍王堪擊之，[8]王師敗績于延津，[9]死者三萬餘人。大旱，江、漢、河、洛皆竭，可涉。[10]夏四月，左積弩將軍朱誕叛奔于劉元海。[11]石勒攻陷冀州郡縣百餘壁。秋七月戊辰，當陽地裂三所，[12]各廣三丈，長三百餘步。辛未，平陽人劉芒蕩自稱漢後，[13]誑誘羌戎，僭帝號於馬蘭山。[14]支胡五斗叟、郝索聚衆數千爲亂，[15]屯新豐，[16]與芒蕩合黨。劉元海遣子聰及王彌寇上黨，[17]圍壺關。[18]并州刺史劉琨使兵救之，爲聰所敗。淮南内史王曠、將軍施融、曹超及聰戰，[19]又敗，超、融死之。上黨太守龐淳以郡降賊。[20]九月丙寅，劉聰圍浚儀，[21]遣平北將軍曹武討之。[22]丁丑，王師敗績。東海王越入保京城。聰至西明門，[23]越禦之，戰于宣陽門外，[24]大破之。石勒寇常山，安北將軍王浚使鮮卑騎救之，大破勒於飛龍山。[25]征西大將軍、南陽王模使其將淳于定破劉芒蕩、五斗叟，並斬之。使車騎將軍王堪、平北將軍曹武討劉聰，王師敗績，堪奔還京師。李雄别帥羅羨以梓潼歸順。[26]劉聰攻洛陽西明門，不克。宜都夷道山崩，荆湘二州地震。[27]冬十一月，石勒陷長樂，[28]安北將軍王斌遇害，因屠黎陽。乞活帥李惲、薄盛等帥衆救京師，[29]聰退走。惲等又破王彌于新汲。[30]十二月乙亥，[31]夜有白氣如帶，自地升天，南北各二丈。

[1]正月甲午：中華本校勘記："上月辛未朔，甲午爲上年十二月二十四日，是年正月不得有甲午。"

[2]彭城王釋：司馬釋，彭城王司馬權之孫，本書卷三七有傳。

[3]山簡：字季倫，本書卷四三有傳。　都督荆湘交廣等四州諸軍事：上述四州最高軍事行政長官。交，交州，又稱交阯，公元前2世紀初南越王趙佗置，後屬西漢。東漢改爲交州，治所在番禺縣（今廣東省廣州市），三國時移治龍編縣（今越南社會主義共和國河北省仙游縣東）。廣，廣州，治所在番禺縣（今廣東省廣州市）。

[4]司隸校尉：官名，三國魏時先治弘農，後治河南，轄司州所屬河南、河東、河内、弘農、平陽五郡。掌監察京師，糾察京都百官。西晋沿置。三品。　劉暾：字長升，本書卷四五有傳。

[5]中書令：官名，掌收納尚書奏事，傳達皇帝詔旨。三國魏文帝初年分秘書置中書省，設中書監和中書令。職權甚重。三品。　繆播：字宣則，本書卷六〇有傳。

[6]河南郡：治所在洛陽縣（今河南省洛陽市東北）。

［7］黎陽：縣名，治所在今河南省浚縣東北。

［8］車騎將軍：官名，魏晋南北朝時位次於驃騎將軍，在諸名號將軍之上，多作爲軍府名號，以加授大臣及重要州郡長官。二品，開府位從公者一品。

［9］延津：一名靈昌津，位於今河南省衛輝市東古黄河上。

［10］大旱，江、漢、河、洛皆竭，可涉：《宋書》卷三一《五行志二》："晋懷帝永嘉三年五月，大旱。襄平縣梁水淡淵竭，河、洛、江、漢皆可涉。"《晋書》卷二八《五行志中》："懷帝永嘉三年五月，大旱，襄平縣梁水、淡池竭，河、洛、江、漢皆可涉。"則大旱當在五月，且僅襄平縣梁水、淡淵水竭。

［11］左積弩將軍：官名，領禁衛營兵，隸屬中領軍。四品。朱誕：西晋淮南内史、左積弩將軍，後投劉淵，官至大司農。

［12］當陽：縣名，治所在今湖北省荆門市南。東晋遷至今湖北省當陽市。

［13］劉芒蕩：西晋平陽（今山西省臨汾市西南）人，受羌人擁戴稱帝，被司馬模部將淳于定斬殺。

［14］馬蘭山：位於今陝西省銅川市北。

［15］支胡：西域胡人。

［16］新豐：縣名，治所在今陝西省西安市臨潼區東北。

［17］聰：一名載，字玄明，本書卷一〇二有載記。　王彌：本書卷一〇〇有傳。　上黨：郡名，治所在潞縣（今山西省黎城縣南）。

［18］壺關：縣名，治所在今山西省長治市北。

［19］淮南：郡國名，治所在壽春縣（今安徽省壽縣）。　内史：官名，西晋武帝太康十年（289）改諸王國相爲内史，掌管民政。五品。周家禄《晋書校勘記》認爲："晋制，以郡爲國，内史治民事，若郡太守。國除爲郡，復稱太守。然二名往往混淆，史家亦互稱之。"

［20］龐淳：中華本校勘記："《劉琨傳》作'襲醇'。"

［21］浚儀：縣名，治所在今河南省開封市。

［22］平北將軍：官名，與平東、平西、平南將軍合稱四平將軍。多持節都督或監某一地區的軍事，有時作爲刺史等地方官員監理軍務的加官。三品，加持節都督者二品。　曹武：西晋人，歷任揚州刺史、平北將軍、前將軍等職。

［23］西明門：《水經注·穀水》郭守敬疏："《洛陽伽藍記》：'西面次北曰西陽門，漢曰雍門，魏、晋曰西明門。高祖改爲西陽門。'《寰宇記》：'漢曰雍門，在西上。晋改曰西明門。'"

［24］宣陽門：《水經注·穀水》："穀水又東，逕宣陽門南，故小苑門也。"郭守敬疏："《續漢書·百官志》：'雒陽城有小苑門。'《洛陽伽藍記》：'南面次西曰宣陽門，漢曰津陽門，晋曰宣陽門，高祖因而不改。'津陽字誤，當依《續漢志》作小苑。《寰宇記》，漢小苑門在午上，晋改曰宣陽門。"

［25］飛龍山：一名封龍山，位於今河北省石家莊市獲鹿區南。

［26］羅羕：中華本校勘記："《李雄載記》、《華陽國志》八皆作'羅兼'，疑是。"　梓潼：郡名，治所在梓潼縣（今四川省梓潼縣）。

［27］"劉聰攻洛陽"至"二州地震"：中華本校勘記："據《通鑑》八七，聰攻洛陽在十月，梓潼降亦在十月；又據《五行志》下、《宋書五行志》五，山崩、地震並在十月。《紀》混十月事於九月，失之。"　宜都：郡名，治所在夷陵縣（今湖北省宜昌市東南長江北岸）。　夷道：縣名，治所在今湖北省宜昌市。

［28］長樂：縣名，治所在今河南省安陽市東。

［29］乞活帥：西晋末，北方流民爲避戰亂，集體流徙求食，稱乞活，首領稱乞活帥。

［30］新汲：縣名，治所在今河南省扶溝縣汲下村。

［31］十二月乙亥：中華本校勘記："十二月乙未朔，無乙亥。殿本《天文志》下作'十一月'。"

四年春正月乙丑朔，大赦。二月，石勒襲鄄城，兖州刺史袁孚戰敗，[1]爲其部下所害。勒又襲白馬，[2]車騎將軍王堪死之。李雄將文碩殺雄大將軍李國，[3]以巴西歸順。[4]戊午，吴興人錢璯反，[5]自稱平西將軍。[6]三月，丞相倉曹屬周玘帥鄉人討璯，[7]斬之。夏四月，大水。[8]將軍祁弘破劉元海將劉靈曜于廣宗。[9]李雄陷梓潼，兖州地震。五月，石勒寇汲郡，執太守胡寵，遂南濟河，滎陽太守裴純奔建鄴。[10]大風折木。地震。幽、并、司、冀、秦、雍等六州大蝗，[11]食草木，牛馬毛皆盡。[12]六月，劉元海死，其子和嗣僞位，[13]和弟聰弑和而自立。秋七月，劉聰從弟曜及其將石勒圍懷，[14]詔征虜將軍宋抽救之，[15]爲曜所敗，抽死之。九月，河内人樂仰執太守裴整叛，降于石勒。徐州監軍王隆自下邳棄軍奔于周馥。[16]雍州人王如舉兵反于宛，[17]殺害令長，自號大將軍、司雍二州牧，[18]大掠漢沔，[19]新平人龐寔、馮翊人嚴嶷、京兆人侯脱等各起兵應之。[20]征南將軍山簡、荆州刺史王澄、南中郎將杜蕤並遣兵援京師，[21]及如戰於宛，諸軍皆大敗；王澄獨以衆進至沶口，[22]衆潰而歸。冬十月辛卯，晝昏，至于庚子。大星西南墜，有聲。壬寅，石勒圍倉垣，[23]陳留内史王讚擊敗之，[24]勒走河北。壬子，以驃騎將軍王浚爲司空，[25]平北將軍劉琨爲平北大將軍。[26]京師饑。東海王越羽檄徵天下兵，帝謂使者曰："爲我語諸征鎮，若今日，尚可救，後則無逮矣。"[27]時莫有至者。石勒陷襄城，[28]太守崔曠遇害，遂至宛。王浚遣鮮卑文鴦帥騎救之，[29]勒退。浚又遣别將王申始討勒於汶石津，[30]大破之。十一月甲戌，東海王越帥衆出許昌，以行臺自隨。[31]宫省無復守衛，荒饉日深，[32]殿内死人交横，府寺營署並掘塹自守，[33]盗賊公行，枹鼓之音不絶。越軍次項，[34]自領豫州牧，以太尉王衍爲軍司。丁丑，流氐隗伯等襲宜都，[35]太守嵇晞奔建鄴。王申始攻劉曜、王彌於瓶壘，破之。鎮東將軍周馥表迎大駕遷都壽陽，[36]越使裴碩討馥，[37]爲馥所敗，走保東城，[38]請救於琅邪王睿。襄陽大疫，死者三千餘人。加凉州刺史張軌安西將軍。[39]十二月，征東大將軍苟晞攻王彌别帥曹嶷，破之。乙酉，[40]平陽人李洪帥流人入定陵作亂。[41]

[1]兖州：三國魏治所在廪丘縣（今山東省鄆城縣西北），晋惠帝末，兖州闔境淪没於石勒。東晋元帝僑置兖州，治京口（今江蘇省鎮江市）。

[2]白馬：縣名，治所在今河南省滑縣城關鎮東。

[3]李國：李含之子，在李雄政權中任太宰，率軍入漢中，攻陷南鄭，盡徙漢中人入蜀。後爲部將文碩所殺。

[4]巴西：郡名，治所在閬中縣（今四川省閬中市）。

[5]吴興：郡名，治所在烏程縣（今浙江省湖州市南）。　錢璯：西晋吴興（今浙江省湖州市南）人，陳敏之亂起，起義兵討陳敏，任司馬越建武將軍，使率其屬會於京都。後謀反，被周玘斬殺，傳首於建康。

[6]平西將軍：官名，與平北、平南、平東將軍合稱四平將軍，權任很重，多持節都督或監某一地區的軍事，有時亦作爲刺史等地方官員兼理軍務的加官。三品，加持節都督者二品。

[7]倉曹屬：官名。倉曹爲相國府、大將軍府、諸公府所設官

署，有屬員一至二名。　周玘：字宣佩，本書卷五八有傳。

[8]大水：中華本校勘記："據《五行志》上、《宋書·五行志》四，'大水'上當有'江東'二字。"

[9]劉靈曜：中華本校勘記："《通鑑》八七作'劉靈'，無'曜'字。《斠注》據《御覽》三八六引《趙書》有劉靈，爲元海之將，因謂此'曜'字衍。按：《石勒載記》有劉零，即此人，此'曜'字蓋衍文。"　廣宗：縣名，治所在今河北省威縣東。

[10]滎陽：郡名，治所在滎陽縣（今河南省滎陽市東北）。

[11]秦：秦州，治所在冀縣（今甘肅省甘谷縣東）。　雍：雍州，治所在姑臧縣（今甘肅省武威市）。東漢建安十八年（213）移治長安（今陝西省西安市西北）。

[12]食草木，牛馬毛皆盡：中華本食草木後用頓號，牛馬毛後用逗號。萬久富先生認爲，蝗蟲是農業的主要害蟲，吃麥、稻、黍等禾苗。這裏云吃草木、牛馬毛，似不實。《晉書·五行志》云："懷帝永嘉四年五月，大蝗，自幽、并、司、冀至於秦、雍草木牛馬毛鬣皆盡。"又《晉書·苻健載記》："蝗蟲大起，自華澤至隴山，食百草無遺。牛馬相噉毛，猛獸及狼食人，行路斷絶。"顯然"牛馬毛"非蝗蟲所食，蝗所食者唯草木。致誤的原因，是古人行文"合敘"，既云蝗吃草木盡，又云牛馬無草木可食，故相食毛鬣，毛亦盡。（參見萬久富《〈晉書〉點校劄記》，《南通師範學院學報》1999年第3期）

[13]和：劉和，字玄泰，劉淵子，本書卷一〇一有載記。

[14]曜：劉曜，字永明，劉淵族子，本書卷一〇三有載記。　懷：縣名，治所在今河南省武陟縣西南。

[15]征虜將軍：征虜將軍，既是武官名，也作爲高級文職官員的加官。三品。　宋抽：任平陽太守、征虜將軍，與石勒戰於懷縣，兵敗被殺。

[16]監軍：官名，軍隊出征所置官員，掌監視將帥，權勢頗重。四品。　下邳：縣名，治所在今江蘇省睢寧縣古邳鎮東。

［17］王如：西晉京兆新豐（今陝西省西安市東北）人，初爲州武吏，西晉末聚流人起兵，自稱大將軍，與石勒結爲兄弟，活動於沔漢一帶。後爲王敦所殺。　宛：縣名，治所在今河南省南陽市。

［18］大將軍：官名，高級軍事統帥。曹魏時多以之屯駐長安，對付蜀漢，蜀漢以其爲最高軍事長官，孫吴則别置上大將軍居其上。西晉時爲八公之一，位居上公、大司馬下，三公之上。東晉時常專擅軍政事務。一品。此處大將軍爲王如自命，没有上述權力和地位。

［19］漢沔：漢水上游稱沔，下游稱漢，漢沔爲兩處交結的地區，大體爲湖北北部河南南部一帶。

［20］新平：郡名，治所在漆縣（今陝西省彬州市）。　馮翊：郡名，三國魏以左馮翊改置，治所在臨晋縣（今陝西省大荔縣）。　京兆：郡名，治所在長安縣（今陝西省西安市西北）。　侯脱：西晉末起兵響應王如，俱依附石勒，後與王如不和，王如向石勒進讒言，侯脱被殺。

［21］王澄：字平子，本書卷四三有傳。　南中郎將：官名，與東、西、北中郎將並稱四中郎將，統兵征戰，權職甚重。四品。

［22］泝口：位於今湖北省宜城市西，即泝水入鄢水之口。

［23］倉垣：即倉垣亭，位於今河南省開封市西北。

［24］陳留：郡國名，治所在小黄縣（今河南省開封市東）。　王讚：任陳留内史、征虜將軍，後爲石勒所俘，任其爲從事中郎，因謀叛被殺。

［25］驃騎將軍：官名，西漢時爲重號將軍，東漢以後，居諸名號將軍之首，僅作爲軍府名號加授大臣或重要州郡長官。二品，開府位從公者一品。

［26］平北大將軍：官名，職掌與平北將軍同，唯資深者得任之。二品，開府位從公者一品。

［27］無逮：來不及，趕不上。

[28]襄城：縣名，治所在今河南省許昌市襄城縣。

[29]鮮卑：我國古代北方少數民族，有拓拔、宇文、慕容、秃髮、乞伏、段諸部。 文鴦：段部鮮卑，段務勿塵子，段匹磾弟，武勇有力。

[30]浚又遣别將王申始討勒于汶石津：中華本校勘記："王申始，《石勒載記》作'王甲始'。"汶石津，汲郡境内黄河渡口。《十六國春秋》卷一一《後趙録》載，石勒軍行至東燕，聞汲郡向冰聚衆數千，壁於枋頭。勒將於棘津北渡，恐冰邀之，乃采用張賓計策，派支雄、孔萇等自汶石津縛筏潛渡，取向冰船。

[31]行臺：臺省在外者。將帥出征時隨其所駐之地設立的代表中央的政務機構。

[32]荒饉日深：深，殿本作"甚"。

[33]府寺營署：朝廷高級官員的府邸和官署。

[34]項：縣名，治所在今河南省沈丘縣。

[35]隗伯等：殿本"伯"字後有一"符"字。

[36]鎮東將軍：官名，東漢建安年間置，與鎮西、鎮南、鎮北將軍合稱四鎮將軍，多爲持節都督，出鎮方面。曹魏二品。晋三品，加持節都督者二品。 壽陽：東晋時始改壽春爲壽陽，此處當作"壽春"。

[37]越使裴碩討馥：裴碩，原本、宋本、殿本作"裴頠"。據中華本校勘記改。

[38]東城：縣名，治所在今安徽省定遠縣東南。

[39]凉州刺史張軌安西將軍：中華本校勘記："《通鑑》八七從《軌傳》'安西'作'鎮西'。《通鑑考異》云：惠帝永興二年已加軌安西將軍。"凉州，東漢治所在隴縣（今甘肅省張家川回族自治縣），三國魏移治姑臧縣（今甘肅省武威市）。張軌，字士彦，本書卷八六有傳。安西將軍，東漢建安年間置，與安東、安南、安北將軍合稱四安將軍，爲出鎮某一地區的軍事長官，或作爲刺史等兼理軍務的加官，權任頗重。

[40]乙酉：中華本校勘記："《舉正》：'案《通鑑長曆》，是年八月辛卯朔，十二月不當有乙酉。'"

[41]定陵：縣名，治所在今河南省舞陽縣北。

五年春正月，帝密詔茍晞討東海王越。壬申，晞爲曹嶷所破。[1]乙未，[2]越遣從中郎將楊瑁、徐州刺史裴盾共擊晞。[3]癸酉，勒入江夏，[4]太守楊珉奔于武昌。[5]乙亥，李雄攻陷涪城，[6]梓潼太守譙登遇害。湘州流人杜弢據長沙反。[7]戊寅，安東將軍、琅邪王睿使將軍甘卓攻鎮東將軍周馥於壽春，[8]馥衆潰。庚辰，太保、平原王幹薨。[9]二月，石勒寇汝南，[10]汝南王祐奔建鄴。[11]三月戊午，詔下東海王越罪狀，告方鎮討之。以征東大將軍茍晞爲大將軍。丙子，東海王越薨。四月戊子，石勒追東海王越喪，及於東郡，[12]將軍錢端戰死，軍潰，太尉王衍、吏部尚書劉望、廷尉諸葛銓、尚書鄭豫、武陵王澹等皆遇害，[13]王公已下死者十餘萬人。東海世子毗及宗室四十八王尋又没于石勒。賊王桑、冷道陷徐州，刺史裴盾遇害，桑遂濟淮，至于歷陽。[14]五月，益州流人汝班、梁州流人蹇撫作亂於湘州，[15]虜刺史茍眺，[16]南破零、桂諸郡，[17]東掠武昌，安城太守郭察、邵陵太守鄭融、衡陽内史滕育並遇害。[18]進司空王浚爲大司馬，[19]征西大將軍、南陽王模爲太尉，太子太傅傅祗爲司徒，[20]尚書令荀藩爲司空，安東將軍、琅邪王睿爲鎮東大將軍。[21]東海王越之出也，使河南尹潘滔居守。[22]大將軍茍晞表遷都倉垣，帝將從之，諸大臣畏滔，不敢奉詔，且宫中及黄門戀資財，[23]不欲出。至是饑甚，人相食，百官流亡者十八九。帝召群臣會議，將行而警衛不備。帝撫手嘆曰：“如何曾無車輿！”[24]乃使司徒傅祗出詣河陰，[25]修理舟楫，爲水行之備，朝士數十人導從。帝步出西掖門，[26]至銅駝街，[27]爲盜所掠，不得進而還。六月癸未，[28]劉曜、王彌、石勒同寇洛川，[29]王師頻爲賊所敗，死者甚衆。庚寅，司空荀藩、光禄大夫荀組奔轘轅，[30]太子左率温畿夜開廣莫門奔小平津。[31]丁酉，劉曜、王彌入京師。帝開華林園門，[32]出河陰藕池，[33]欲幸長安，爲曜等所追及。曜等遂焚燒宫廟，逼辱妃后，吴王晏、竟陵王楙、尚書左僕射和郁、右僕射曹馥、尚書閭丘冲、袁粲、王緄、河南尹劉默等皆遇害，[34]百官士庶死者三萬餘人。帝蒙塵於平陽，[35]劉聰以帝爲會稽公。荀藩移檄州鎮，以琅邪王爲盟主。豫章王端東奔苟晞，[36]晞立爲皇太子，自領尚書令，具置官屬，保梁國之蒙縣。[37]百姓饑儉，米斛萬餘價。秋七月，大司馬王浚承制假立太子，[38]置百官，署征鎮。石勒寇穀陽，[39]沛王滋戰敗遇害。八月，劉聰使子粲攻陷長安，[40]太尉、征西將軍、南陽王模遇害，長安遺人四千餘家奔漢中。[41]九月癸亥，石勒襲陽夏，[42]至于蒙縣，大將軍苟晞、豫章王端並没于賊。冬十月，勒寇豫州諸郡，[43]至江而還。十一月，猗盧寇太原，[44]平北將軍劉琨不能制，徙五縣百姓於新興，[45]以其地居之。

[1]曹嶷：西晋人，王彌左長史、鎮東將軍，領青州刺史，與石勒通和，被授以東州大將軍、青州牧，封琅邪公，後爲石勒所殺。

[2]乙未：中華本校勘記："'乙未'爲二月初八，下文'癸酉'爲正月十五，'乙亥'爲正月十七；'乙未'不當在'癸酉''乙亥'之前，失序。"

[3]從中郎將：官名，即副中郎將。從，副。原本、宋本作"從中郎將"，殿本、中華本爲"從事中郎將"。《宋書》卷四〇《百官志》有公府從事中郎將，六品。本書卷六一載楊瑁爲"從事中郎"，無"將"字。

[4]勒：殿本作"石勒"。　江夏：郡名，三國魏治所在上昶城（今湖北省雲夢縣），西晋移治安陸縣（今湖北省安陸市西南）。

[5]楊珉：中華本校勘記："《石勒載記》作'楊岠'。"　武昌：郡名，治所在武昌縣（今湖北省鄂州市鄂城區）。

[6]涪城：縣名，治所在今四川省綿陽市東涪江東岸。

[7]湘州流人杜弢據長沙反：中華本校勘記："《杜弢傳》叙此事與《紀》文不同，杜弢既非流人，入長沙又在五月。《通鑑》述此事本《杜弢傳》，當以《傳》爲確。"長沙，郡名，治所在臨湘縣（今湖南省長沙市）。

[8]甘卓：字季思，本書卷七〇有傳。　壽春：縣名，治所在今安徽省壽縣東南。

[9]幹：司馬幹，字子良。本書卷三八有傳。

[10]汝南：郡名，西晋治所在新息縣（今河南省息縣西南），東晋移治懸瓠城（今河南省汝南縣）。

[11]祐：司馬祐，字永猷，司馬亮孫，本書卷五九有傳。

[12]及於東郡：中華本校勘記："《舉正》：東郡是時已省，《越傳》作'苦縣'。按：《通鑑》八七亦作'苦縣'。胡注云'苦縣屬陳郡'，疑此'東'字乃'陳'字之誤。"東郡，治所在濮陽縣（今河南省濮陽市西南）。

[13]吏部尚書：官名，三國魏時爲尚書省吏部曹長官，位居列曹尚書之上。三品。　廷尉：官名，中央最高司法審判機構長官，負責會審朝中有罪文武大臣，覆核審决郡國疑獄等。三品。　尚

書：官名，東漢尚書臺六曹各置尚書，秩六百石。魏晋出爲朝官，分掌尚書省諸曹，品秩提高。三品。　武陵王澹：司馬澹，字思弘，本書卷三八有傳。

［14］歷陽：縣名，治所在今安徽省和縣。

［15］益州：治所在成都縣（今四川省成都市）。

［16］苟眺：中華本校勘記："《杜弢傳》、《通鑑》八七並作'苟眺'。"

［17］零：零陵郡，西漢置，治所在零陵縣（今廣西壯族自治區全州縣西南），東漢至晋治所在泉陵縣（今湖南省永州市）。桂：桂陽郡，治所在郴縣（今湖南省郴州市）。

［18］安城：中華本校勘記："周校：《地理志》《杜弢傳》'安城'俱作'安成'。"安城，郡名，治所在平都縣（今江西省安福縣東南）。　邵陵：郡名，治所在邵陵縣（今湖南省邵陽市）。衡陽：郡名，治所在湘南縣（今湖南省湘潭市西南）。

［19］大司馬：官名，八公之一，位在上公之下、大將軍及三公之上，高級將帥，多爲大臣加官。一品。

［20］太子太傅：官名，與太子少傅並稱二傅，三國時並攝東宫事務，與尚書、東曹並掌太子、諸侯官署選舉。西晋時下設丞、功曹、主簿等屬官。三品。　傅祗：字子莊，本書卷四七有傳。

［21］鎮東大將軍：官名，三國魏置，職掌與鎮東將軍同，唯資歷深者得任此職，不常置。二品，開府位從公者一品。

［22］河南尹：官名，洛陽京都所在河南郡長官，主管京都事務。三品。　潘滔：西晋滎陽（今河南省滎陽市東北）人，任散騎侍郎、黄門郎、司馬越長史、司馬。時稱越府有三才：潘滔大才、劉輿長才、裴邈清才。

［23］黄門：官名，宫中小黄門、中黄門、黄門令統稱，均爲宦官。

［24］如何曾無車輿：曾，殿本作"會"。

［25］河陰：縣名，治所在今河南省洛陽市東北。

[26]西掖門:《初學記》卷二四《居處部·門》引《洛陽故宫記》:“洛陽有南掖門、北掖門、東掖門、西掖門。”

[27]銅駝街：位於今河南省洛陽市東北漢衛洛陽城中。三國魏明帝置銅駝街於此。時有“金馬門外集衆賢，銅駝陌上集少年”之語。

[28]六月癸未：中華本校勘記：“《舉正》:《通鑑》此日在五月。按：五月丁巳朔，癸未爲二十七日。下文‘庚寅’，始入六月；六月丁亥朔，庚寅爲初四，‘六月’二字當移于‘庚寅’上。”

[29]洛川：即洛河。

[30]荀組：字大章，本書卷三九有傳。　轘（huán）轅：山名，位於今河南省登封市西北三十里，又跨鞏義市西南。山上有轘轅關，爲東漢靈帝中平元年（184）所設“八關”之一。

[31]太子左率：官名，即太子左衛率。領精兵萬人，宿衛東宫，亦任征戰，地位頗重。五品。　廣莫門：洛陽城北門名。《文選·劉琨〈扶風歌〉》:“朝發廣莫門，莫宿丹水山。”李善注引《晋宫閣名》:“洛陽城廣莫門，北向。”　小平津：位於今河南省孟津縣東北黄河上。

[32]華林園：宫苑名，本東漢芳林園，魏正始初因避齊王芳諱改。故址在今河南省洛陽市東洛陽故城内。有瑶華宫、景陽山、天淵池諸勝。

[33]藕池：據《大清一統志》卷一六二《河南府》載：“澠池縣南三十里有藕池。”

[34]吴王晏：司馬晏，字平度，本書卷六四有傳。　竟陵王楙：司馬楙，字孔偉。本書卷三七有傳。　和郁：中華本校勘記：“《傅祗傳》謂洛陽陷後，和郁與傅宣徵義兵，《荀晞傳》《和郁傳》均謂郁奔晞，則和郁此時未死，疑《紀》文有誤。”

[35]蒙塵：帝王失位逃亡在外，蒙受風塵。

[36]豫章王端：司馬端，司馬遐子，本書卷六四有傳。

[37]梁國：郡國名，治所在睢陽縣（今河南省商丘市）。　蒙

縣：治所在今河南省商丘市東北。

[38]承制：禀承皇帝旨意便宜行事。

[39]穀陽：縣名，治所在今安徽省固鎮縣西北。

[40]粲：劉粲，字士光，本書卷一〇二有載記。

[41]漢中：郡名，治所在南鄭縣（今陝西省漢中市）。

[42]陽夏：縣名，治所在今河南省太康縣。

[43]豫州諸郡：郡，殿本作“軍”。

[44]猗盧：拓跋猗盧，十六國時代國創建者。曾出兵助西晋并州刺史劉琨抗擊劉淵、石勒，被封爲代公，後進封代王。北魏建立後追謚爲穆帝。　太原：郡名，治所在晋陽縣（今山西省太原市西南）。

[45]新興：郡名，治所在九原縣（今山西省忻州市）。

六年春正月，帝在平陽。劉聰寇太原。故鎮南府牙門將胡亢聚衆寇荆土，[1]自號楚公。二月壬子，日有蝕之。癸丑，鎮東大將軍、琅邪王睿上尚書，檄四方以討石勒。大司馬王浚移檄天下，稱被中詔承制，以荀藩爲太尉。汝陽王熙爲石勒所害。[2]夏四月丙寅，征南將軍山簡卒。秋七月，歲星、熒惑、太白聚于牛斗。[3]石勒寇冀州。劉粲寇晋陽，平北將軍劉琨遣部將郝詵帥衆禦粲，詵敗績，死之，太原太守高喬以晋陽降粲。八月庚戌，劉琨奔于常山。己亥，[4]陰平都尉董冲逐太守王鑒，[5]以郡叛降于李雄。辛亥，[6]劉琨乞師于猗盧，表盧爲代公。九月己卯，猗盧使子利孫赴琨，不得進。辛巳，前雍州刺史賈疋討劉粲於三輔，[7]走之，關中小定，乃與衛將軍梁芬、京兆太守梁綜共奉秦王鄴爲皇太子於長安。[8]冬十月，猗盧自將六萬騎次于盂城。[9]十一月甲午，劉粲遁走，劉琨收其遺衆，保于陽曲。[10] 是歲大疫。

［1］牙門將：官名，簡稱牙門，三國魏晋南北朝皆置，統兵武職，位在裨將軍下、郡守上。五品。　胡亢：西晋牙門將，時天下大亂，乃衆於竟陵，自號楚公，後被杜曾所殺。

［2］汝陽王熙爲石勒所害：陽，原本、宋本、殿本作“陰”。據中華本校勘記改。

［3］歲星、熒惑、太白聚于牛斗：中華本校勘記：“《考異》：據《元紀》及《王廙傳》，此脱‘鎮星’。按：《天文志》中、《宋書·天文志》二、《御覽》七引《中興書》並有‘鎮星’。”歲星，木星。熒惑，火星。太白，金星。牛，星宿名。二十八宿之一。斗，星宿名。因象斗形，故以爲名。指二十八宿之一，北方玄武七宿的第一宿，又稱南斗，有星六顆。

［4］己亥：己，原本、宋本作“已”，殿本作“辛”。中華本校勘記：“上文有八月庚戌，據《長曆》，庚戌爲朔日，則此月不得有己亥。”

［5］陰平：郡名，治所在陰平縣（今甘肅省文縣西白龍江北岸）。　都尉：官名，統兵武職，不常置。

［6］辛亥：辛，原本、宋本作“辛”，殿本作“乙”。

［7］賈疋：字彦度，本書卷六〇有傳。　三輔：以長安爲中心的京畿地區，轄境相當於今陝西中部地區。

［8］衛將軍：官名，魏晋時位在名號將軍之上，多爲軍府名號，加給大臣、重要州郡長官。二品，開府位從公者一品。　梁芬：衛將軍、司徒，被十六國前趙所俘。　京兆太守：官名，即京兆尹。京畿地方行政長官，職掌如郡守，但地位高於郡守。三品。　梁綜：任京兆太守、輔國將軍，後被閻鼎所殺。

［9］盂城：盂城爲今江蘇省高郵城的别稱。然拓跋猗盧未到過

今江蘇地區，始終在今山西地區活動，此處的盂城當爲今山西省陽曲縣東北二十五里的大盂鎮。盂，殿本作“盆”。

［10］陽曲：縣名，治所在今山西省陽曲縣東北。

七年春正月，劉聰大會，使帝著青衣行酒。侍中庾珉號哭，聰惡之。[1]丁未，帝遇弑，[2]崩于平陽，時年三十。

［1］庾珉：字子琚，本書卷五〇有傳。

［2］丁未，帝遇弑：中華本校勘記：“《校文》：《御覽》一九〇（按當作一一九）引《前趙録》作‘二月丁未’，《通鑑》同。按：正月丁丑朔，丁未宜在二月。”

帝初誕，有嘉禾生于豫章之南昌。[1]先是望氣者云“豫章有天子氣”，其後竟以豫章王爲皇太弟。在東宫，恂恂謙損，[2]接引朝士，講論書籍。及即位，始遵舊制，臨太極殿，[3]使尚書郎讀時令，[4]又於東堂聽政。至於宴會，輒與群官論衆務，考經籍。黄門侍郎傅宣嘆曰：[5]“今日復見武帝之世矣！”秘書監荀崧又常謂人曰：[6]“懷帝天姿清劭，[7]少著英猷，[8]若遭承平，足爲守文佳主。而繼惠帝擾亂之後，東海專政，[9]無幽厲之釁，[10]而有流亡之禍。”

［1］南昌：縣名，治所在今江西省南昌市。

［2］恂恂謙損：温和恭順，虚心謙讓。

［3］太極殿：《初學記》卷二四《居處部·殿》：“歷代殿名，或沿或革，唯魏之太極，自晋以降，正殿皆名之。摯虞《决疑要

注》云：其制有陛，左城右平者，以交磚相亞；次城者爲階級也。九錫之禮，納陛以登，謂受此陛以上殿。”

[4]尚書郎：官名。東漢之制，取孝廉中之有才能者入尚書臺，在皇帝左右處理政務，初入臺稱守尚書郎中，滿一年稱尚書郎，滿三年稱侍郎。魏晋以後尚書各曹有侍郎、郎中等官，綜理職務，通稱爲尚書郎。六品。　讀時令：漢儀，太史每歲上其年曆，先立春、立夏、大暑、立秋、立冬常讀五時令。曹魏時不讀大暑令。兩晋時讀春夏秋冬四時令。

[5]黄門侍郎：官名，魏晋時爲侍中省或門下省次官。侍從皇帝，顧問應對，多以重臣或外戚子弟擔任，位頗重要。五品。　傅宣：字世弘，本書卷四七有傳。

[6]秘書監：官名，秘書省長官，掌管藝文圖籍、課試署吏，統著作局，掌國史修撰並管理中外三閣圖書。三品。　荀崧：字景猷，本書卷七五有傳。

[7]清劭：美好，優美。

[8]少著英猷：少年便有良謀善策。

[9]東海專政：指東海王司馬越專擅朝政之事。

[10]幽厲之釁：周幽王、周厲王所犯的過失。幽，周幽王，名宫涅。西周最後一個國王，周宣王之子。寵愛褒姒，廢太子申侯，立褒姒子伯服爲太子。申侯聯合犬戎將其推翻。厲，周厲王，名胡。周夷王之子。在位監視國人言行，國人不敢講話，道路以目。後被國人驅逐，死於彘（今山西省霍州市東北）。

孝愍帝

孝愍皇帝諱鄴，字彦旗，武帝孫，吴孝王晏之子也。出繼後伯父秦獻王柬，[1]襲封秦王。

[1]出繼後伯父：吴金華等先生考證："繼"字疑衍。今語所謂

“過繼”，當時叫作“出繼”或“出後”。例如《晋書》卷三二《后妃·簡文帝鄭太后傳》：“有司以王出繼。”在後人眼中，可能“出後”比較罕見，但它却是魏晋常語，如《晋書》卷五一《皇甫謐傳》“出後叔父”，卷六四《簡文三子·會稽文孝王道子傳》“出後琅邪孝王”。本文的“出繼後”似通非通，很可能是傳寫者妄增“繼”字而造成的。（參見吴金華、吴新江《〈晋書〉辨疑》，《古籍整理研究學刊》2000年第4期）

永嘉二年，拜散騎常侍、撫軍將軍。及洛陽傾覆，避難於滎陽密縣，[1]與舅荀藩、荀組相遇，自密南趨許潁。[2]豫州刺史閻鼎與前撫軍長史王毗、司徒長史劉疇、中書郎李昕及藩、組等同謀奉帝歸于長安，[3]而疇等中塗復叛，鼎追殺之，藩、組僅而獲免。鼎遂挾帝乘牛車，自宛趣武關，[4]頻遇山賊，士卒亡散，次于藍田。[5]鼎告雍州刺史賈疋，疋遽遣州兵迎衛，達于長安，又使輔國將軍梁綜助守之。[6]時有玉龜出霸水，神馬鳴城南焉。

[1]密縣：治所在今河南省新密市東南。

[2]潁：原本、宋本作“穎”，殿本作“潁”，據殿本改。

[3]閻鼎：字臺臣，本書卷六〇有傳。　撫軍長史：官名，撫軍將軍府署僚之長，總管將軍府諸曹。七品。　司徒長史：官名，司徒府署僚之長，佐司徒總管府内諸曹，三國魏以後分置左、右。六品。　中書郎：官名，隸屬中書令。掌草擬詔書，外出執行重要使命等。亦作爲中書通事郎、中書侍郎的省稱。五品。　李昕：中華本校勘記：“《舉正》：‘昕’，《閻鼎傳》作‘晅’，《王浚傳》、《通鑑》八七作‘絚’。”

[4]武關：位於今陝西省商洛市西南丹江北岸。

[5]藍田：縣名，治所在今陝西省西安市藍田縣西灞河西岸。

[6]輔國將軍：官名，屬將軍名號，三國兩晋皆置。三品。

六年九月辛巳，奉秦王爲皇太子，登壇告類，[1]建宗廟社稷，大赦。加疋征西大將軍，以秦州刺史、南陽王保爲大司馬。[2]賈疋討賊張連，遇害，衆推始平太守麴允領雍州刺史，[3]爲盟主，承制選置。

[1]告類：祭天禮儀。《尚書·舜典》："肆類于上帝。"孔安國傳："類謂攝位事類。遂以攝告天及五帝。"

[2]保：司馬保，字景度，司馬模之子，本書卷三七有傳。

[3]始平：郡名，治所在槐里縣（今陝西省興平市）。　麴允：本書卷八九有傳。

建興元年夏四月丙午，奉懷帝崩問，舉哀成禮。壬申，即皇帝位，大赦，改元。以衛將軍梁芬爲司徒，雍州刺史麴允爲使持節、領軍將軍、録尚書事，[1]京兆太守索綝爲尚書右僕射。[2]石勒攻龍驤將軍李惲於上白，[3]惲敗，死之。五月壬辰，以鎮東大將軍、琅邪王睿爲侍中、左丞相、大都督陝東諸軍事，[4]大司馬、南陽王保爲右丞相、大都督陝西諸軍事。[5]又詔二王曰："夫陽九百六之厄，[6]雖在盛世，猶可遘之。[7]朕以幼冲，纂承洪緒，庶憑祖宗之靈，群公義士之力，蕩滅凶寇，拯拔幽宫，[8]瞻望未達，肝心分裂。昔周邵分陝，[9]姬氏以隆；平王東遷，[10]晋鄭爲輔。[11]今左右丞相茂德齊聖，國之暱屬，當恃二公，掃除鯨鯢，[12]奉迎梓宮，[13]克復中興。[14]令幽、并兩州勒卒三十萬，直造平陽。右丞相宜帥秦、凉、梁、雍武旅三十萬，徑詣長安。左丞相帥所領精兵二十萬，徑造洛陽。分遣前鋒，爲幽并後駐。赴同大限，克成元勛。”又詔琅邪王曰：“朕以沖昧，[15]纂承洪緒，未能梟夷凶逆，奉迎梓宮，枕戈煩冤，肝心抽裂。前得魏浚表，[16]知公帥先三軍，已據壽春，傳檄諸侯，協齊威勢，想今漸進，已達洛陽。凉州刺史張軌，乃心王室，連旗萬里，已到汧隴；[17]梁州刺史張光，[18]亦遣巴漢之卒，屯在駱谷；[19]秦川驍勇，其會如林。間遣使適還，具知平陽定問，[20]云幽并隆盛，餘胡衰破，然猶恃險，當須大舉。未知公今所到，是以息兵秣馬，未便進軍。今爲已至何許，當須來旨，便乘輿自出，會除中原也。公宜思弘謀猷，[21]勖濟遠略，[22]使山陵旋反，[23]四海有賴。故遣殿中都尉劉蜀、蘇馬等具宣朕意。[24]公茂德暱屬，宣隆東夏，恢融六合，非公而誰！但洛都陵廟，不可空曠，公宜鎮撫，以綏山東。右丞相當入輔弼，追踪周邵，以隆中興也。”六月，石勒害兗州刺史田徽。[25]是時，山東郡邑相繼陷于勒。秋八月癸亥，劉蜀等達于揚州。[26]改建鄴爲建康，改鄴爲臨漳。[27]杜弢寇武昌，焚燒城邑。弢别將王真襲沌陽，[28]荆州刺史周顗奔于建康。[29]九月，司空荀藩薨于滎陽。劉聰寇河南，河南尹張髦死之。冬十月，荆州刺史陶侃討杜弢黨杜曾於石城，[30]爲曾所敗。己巳，大雨雹。庚午，大雪。十一月，流人楊武攻陷梁州。十二月，河東地震，雨肉。

［1］使持節：漢朝官吏奉使外出時，或由皇帝授予節杖，以提高其權力。魏晋以後，凡重要軍事長官出征或出鎮，加使持節，可誅殺二千石以下官員。　領軍將軍：官名，三國曹丕置，職掌同於中領軍，但任職者資位重於中領軍，簡稱領軍。爲禁衛軍最高統帥，常由皇帝親信或宗室擔任。兩晋沿置。三品。　録尚書事：官名，初爲職銜名，重臣加此名義始得總知國事，綜理政務，成爲真宰相。魏晋多以公卿權重者居之，總領尚書省政務，凡重號將軍、刺史皆得命曹授用，位在三公之上。

［2］索綝：字巨秀，本書卷六〇有傳。

［3］龍驤將軍：官名，高級軍事將領。三品。　上白：即上白城，位於今河北省威縣南。

［4］左丞相：官名，此爲臨時分置，爲權臣專設之名號，非實際處理政務的宰相。　大都督陝東諸軍事：此借周、召分陝典故，指委以司馬睿負責東方軍政事務的大權。

［5］右丞相：官名，職掌、品秩同上述“左丞相”。　大都督陝西諸軍事：此借周、召分陝典故，指委以司馬保負責西方軍政事務的大權。

［6］陽九百六之厄：古代道家稱天厄爲“陽九”，地厄爲“百六”。《文選·袁宏〈三國名臣序贊〉》：“百六道喪，干戈迭用。”吕延濟注：“四千六百一十七歲爲一元，一百六歲曰陽九之厄。”因以“陽九百六”指灾難或厄運。厄，殿本作“灾”。

［7］猶可遘之：可，殿本作“或”。

［8］拯拔幽宫：解救被俘的懷帝。幽，囚禁。宫，皇帝，此指晋懷帝。

［9］周邵分陝：西周初周公旦、召公奭分陝而治，周公治陝以東，召公治陝以西。後謂官僚出任地方官爲“分陝”。

［10］平王東遷：著名的歷史事件。周平王名宜臼，幽王之子。幽王被犬戎攻殺後，因鎬京殘破，即位的平王便東遷雒邑。此事標志着西周結束，東周開始。

［11］晋鄭爲輔：平王東遷後，依靠鄭國和晋國的幫助。《左傳·隱公六年》記載，鄭伯到周朝去，周桓王不以禮待之。周桓公向桓王進言説："我周之東遷，晋、鄭焉依。"杜預注："幽王爲犬戎所殺，平王東徙，晋文侯、鄭武公左右王室，故曰晋、鄭焉依。"

［12］鯨鯢：比喻凶惡的敵人。

［13］梓宫：皇帝的棺材。

［14］克：能够。

［15］冲昧：年幼愚昧。

［16］魏浚：本書卷六三有傳。

［17］汧隴：泛指今陝西省千河流域隴縣、千陽縣一帶。

［18］張光：字景武，本書卷五七有傳。

［19］駱谷：即駱谷道，又名儻駱道。自今陝西省周至縣西南，循駱谷水、儻水河谷，至洋縣。爲秦嶺南北交通要道。

［20］定問：確切消息。

［21］思弘謀猷：心想弘大的謀略。

［22］勖濟遠略：勸勉有深謀遠慮的人發揮才幹。

［23］山陵旋反：意同奉迎梓宫。山陵，皇帝陵墓。

［24］殿中都尉：官名，皇帝的侍衛官。皇帝出行時隨駕護衛，有時亦被派出宣詔及執行。十六國南凉亦置。八品。

［25］田徽：范陽王司馬虓部下，任都護，後被王浚任爲兖州刺史，爲石勒所殺。

［26］揚州：三國魏、吴各置揚州，魏治在壽春縣（今安徽省壽縣），吴治在建業縣（今江蘇省南京市）。西晋統一後復合，治所在建鄴縣（今江蘇省南京市）。

［27］臨漳：漳，原本、宋本作"章"，殿本作"漳"，據殿本改。

[28]王真：中華本校勘記："《陶侃傳》、《通鑑》八八並作'王貢'"。　沌陽：縣名，治所在今湖北省漢陽縣東。沌，原本、宋本、殿本作"沔"，中華本作"沌"。按沔陽縣在今陝西省勉縣東，地理位置於文不合。此據中華本改。

[29]周顗：字伯仁，本書卷六九有傳。

[30]陶侃：字士行，本書卷六六有傳。　杜弢：字景文，本書卷一〇〇有傳。　杜曾：西晉新野（今河南省新野縣）人，始爲新野王司馬歆鎮南參軍，有勇力。永嘉之亂中任胡亢竟陵太守，後殺胡亢，併其衆，自號南中郎將。後被周訪打敗，被殺。　石城：即今湖北省鍾祥市。

二年春正月己巳朔，黑霧著人如墨，連夜，五日乃止。辛未，辰時日隕于地。[1]又有三日相承，出於西方而東行。丁丑，大赦。楊武大略漢中，遂奔李雄。二月壬寅，以司空王浚爲大司馬，衛將軍荀組爲司空，涼州刺史張軌爲太尉，封西平郡公，并州刺史劉琨爲大將軍。三月癸酉，石勒陷幽州，殺侍中、大司馬、幽州牧、博陵公王浚，焚燒城邑，害萬餘人。杜弢别帥王真襲荆州刺史陶侃於林鄣，[2]侃奔灄中。[3]夏四月甲辰，地震。五月壬辰，太尉、領護羌校尉、涼州刺史、西平公張軌薨。[4]六月，劉曜、趙冉寇新豐諸縣，[5]安東將軍索綝討破之。秋七月，曜、冉等又逼京都，領軍將軍麴允討破之，冉中流矢而死。九月，北中郎將劉演克頓丘，[6]斬石勒所署太守邵攀。丙戌，麟見襄平。單于、代公猗盧遣使獻馬。蒲子馬生人。[7]

[1]辰時：辰，原本、宋本作"庚"，殿本作"辰"，據殿

本改。

[2]林鄣：地名，在今湖北省武漢市漢陽區東北漢江南岸。

[3]灄中：古灄水流域，相當今湖北省孝感市、武漢市黄陂區南。

[4]領護羌校尉：兼任護羌校尉。領，以地位較高的官員兼理較低的職務。護羌校尉，官名，監護内附羌人，戍衛邊塞，領羌人軍隊作戰。四品。

[5]趙冉：中華本校勘記："《斠注》：南陽王模、苟晞、索綝、麴允諸《傳》及《劉聰載記》俱作'趙染'。按：《通鑑》八九及《御覽》四五四引《前趙録》亦作'趙染'，但《劉琨傳》又作'趙冉'。"

[6]劉演：原本作"劉寅"，宋本、殿本作"劉演"，據宋本、殿本、中華本校勘記改。

[7]蒲子：縣名，治所在今山西省隰縣東北蒲子村。

三年春正月，盗殺晋昌太守趙珮。[1]吴興人徐馥害太守袁琇。以侍中宋哲爲平東將軍，屯華陰。[2]二月丙子，進左丞相、琅邪王睿爲大都督、督中外諸軍事，[3]右丞相、南陽王保爲相國，司空荀組爲太尉，大將軍劉琨爲司空。進封代公猗盧爲代王。荆州刺史陶侃破王真於巴陵。[4]杜弢别將杜弘、張彦與臨川内史謝摛戰于海昏，[5]摛敗績，死之。三月，豫章内史周訪擊杜弘，[6]走之，斬張彦於陳。夏四月，大赦。五月，劉聰寇并州。六月，盗發漢霸、杜二陵及薄太后陵，[7]太后面如生，得金玉彩帛不可勝記。[8]時以朝廷草創，服章多闕，敕收其餘，以實内府。丁卯，地震。[9]辛巳，大赦。敕雍州掩骼埋胔，[10]修復陵墓，有犯者誅及三族。秋七月，石勒陷濮陽，[11]害太守韓弘。劉聰寇上黨，劉琨遣將救之。八月癸亥，戰于襄垣，[12]王師敗績。荆州刺史陶侃攻杜弢，弢敗走，道死，湘州平。九月，劉曜寇北地，[13]命領軍將軍麴允討之。冬十月，允進攻青白城。[14]以豫州牧、征東將軍索綝爲尚書僕射、都督宫城諸軍事。劉聰陷馮翊，太守梁肅奔萬年。[15]十二月，涼州刺史張寔送皇帝行璽一紐。盗殺安定太守趙班。[16]

[1]晋昌：郡名，治所在冥安縣（今甘肅省瓜州縣鎖陽城鎮）。

[2]華陰：縣名，治所在今陝西省華陰市東南。

[3]進左丞相、琅邪王睿爲大都督、督中外諸軍事：中華本校勘記："據《元紀》、《通鑑》八九，'大都督'上當有'丞相'二字。此廢左右丞相，由左丞相而爲丞相，故言'進'。若無'丞相'二字，依史文例，祇能言'加'。"

[4]巴陵：縣名，治所在今湖南省岳陽市。

[5]臨川：郡名，治所在臨汝縣（今江西省撫州市臨川區西）。海昏：縣名，治所在今江西省永修縣西北艾城。

[6]周訪：字士達，本書卷五八有傳。

[7]霸、杜二陵：霸陵，西漢文帝陵墓，位於今陝西省西安市東北。杜陵，西漢宣帝陵墓，位於今陝西省西安市東北。　薄太后陵：薄太后，劉邦姬，漢文帝母，文帝即位後尊爲太后。死後葬南陵。《漢書》卷九七上《外戚傳》上顔師古注曰："薄太后陵在霸陵之南，故稱南陵，即今所謂薄陵。"

[8]不可勝記：記，殿本作"紀"。

[9]地震：中華本校勘記："《校文》：《五行志》作'長安地震'，此脱'長安'二字。"

[10]掩骼埋胔：掩埋尸體。胔，肉還没有爛盡的尸骨。亦泛指人的尸體。《禮記·月令》：孟春之月"掩骼埋胔"。鄭玄注："骨枯

曰骼，肉腐曰胔。”

［11］濮陽：縣名，治所在今河南省濮陽市西南。

［12］襄垣：縣名，治所在今山西省襄垣縣北東故城。

［13］北地：郡名，三國魏治所在祋祤城（今陝西省銅川市耀州區東），西晋移治泥陽縣（今甘肅省寧縣東南）。

［14］青白城：中華本校勘記：“《麴允傳》亦作‘青白城’，《斠注》：當從《劉聰載記》作‘黄白城’。”

［15］萬年：縣名，治所在今陝西省西安市臨潼區武屯鎮附近古城村南。

［16］安定：郡名，西漢置，治所在高平縣（今寧夏回族自治區固原市），東漢治所在臨涇縣（今甘肅省鎮原縣東南），東晋改治安定縣（今甘肅省涇川縣北）。

四年春三月，代王猗盧薨，其衆歸于劉琨。夏四月丁丑，劉曜寇上郡，[1]太守藉韋率其屬奔于南鄭。[2]凉州刺史張寔遣步騎五千來赴京都。[3]石勒陷廩丘，[4]北中郎將劉演出奔。五月，平夷太守雷炤害南廣太守孟桓，[5]帥二郡三千餘家叛，降于李雄。六月丁巳朔，日有蝕之。大蝗。秋七月，劉曜攻北地，麴允帥步騎三萬救之。王師不戰而潰，北地太守麴昌奔于京師。曜進至涇陽，[6]渭北諸城悉潰，建威將軍魯充、散騎常侍梁緯、少府皇甫陽等皆死之。[7]八月，劉曜逼京師，内外斷絶，鎮西將軍焦嵩、平東將軍宋哲、始平太守竺恢等同赴國難，[8]麴允與公卿守長安小城以自固，散騎常侍華輯監京兆、馮翊、弘農、上洛四郡兵東屯霸上，[9]鎮軍將軍胡崧帥城西諸郡兵屯遮馬橋，[10]並不敢進。冬十月，京師饑甚，米斗金二兩，人相食，死者太半。太倉有麴數十斲，[11]麴允屑爲粥以供帝，至是復盡。帝泣謂允曰：“今窘厄如此，外無救援，死於社稷，是朕事也。朕念將士暴離斯酷，今欲聞城未陷爲羞死之事，庶令黎元免屠爛之苦。行矣遣書，朕意决矣。”十一月乙未，使侍中宋敞送箋於曜，[12]帝乘羊車，肉袒銜璧，[13]輿櫬出降。群臣號泣攀車，執帝之手，帝亦悲不自勝。御史中丞吉朗自殺。曜焚櫬受璧，使宋敞奉帝還宮。初，有童謡曰：“天子何在豆田中。”[14]時王浚在幽州，以豆有藿，[15]殺隱士霍原以應之。[16]及帝如曜營，營實在城東豆田壁。辛丑，帝蒙塵於平陽，麴允及群官並從。劉聰假帝光禄大夫、懷安侯。壬寅，聰臨殿，帝稽首于前，麴允伏地慟哭，因自殺。尚書梁允、侍中梁濬、散騎常侍嚴敦、左丞臧振、黄門侍郎任播、張偉、杜曼及諸郡守並爲曜所害，[17]華輯奔南山。石勒圍樂平，[18]司空劉琨遣兵援之，爲勒所敗，樂平太守韓據出奔。司空長史李弘以并州叛，降于勒。十二月乙卯朔，[19]日有蝕之。己未，劉琨奔薊。[20]依段匹磾。[21]

[1]上郡：治所在膚施縣（今陝西省榆林市東南）。

[2]率其屬：屬，殿本作“衆”。　南鄭：縣名，治所在今陝西省漢中市。

[3]張寔：字安遜，本書卷八六有傳。

[4]廩丘：縣名，治所在今山東省鄆城縣西北。

[5]平夷：郡名，治所在平夷縣（今貴州省畢節市）。　南廣：郡名，治所在南廣縣（今四川省筠連縣西南）。

[6]涇陽：縣名。治所在今甘肅省平凉市西北。

[7]建威將軍：官名，領兵征戰，曹魏、孫吴、西晋皆置。四品。　梁緯：西晋人，任散騎常侍、馮翊太守，爲劉曜所殺。　少府：官名，掌管宫廷手工業。三品。

[8]鎮西將軍：官名，與鎮東、鎮南、鎮北將軍合稱四鎮將軍。多爲持節都督，出鎮方面。曹魏二品。晋改三品，加持節都督者二品。　焦嵩：本書卷八九有傳。　宋哲：西晋人，任侍中、平東將軍，永嘉之亂時往江東。　始平太守竺恢：中華本校勘記："周校：'始平'一作'新平'。《麴允傳》新平太守竺恢與始平太守楊像並列，一時不得有兩始平太守，宜作'新平'爲是。"

[9]上洛：縣名，治所在今陝西省商洛市商州區。　霸上：亦作灞上，又名霸頭，地名，在今陝西省西安市東北白鹿原北首。

[10]鎮軍將軍：官名，三國時始置，西晋罷又復置。位在鎮軍大將軍下，與中軍將軍、撫軍將軍並爲三名號將軍，位比四鎮將軍。三品。

[11]太倉：設於京城的積穀倉。

[12]宋敞：中華本校勘記："《通鑑》八九作'宗敞'。《通鑑考異》云從《晋春秋》。"

[13]肉袒銜璧：袒，宋本作"祖"。

[14]天子何在豆田中：中華本校勘記："《類聚》八五、《御覽》八四一引王隱《晋書》作'天子在何許？近在豆田中'。《紀》文省約，不似童謡矣。"

[15]藿：豆子的葉，嫩時可食。

[16]霍原：字休明，本書卷九四有傳。

[17]尚書梁允："梁允"上原本、宋本、殿本有"辛賓"二字。據中華本校勘記删。　左丞臧振："左丞"下原本、宋本、殿本有"相"字，據中華本校勘記删。

[18]樂平：郡名，治所在沾縣（今山西省昔陽縣西南）。

[19]十二月乙卯朔：乙卯，原本、宋本、殿本作"甲申"，據中華本校勘記改。

[20]薊：縣名，治所在今北京市西南。

[21]段匹磾：晋鮮卑段部酋帥，段務勿塵子，本書卷六三有傳。

五年春正月，帝在平陽。庚子，虹霓彌天，三日並照。平東將軍宋哲奔江左。[1]李雄使其將李恭、羅寅寇巴東。[2]二月，劉聰使其將劉暢攻滎陽，太守李矩擊破之。[3]三月，琅邪王睿承制改元，稱晋王於建康。夏五月丙子，日有蝕之。[4]秋七月，大旱，[5]司、冀、青、雍等四州螽蝗。石勒亦競取百姓禾，時人謂之“胡蝗”。八月，劉聰使趙固襲衛將軍華薈於定潁，[6]遂害之。冬十一月丙子，日有蝕之。[7]劉聰出獵，令帝行車騎將軍，戎服執戟爲導，百姓聚而觀之，故老或歔欷流涕，聰聞而惡之。聰後因大會，使帝行酒洗爵，反而更衣，又使帝執蓋，晋臣在坐者多失聲而泣，尚書郎辛賓抱帝慟哭，爲聰所害。十二月戊戌，帝遇弑，崩于平陽，時年十八。帝之繼皇統也，屬永嘉之亂，天下崩離，長安城中户不盈百，牆宇頹毀，蒿棘成林。朝廷無車馬章服，[8]唯桑版署號而已。[9]衆唯一旅，公私有車四乘，器械多闕，運饋不繼。巨猾滔天，[10]帝京危急，諸侯無釋位之志，征鎮闕勤王之舉，故君臣窘迫，以至殺辱云。

[1]江左：江東。因自北方視之，江東在左，江西在右，故稱。

[2]巴東：郡名，東漢建安六年（201）以固陵郡改名，治所在魚復縣（今重慶市奉節縣東）。

[3]李矩：矩，原本、宋本、殿本作“距”，據中華本校勘

記改。

[4]五月丙子，日有蝕之：中華本校勘記：“《通鑑考異》云：《帝紀》《天文志》皆云‘五月丙子日食’，按《長曆》是月壬午朔，無丙子。”

[5]大旱：旱，殿本作“暑”。

[6]襲衛將軍華薈於定潁：中華本校勘記：“《校文》：‘定潁’當作臨潁。按：據《薈傳》，薈時適避居其弟潁川太守華恒所，因而遇害。臨潁屬潁川，若定潁則屬汝南矣。以作‘臨潁’爲是。”

[7]冬十一月丙子，日有蝕之：十一月，殿本作“十月”。中華本校勘記：“宋本作‘十一月丙子’，《天文志》中同。《通鑑》九〇作‘十一月己酉朔，日有蝕之。’《通鑑考異》謂《長曆》是月己酉朔。”

[8]車馬章服：體現各級官員品階的車馬和衣服。

[9]桑版署號：在桑版上書寫官員名號。

[10]巨猾：大奸大猾之人。

史臣曰：昔炎暉杪暮，[1]英雄多假於宗室；金德韜華，[2]顛沛共推於懷愍。樊陽寂寥，[3]兵車靡會，豈力不足而情有餘乎？喋喋遺萌，[4]苟存其主，譬彼詩人，愛其棠樹。[5]夫有非常之事，而無非常之功，詳觀發迹，用非天啓，[6]是以輿棺齒劍，可得而言焉。于時五岳三塗，並皆淪寇，龍川、牛首，[7]故以立君。股肱非挑戰之秋，劉石有滔天之勢，瘵飢中斷，嬰戈外絶，兩京淪狄，再駕徂戎。周王隕首於驪峰，[8]衛公亡肝於淇上，[9]思爲一郡，其可得乎！干寶有言曰：[10]

昔高祖宣皇帝以雄才碩量，應時而仕，值魏太祖創基之初，籌畫軍國，嘉謀屢中，遂服輿軫，驅馳三世。性深阻有若城府，而能寬綽以容納；行任數以御物，而知人善采拔。故賢愚咸懷，大小畢力。爾乃取鄧艾於農瑣，[11]引州泰於行役，[12]委以文武，各善其事。故能西禽孟達，[13]東舉公孫，[14]内夷曹爽，[15]外襲王淩。[16]神略獨斷，征伐四克，維御群后，大權在己。於是百姓與能，大象始構。[17]

[1]炎暉杪暮：暮色中最後一縷陽光。喻西晋的末日。

[2]金德韜華：西晋屬金。《魏書》卷一〇八《禮志一》："晋承魏，土生金，故晋爲金德。"金德的光華斂没了，喻西晋的末日。

[3]樊陽寂寥：中華本校勘記："'樊陽'疑當作'陽樊'，句蓋謂時無勤王之師也。"陽樊，周王畿内之邑，春秋初屬鄭，後屬晋。

[4]喋喋遺萌：衆多宗室後裔。喋喋，衆多。遺萌，後裔。

[5]棠樹：《史記》卷三四《燕召公世家》："召公巡行鄉邑，有棠樹，決獄政事其下，自侯伯至庶人各得其所，無失職者。召公卒，而民人思召公之政，懷棠樹不敢伐，歌咏之，作《甘棠》之詩。"後因以"棠樹"喻惠政。

[6]用非天啓：由於不是上天所開啓。用，由於。

[7]牛首：即牛首池，位於今陝西省西安市西北。

[8]周王隕首於驪峰：指周幽王被殺死於驪山下之事。

[9]衛公亡肝於淇上：《吕氏春秋·忠廉》載，衛懿公荒淫，狄人起兵攻之。懿公逃，在熒澤被追上。狄人殺之，盡食其肉，獨舍其肝。

[10]干寶：字令升，本書卷八二有傳。

[11]鄧艾：三國時義陽棘陽（今河南省南陽市南）人，字士載。歷任典農綱紀、尚書郎、討寇將軍、汝南太守、兖州刺史等

職。平蜀漢有功，官至太尉。後爲鍾會所誣，以檻車徵回京師，中途爲衛瓘所殺。　農瑣：農政小吏。瑣，殿本作“隙”。

[12]州泰：三國時南陽（今河南省南陽市）人，善用兵，歷任兗州刺史、豫州刺史，官至征虜將軍、假節都督江南諸軍事。

[13]孟達：三國時扶風郿（今陝西省眉縣東渭河北岸）人，初依劉璋，後附劉備。因與劉封不和，降魏。後與諸葛亮通好，謀反，爲司馬懿所殺。

[14]公孫：即遼東公孫淵。三國時遼東襄平（今遼寧省遼陽市）人，字文懿，公孫康子，公孫康死後，奪弟公孫恭之權，自立爲燕王。後被司馬懿征討攻殺。

[15]曹爽：三國時沛國譙縣（今安徽省亳州市）人，字昭伯，曹真子。明帝死，受遺詔與司馬懿共同輔政。後與司馬懿争權，爲司馬懿所殺。

[16]王淩：三國魏太原祁縣（今山西省祁縣東南）人，字彦雲。歷任曹魏建武將軍、揚州刺史、豫州刺史、都督揚州諸軍事、司空、太尉等職。密謀擁立楚王曹彪，失敗被殺。

[17]大象始構：天象開始形成。大象，天象。

世宗承基，太祖繼業，玄豐亂内，[1]欽誕寇外，[2]潛謀雖密，[3]而在機必兆；淮浦再擾，而許洛不震：咸黜異圖，用融前烈。然後推轂鍾鄧，[4]長驅庸蜀，[5]三關電掃，劉禪入臣，[6]天符人事，於是信矣。始當非常之禮，終受備物之錫。至于世祖，遂享皇極。仁以厚下，儉以足用，和而不弛，寬而能斷，故民咏惟新，[7]四海悦勸矣。聿修祖宗之志，[8]思輯戰國之苦。[9]腹心不同，公卿異議，而獨納羊祜之策，[10]杖王杜之决，[11]役不二時，江湘來同。掩唐虞之舊域，班正朔於八荒，天下書同文，車同軌，牛馬被野，餘糧委畝，故于時有“天下無窮人”之諺。雖太平未洽，亦足以明吏奉其法，民樂其生矣。

[1]玄：夏侯玄，三國時沛國譙縣（今安徽省亳州市）人，字太初，夏侯淵之孫，曹爽之姑子。善談名理，玄學家。　豐：李豐，三國魏馮翊（今陝西省大荔縣）人，字安國。歷任曹魏騎都尉、給事中、侍中、尚書僕射、中書令等職。因謀誅司馬師未遂被殺。

[2]欽：文欽，字仲若，三國時譙郡（今安徽省亳州市）人，曹魏揚州刺史，屢爲司馬師壓抑，心懷不滿，與毌丘儉起兵討司馬昭，後爲諸葛誕所殺。　誕：諸葛誕，三國時琅邪陽都（今山東省沂南縣南）人，字公休。歷任曹魏滎陽令、御史中丞、尚書、揚州刺史、鎮東將軍、鎮南將軍、征東大將軍等職。後起兵反司馬昭，兵敗被殺。

[3]潛謀：潛，原本、宋本作“譛”，殿本作“潛”，據殿本改。

[4]推轂：古代帝王任命將帥時的隆重禮儀。　鍾：鍾會，三國時潁川長社（今河南省長葛市東）人，字士季。鍾繇之子。歷任秘書郎、尚書郎、中書侍郎、黄門侍郎、司隸校尉等職。破蜀後因與姜維謀叛，失敗被殺。　鄧：鄧艾。

[5]庸蜀：泛指四川。庸、蜀皆古國名。庸在川東夔州一帶，蜀在成都一帶。

[6]劉禪入臣：殿本於“劉”字前有一“而”字。

[7]民咏惟新：惟，殿本作“維”。

[8]聿修：繼承發揚。

[9]輯：通“戢”，止息。

[10]羊祜：字叔子，本書卷三四有傳。

[11]王：王濬，字士治，本書卷四二有傳。 杜：杜預，字元凱，本書卷三四有傳。

武皇既崩，山陵未乾，而楊駿被誅，[1]母后廢黜。尋以二公、楚王之變，[2]宗子無維城之助，[3]師尹無具瞻之貴，[4]至乃易天子以太上之號，而有免官之謡。民不見德，惟亂是聞，朝爲伊周，[5]夕成桀蹠，[6]善惡陷於成敗，毁譽協於世利，[7]内外混淆，庶官失才，名實反錯，天綱解紐。國政迭移於亂人，禁兵外散於四方，方岳無鈞石之鎮，[8]關門無結草之固。[9]李辰、石冰傾之於荆揚，[10]元海、王彌撓之於青冀，戎羯稱制，[11]二帝失尊，何哉？樹立失權，託付非才，四維不張，[12]而苟且之政多也。

[1]楊駿：字文長，本書卷四〇有傳。

[2]二公、楚王之變：二公汝南王司馬亮與太保衛瓘，二人均被楚王司馬瑋所殺。而後賈后又以矯詔之罪處死司馬瑋。二公、楚王之變爲西晋八王之亂的開始。

[3]宗子無維城之助：《詩·大雅·板》："懷德維寧，宗子維城"。鄭玄箋："和女德，無行酷虐之政，以安女國，以是爲宗子之城，使免於難。"此處宗子指分封諸王。

[4]師尹無具瞻之貴：《詩·小雅·節南山》："赫赫師尹，民具爾瞻。"毛亨傳："師，太師，周之三公也。尹，尹氏，爲太師。"此處師尹指輔佐大臣。

[5]伊：伊尹，輔佐商湯及其後代外丙、仲壬、太甲的賢臣。

周：周公是輔佐周武王、成王的重臣。

[6]桀：夏朝末代君王。名履癸。以暴虐荒淫著名。後商湯起兵伐桀，敗之於鳴條，流放南巢，死在那裏。　蹠：盗蹠，名蹠，一作跖，“盗”是當時對他的貶稱。《莊子·盗蹠》：“盗蹠從卒九千人，横行天下，侵暴諸侯。”

[7]毀譽協於世利：協，殿本作“脅”。

[8]鈞石：古代重量單位。三十斤爲鈞，四鈞爲石。

[9]闢門：門，原本、宋本作“内”，殿本作“門”，據殿本改。　結草：扎草作結。

[10]李辰：即張昌，後改名李辰。本書卷一〇〇有傳。　石冰：太安二年（303）隨張昌起兵，攻破江州。後被晋將周玘打敗，又被陳敏擊破，乃北投封雲，爲封雲部將張統所殺。

[11]羯：魏晋時少數民族，活動於山西、河北間的内遷胡人，與西域胡人關係密切，爲舊屬匈奴的雜胡。唐長孺先生對此有考證。（參見唐長孺《魏晋南北朝史論叢》，河北教育出版社 2000 年版，第 398 頁）

[12]四維：指東西南北四方。

夫作法於治，其弊猶亂；作法於亂，誰能救之！彼元海者，離石之將兵都尉；[1]王彌者，青州之散吏也。蓋皆弓馬之士，驅走之人，非有吴先主、諸葛孔明之能也；新起之寇，烏合之衆，非吴蜀之敵也；脱耒爲兵，裂裳爲旗，非戰國之器也；自下逆上，非鄰國之勢也。然而擾天下如驅群羊，舉二都如拾遺芥，[2]將相王侯連頸以受戮，后嬪妃主虜辱於戎卒，豈不哀哉！天下，大器也；群生，重畜也。愛惡相攻，利害相奪，其勢常也。若積水

於防，燎火于原，未嘗暫静也。器大者，不可以小道治；勢重者，不可以争競擾。古先哲王知其然也，是以扞其大患，禦其大灾。百姓皆知上德之生己，而不謂浚己以生也，[3]是以感而應之，悦而歸之，如晨風之鬱北林，[4]龍魚之趣藪澤也。然後設禮文以理之，斷刑罰以威之，謹好惡以示之，審禍福以喻之，求明察以官之，尊慈愛以固之。故衆知向方，皆樂其生而哀其死，悦其教而安其俗；君子勤禮，小人盡力，廉耻篤於家閭，邪僻消於胸懷。故其民有見危以授命，而不求生以害義，又况可奮臂大呼，聚之以干紀作亂乎！基廣則難傾，根深則難拔，理節則不亂，膠結則不遷，是以昔之有天下者之所以長久也。夫豈無僻主，賴道德典刑以維持之也。

[1]離石：縣名，治所在今山西省吕梁市離石區。

[2]如拾遺芥：喻輕而易舉。芥，草芥。

[3]浚己以生：《左傳·襄公二十四年》：子産給子西寫信説："毋寧使人謂子'子實生我'，而謂'子浚我以生'乎？"意思是，您是寧可讓人對您説"您確實養活了我"，還是説"您榨取我來養活你自己"呢？

[4]晨風之鬱北林：晨風，鳥名。《詩·秦風·晨風》："鴥彼晨風，鬱彼北林。"毛亨傳："晨風，鸇也。"意爲晨風鳥在茂密的林中疾飛。

昔周之興也，后稷生於姜嫄，[1]而天命昭顯，文武之功起於后稷。至于公劉，[2]遭夏人之亂，[3]去邰之豳，[4]身服厥勞。至于太王，[5]爲戎翟所逼，[6]而不忍百姓之命，杖策而去之。故從之者如歸市，[7]一年成邑，二年成都，三年五倍其初。至于王季，[8]能貊其德音；至于文王，而惟新其命。[9]由此觀之，周家世積忠厚，仁及草木，内隆九族，外尊事黄耇，[10]以成其福禄者也。而其妃后躬行四教，[11]尊敬師傅，服澣濯之衣，修煩辱之事，化天下以成婦道。是以漢濱之女，守潔白之志，中林之士，有純一之德，始於憂勤，終於逸樂。以三聖之知，伐獨夫之紂，[12]猶正其名教，曰逆取順守。及周公遭變，陳后稷先公風化之所由，致王業之艱難者，則皆農夫女工衣食之事也。故自后稷之始基靖民，十五王而文始平之，十六王而武始居之，十八王而康克安之。故其積基樹本，經緯禮俗，節理人情，恤隱民事，如此之纏綿也。[13]

[1]后稷生於姜嫄：相傳姜嫄踐天帝足跡，懷孕生子，因曾棄而不養，故名之爲"棄"。虞舜命爲農官，教民耕稼，稱爲"后稷"。

[2]公劉：古代周族的領袖。傳爲后稷的曾孫。他遷徙豳地（今陝西省旬邑縣）定居，不貪享受，致力於發展農業生産。

[3]遭夏人之亂：中華本校勘記："《文選·干寶〈晋紀總論〉》'夏人'作'狄人'。"

[4]去邰之豳：離開邰（今陝西省武功縣西南）到豳。

[5]太王：周文王之祖古公亶父的尊號。周人本居豳，自古公

始遷居岐山之下，定國號曰周，自此興盛，故武王克殷，追尊爲太王。太，殿本作“大”。

［6］戎翟：即戎狄，指西北少數民族。

［7］從之者如歸市：殿本無“者”字。

［8］王季：即季歷，周文王之父。

［9］惟新其命：惟，殿本作“維”。

［10］黄耇：年老高壽之人。《詩·小雅·南山有臺》：“樂只君子，遐不黄耇。”毛亨傳：“黄，黄髮也；耇，老也。”

［11］四教：指婦德、婦言、婦容、婦功。《周禮·天官·九嬪》：“九嬪掌婦學之法，以教九御，婦德、婦言、婦容、婦功。”

［12］紂：即帝辛，帝乙之子，殷商末代王。在位荒淫酷虐，聚斂重賦，民不聊生，衆叛親離。周武王伐紂，商紂敗於牧野，登鹿臺自焚。

［13］纏綿：連綿不斷。

今晉之興也，功烈於百王，事捷於三代。宣景遭多難之時，誅庶孽以便事，不及修公劉、太王之仁也。[1]受遺輔政，屢遇廢置，故齊王不明，[2]不獲思庸于亳；[3]高貴冲人，[4]不得復子明辟也。[5]二祖逼禪代之期，不暇待參分八百之會也。[6]是其創基立本，異於先代者也。加以朝寡純德之人，鄉乏不貳之老，風俗淫僻，耻尚失所，學者以莊老爲宗而黜《六經》，[7]談者以虚蕩爲辨而賤名檢，行身者以放濁爲通而狹節信，[8]進仕者以苟得爲貴而鄙居正，當官者以望空爲高而笑勤恪。是以劉頌屢言治道，[9]傅咸每糾邪正，[10]皆謂之俗吏；其倚杖虚曠，依阿無心者皆名重海内。若夫文王日旰不暇食，[11]

仲山甫夙夜匪懈者，[12]蓋共嗤黜以爲灰塵矣。由是毀譽亂於善惡之實，情慝奔於貨欲之塗。[13]選者爲人擇官，官者爲身擇利，而執鈞當軸之士，[14]身兼官以十數。大極其尊，小録其要，而世族貴戚之子弟，陵邁超越，不拘資次。悠悠風塵，皆奔競之士，列官千百，無讓賢之舉。子真著崇讓而莫之省，[15]子雅制九班而不得用。[16]其婦女，莊櫛織紝皆取成於婢僕，未嘗知女工絲枲之業，[17]中饋酒食之事也。[18]先時而婚，任情而動，故皆不恥淫佚之過，[19]不拘妒忌之惡，父兄不之罪也，天下莫之非也，[20]又況責之聞四教於古，修貞順於今，以輔佐君子者哉！禮法刑政於此大壞，如水斯積而決其隄防，如火斯蓄而離其薪燎也。[21]國之將亡，本必先顛，其此之謂乎！

[1]太王：太，殿本作“大”。

[2]齊王：即曹芳，魏明帝養子，後爲司馬師所廢，黜爲齊王。

[3]不獲思庸于亳：不能在亳考慮誰代替他。意謂曹芳不能自主由誰代替他。

[4]高貴：高貴鄉公曹髦，字彦士，曹丕孫。曹芳被廢後立爲帝。後爲司馬昭部下成濟所殺。　冲人：年幼的人。

[5]不得復子明辟：不能够讓位。《尚書·洛誥》：“周公拜手稽首曰：‘朕復子明辟。’”孔安國傳：“言我復還明君之政於子，子成王，年二十成人，故必歸政而退老。”

[6]參分：《史記》卷三二《齊太公世家》：周文王“伐崇、密須、犬夷，大作豐邑。天下三分，其二歸周”。　八百之會：《史記》卷三《殷本紀》：武王東伐，至盟津，諸侯叛殷會周者八百。

諸侯皆曰：“紂可伐矣。”武王曰：“爾未知天命。”乃復歸。參，殿本作“三”。

[7]莊老：殿本作“老莊”。　《六經》：指《詩》《書》《禮》《樂》《易》《春秋》六部儒家經典。

[8]以放濁爲通而狹節信：以模仿濁行爲通達却少節操和誠信。

[9]劉頌：字子雅，本書卷四六有傳。

[10]傅咸：字長虞，本書卷四七有傳。

[11]日旰：天色晚；日暮。

[12]仲山甫：周宣王大臣，又稱樊仲、樊穆仲。　夙夜匪懈：日夜辛勞，勤奮不懈。

[13]情慝：邪惡之情。

[14]執鈞當軸：身居要職，掌握大權。

[15]子真：劉寔，字子真，本書卷四一有傳。

[16]子雅：劉頌。

[17]女工絲枲：針黹纅絲績麻之事。

[18]中饋：家中供應膳食之事。

[19]淫佚之過：佚，殿本作“泆”。

[20]天下莫之非也：之，殿本作“知”。

[21]蓄：殿本作“畜”。　離：通“罹”，遭受，遇到。

故觀阮籍之行，[1]而覺禮教崩弛之所由也。察庾純、賈充之争，[2]而見師尹之多僻；[3]考平吴之功，而知將帥之不讓；思郭欽之謀，[4]而寤戎狄有釁；[5]覽傅玄、劉毅之言，[6]而得百官之邪；核傅咸之奏、《錢神》之論，[7]而睹寵賂之彰。民風國勢如此，雖以中庸之才，守文之主治之，[8]辛有必見之於祭祀，[9]季札必得之於聲樂，[10]范燮必爲之請死，[11]賈誼必爲之痛哭，[12]又况我惠帝以放蕩之德臨之哉！懷帝承亂得位，羈於强臣，愍帝奔播之後，徒厠其虚名，天下之政既去，非命世之雄才，不能取之矣！淳耀之烈未渝，故大命重集於中宗元皇帝。

[1]阮籍：字嗣宗，本書卷四九有傳。

[2]庾純：字謀甫，本書卷五〇有傳。　賈充：字公閭，本書卷四〇有傳。

[3]多僻：多邪辟。

[4]郭欽：西晋人，武帝時曾上書建議把内遷的胡人遷徙出去。

[5]寤：殿本作“悟”。

[6]傅玄：字休奕，本書卷四七有傳。　劉毅：字仲雄，本書卷四五有傳。

[7]《錢神》之論：即魯褒所作《錢神論》，見本書卷九四《魯褒傳》。

[8]雖以中庸之才，守文之主治之：殿本無“才守文之”四字。

[9]辛有：《左傳·僖公二十二年》載：“初，平王之東遷也，辛有適伊川，見被髮而祭於野者，曰：‘不及百年，此其戎乎！其禮先亡矣。’”

[10]季札：春秋時吴國人，又稱公子札。奉使到魯國，觀賞周代歌舞音樂，加以分析，藉此評論周朝及諸侯盛衰大勢。

[11]范燮：《文選》卷四九《史論·晋紀總論》李善注：“《左氏傳》曰：范燮反自鄢陵之役，使其祝宗祈死，曰：‘君無禮而克敵，天益其疾矣。愛我者唯祝使我速死，無及於難，范氏之福也。’”

[12]賈誼：西漢人，文帝時上書説：“臣竊惟事勢，可爲痛哭者一，可爲流涕者二，可爲長太息者六，若其它背理而傷道者，難

遍以疏舉。”

贊曰：懷佩玉璽，愍居黄屋。[1]鼇墜三山，[2]鯨吞九服。[3]獯入金商，[4]穹居未央。[5]圜顱盡仆，方趾咸僵。[6]大夫反首，[7]徙我平陽。主憂臣哭，于何不臧！[8]

[1]黄屋：皇帝的車乘。青蓋，黄裏，謂之黄屋。

[2]鼇墜三山：古人傳説海中有巨龜，馱負海中蓬萊等三座仙山。鼇墜三山，喻國家顛覆。

[3]鯨吞九服：喻國家顛覆。

[4]獯入金商：指劉曜攻入洛陽。獯，對少數民族的蔑稱。金商，漢東京洛陽西門名。

[5]穹居未央：把洛陽宫殿作爲自己的住所。穹居，北方游牧民族所住穹廬。

[6]圜顱：人的代稱。　方趾：亦爲人的代稱。

[7]反首：披頭散髮。

[8]不臧：不吉祥。

晉書　卷六

帝紀第六

元帝　明帝

元帝

元皇帝諱睿，字景文，宣帝曾孫，琅邪恭王覲之子也。[1]咸寧二年生於洛陽，有神光之異，一室盡明，所藉藁如始刈。[2]及長，白豪生於日角之左，[3]隆準龍顔，目有精曜，顧眄煒如也。[4]年十五，嗣位琅邪王。幼有令問。[5]及惠皇之際，王室多故，帝每恭儉退讓，以免于禍。沉敏有度量，不顯灼然之迹，故時人未之識焉。惟侍中嵇紹異之，[6]謂人曰："琅邪王毛骨非常，殆非人臣之相也。"元康二年，拜員外散騎常侍。[7]累遷左將軍，[8]從討成都王穎。[9]蕩陰之敗也，[10]叔父東安王繇爲穎所害。[11]帝懼禍及，將出奔。其夜月正明，而禁衛嚴警，帝無由得去，甚窘迫。有頃，雲霧晦冥，雷雨暴至，[12]徼者皆弛，[13]因得潛出。穎先令諸關無得出貴人，帝既至河陽，[14]爲津吏所止。[15]從者宋典後來，以策鞭帝馬而笑曰：“舍長！官禁貴人，汝亦被拘邪！”吏乃聽過。至洛陽，迎太妃俱歸國。

［1］覲：司馬覲，字思祖，本書卷三八有傳。

［2］藉藁如始刈：所鋪的席草就像剛剛割下來一樣。

［3］日角：額骨中央部分隆起，形狀如日。舊時相术家認爲是大貴之相。

［4］顧眄煒如：目放光彩。

［5］令問：好名聲。

［6］侍中：官名，東漢建安中與給事黄門侍郎出入禁中，省尚書事。曹魏時爲門下之侍中省長官。常侍衛皇帝左右，掌顧問應對、諫諍糾察、平議奏事、駁奏異議等，權力甚重。三品。　嵇紹：字延祖，本書卷八九有傳。

［7］員外散騎常侍：官名，初爲正員之外添差之散騎常侍，無定員，三國魏後爲固定官員。職閑位顯。三品。

［8］左將軍：官名，漢代爲重號將軍之一，與前、後、右將軍並爲上卿。魏晋時爲常設官職，權位較兩漢漸低，僅爲武官名號，略高於一般雜號將軍，不典禁兵。三品。

［9］成都王穎：司馬穎，字章度，本書卷五九有傳。

［10］蕩陰：縣名，治所在今河南省湯陰縣。

［11］東安王繇：司馬繇，字思玄，本書卷三八有傳。

［12］雷雨暴至：暴，原本、宋本作“暮”，殿本作“暴”，據殿本改。

［13］徼者皆弛：巡邏的人都放鬆了警惕。

［14］河陽：即河陽橋，西晋泰始中杜預在黄河富平津所建，位於今河南省孟州市西南、孟津縣東北黄河上。

［15］津吏：守衛渡口的官吏。

東海王越之收兵下邳也,[1]假帝輔國將軍。[2]尋加平東將軍、監徐州諸軍事,[3]鎮下邳。俄遷安東將軍、都督揚州諸軍事。[4]越西迎大駕,留帝居守。永嘉初,用王導計,[5]始鎮建鄴,[6]以顧榮爲軍司馬,[7]賀循爲參佐,[8]王敦、王導、周顗、刁協並爲腹心股肱,[9]賓禮名賢,存問風俗,江東歸心焉。屬太妃薨于國,自表奔喪,葬畢,還鎮,增封宣城郡二萬户,[10]加鎮東大將軍、開府儀同三司。[11]受越命,討征東將軍周馥,[12]走之。及懷帝蒙塵于平陽,[13]司空荀藩等移檄天下,[14]推帝爲盟主。江州刺史華軼不從,[15]使豫章内史周廣、前江州刺史衞展討禽之。[16]愍帝即位,加左丞相。[17]歲餘,進位丞相、大都督中外諸軍事。[18]遣諸將分定江東,斬叛者孫弼於宣城,平杜弢於湘州,[19]承制赦荆、揚。[20]及西都不守,帝出師露次,[21]躬擐甲冑,移檄四方,徵天下之兵,克日進討。于時有玉册見于臨安,[22]白玉麒麟神璽出於江寧,[23]其文曰“長壽萬年”,日有重暈,[24]皆以爲中興之象焉。

[1]東海王越:司馬越,字元超,本書卷五九有傳。　下邳:縣名,治所在今江蘇省睢寧縣古邳鎮東。

[2]輔國將軍:官名,屬將軍名號,三國兩晋皆置。三品。

[3]平東將軍:官名,與平北、平南、平西將軍合稱四平將軍,權任很重,多持節都督或監某一地區的軍事,有時亦作爲刺史等地方官員兼理軍務的加官。三品,加持節都督者二品。　監徐州諸軍事:徐州地區軍政長官。

[4]安東將軍:官名,東漢建安年間置,與安西、安南、安北

將軍合稱四安將軍，爲出鎮某一地區的軍事長官，或作爲刺史等兼理軍務的加官，權任頗重。三品，加持節都督者二品。　都督揚州諸軍事：揚州地區的軍政長官。

[5]王導：字茂弘，本書卷六五有傳。

[6]建鄴：地名，即今江蘇省南京市。

[7]顧榮：字彦先，本書卷六八有傳。　軍司馬：官名，領兵武職。輔佐校尉領營部，不置校尉時則爲長官。

[8]賀循：字彦先，本書卷六八有傳。　參佐：部下，僚屬。

[9]王敦：字處仲，本書卷九八有傳。　周顗：字伯仁，本書卷六九有傳。　刁協：字玄亮，本書卷六九有傳。

[10]宣城郡：治所在宛陵縣（今安徽省宣城市）。

[11]鎮東大將軍：官名，三國魏置，職掌與鎮東將軍同，唯資歷深者得任此職。二品，開府位從公者一品。　開府儀同三司：官名，三國魏始置。爲大臣加號，意謂與太尉、司徒、司空三司待遇相同，許開設府署，任命僚屬。

[12]征東將軍：官名，東漢末置，與征西、征南、征北將軍合稱四征將軍。魏晋時多爲持節都督，出鎮方面。三品，加持節都督者二品。　周馥：字祖宣，本書卷六一有傳。

[13]蒙塵：帝王失位逃亡在外，蒙受風塵。　平陽：郡名，治所在平陽縣（今山西省臨汾市西南）。

[14]司空：官名，魏晋南北朝爲名譽宰相，多爲大臣加官。晋八公之一，位在三公之末。一品。　荀藩：字大堅，本書卷三九有傳。

[15]江州：治所在南昌縣（今江西省南昌市）。　華軼：字彦夏，本書卷六一有傳。

[16]豫章：郡名，治所在南昌縣（今江西省南昌市）。　内史：官名，西晋武帝太康十年（289）改諸王國相爲内史，掌管民政。五品。周家禄《晋書校勘記》認爲："晋制，以郡爲國，内史治民事，若郡太守。國除爲郡，復稱太守。然二名往往混淆，史家

亦互稱之。"

[17]左丞相：官名，此爲臨時分置，爲權臣專設之名號，非實際處理政務的宰相。

[18]丞相：官名，原爲最高國務長官，魏晋時省置無常，或分置左、右，或稱大丞相，多用來安置權臣。　大都督中外諸軍事：官名，都督中外諸軍事爲全國最高軍事統帥，總統中央地方的内外諸軍，權力極大。在都督中外諸軍事上加"大"，地位極高。

[19]杜弢：字景文，本書卷一〇〇有傳。　湘州：治所在臨湘縣（今湖南省長沙市）。

[20]承制：秉承皇帝旨意便宜行事。　荆：荆州，三國時曹魏治所在新野縣（今河南省新野縣），孫吴治所在江陵縣（今湖北省江陵縣），西晋統一後治所在江陵縣（今湖北省江陵縣）。　揚：揚州，三國魏、吴各置揚州，魏治所在壽春縣（今安徽省壽縣），吴治在建業縣（今江蘇省南京市）。西晋統一後復合，治所在建鄴縣（今江蘇省南京市）。

[21]露次：野外露宿。

[22]臨安：縣名，治所在今浙江省杭州市臨安區。

[23]白玉麒麟：原本、宋本無"玉"字，殿本有，據殿本補。　江寧：縣名，治所在今江蘇省南京市江寧區。

[24]日有重暈：太陽出現兩重風圈。暈，日暈，日光通過云層中的冰晶時，經折射而形成的光的現象。圍着太陽成環形，帶有彩色，通常顔色不明顯。日暈常被看作天氣變化的預兆。通稱風圈。

建武元年春二月辛巳，平東將軍宋哲至，宣愍帝詔曰："遭運迍否，[1]皇綱不振。朕以寡德，奉承洪緒，不能祈天永命，紹隆中興，至使凶胡敢帥犬羊，逼迫京輦。朕今幽塞窮城，憂慮萬端，恐一旦崩潰。[2]卿指詣丞相，具宣朕意，使攝萬機，[3]時據舊都，修復陵廟，以雪大耻。”三月，帝素服出次，[4]舉哀三日。西陽王羕及群僚參佐州征牧守等上尊號，[5]帝不許。羕等以死固請，至于再三。帝慨然流涕曰：“孤，罪人也，惟有蹈節死義，以雪天下之耻，庶贖鈇鉞之誅。吾本琅邪王，諸賢見逼不已！”乃呼私奴命駕，將反國。群臣乃不敢逼，請依魏晋故事爲晋王，許之。辛卯，即王位，大赦，改元。其殺祖父母、父母，及劉聰、石勒，[6]不從此令。諸參軍拜奉車都尉，[7]掾屬駙馬都尉。[8]辟掾屬百餘人，時人謂之“百六掾”。乃備百官，立宗廟社稷于建康。時四方競上符瑞，帝曰：“孤負四海之責，未能思愆，[9]何徵祥之有？”丙辰，[10]立世子紹爲晋王太子。[11]以撫軍大將軍、西陽王羕爲太保，[12]征南大將軍、漢安侯王敦爲大將軍，[13]右將軍王導都督中外諸軍事、驃騎將軍，[14]左長史刁協爲尚書左僕射。[15]封王子宣城公裒爲琅邪王。[16]

[1]迍否：屯、否爲《易》二卦名。迍，通“屯”。屯謂艱難，否謂隔塞。後以“迍否”指困頓不利。

[2]崩潰：崩，殿本作“奔”。

[3]萬機：機，殿本作“幾”。

[4]素服出次：爲悼念死者而避開正寢，出郊外暫住。

[5]西陽王羕：司馬羕，字延年，本書卷五九有傳。

[6]劉聰：字玄明，一名載，本書卷一〇二有載記。　石勒：字世龍，本書卷一〇四有載記。

[7]參軍：官名，亦作參軍事，謂參謀軍事。兩晋公府、軍府皆置。　奉車都尉：官名，魏晋時作加官，與駙馬都尉、騎都尉並號三都尉。六品。

［8］駙馬都尉：官名，與奉車都尉、騎都尉並稱三都尉，多用於宗室、外戚、功臣子、貴族、近臣的加官，亦用於尚公主者。六品。

［9］思愆：反省思過。

［10］丙辰：丙，原本、宋本、殿本作“景”，“景”爲“丙”的避諱字，以後本卷凡遇此避諱字均徑改，不再出注。

［11］立世子紹爲晋王太子：中華本校勘記：“《建康實録》五作‘四月丙辰’。丙辰爲四月初四。此及下並四月間事，文未出‘四月’，蓋貫即位事連書。”

［12］撫軍大將軍：官名，三國魏文帝始置，皇帝出征，總管留守事。晋二品，開府位從公者一品。　太保：官名，史上屢次廢置，三國魏末年復置。晋爲八公之一，位上公，在太宰、太傅之下。安置元老重臣，無職掌。一品。

［13］征南大將軍：官名，屬將軍名號，多授予統兵出鎮在外，都督數州諸軍事者。位在征南將軍之上。二品，開府位從公者一品。　大將軍：官名，高級軍事統帥。曹魏時多以之屯駐長安，對付蜀漢，蜀漢以其爲最高軍事長官，孫吴則别置上大將軍居其上。西晋時爲八公之一，位居上公、大司馬下，三公之上。東晋時常專擅軍政事務。一品。

［14］右將軍：官名，漢代重號將軍之一，與前、左、後將軍並爲上卿。魏晋時常設，權位漸低，僅爲武官名號，略高於一般雜號將軍。三品。　都督中外諸軍事：官名，亦稱都督中外諸軍。全國最高軍事統帥，總統中央地方的内外諸軍，權力極大。　驃騎將軍：官名，西漢時爲重號將軍，東漢以後，居諸名號將軍之首，僅作爲軍府名號加授大臣或重要州郡長官。二品，開府位從公者一品。

［15］左長史：官名，丞相府屬官，東漢末曹操爲丞相時置，與右長史共領相府諸曹。六品。　尚書左僕射：官名，尚書省次官，輔助尚書令執行政務，參議大政，諫諍得失，監察糾彈百官。有時

尚書省不置令，祇設左右僕射，此時左僕射居右僕射之上。三品。

[16]宣城公裒：司馬裒，字道成，本書卷六四有傳。城，原本、宋本、殿本作“成”，據中華本改。

六月丙寅，司空、并州刺史、廣武侯劉琨，[1]幽州刺史、左賢王、渤海公段匹磾，[2]領護烏丸校尉、鎮北將軍劉翰，[3]單于、廣寧公段辰，[4]遼西公段眷，[5]冀州刺史、祝阿子邵續，[6]青州刺史、廣饒侯曹嶷，[7]兗州刺史、定襄侯劉演，[8]東夷校尉崔毖，[9]鮮卑大都督慕容廆等一百八十人上書勸進，[10]曰：

臣聞天生蒸民，樹之以君，所以對越天地，司牧黎元。[11]聖帝明王監其若此，知天地不可以乏饗，故屈其身以奉之；知蒸黎不可以無主，故不得已而臨之。社稷時難，則戚藩定其傾；[12]郊廟或替，則宗哲纂其祀。[13]是以弘振遐風，式固萬世，三五以降，[14]靡不由之。伏惟高祖宣皇帝肇基景命，世祖武皇帝遂造區夏，三葉重光，四聖繼軌，惠澤侔於有虞，卜世過於周氏。自元康以來，艱難繁興，永嘉之際，氛厲彌昏，[15]宸極失御，[16]登遐醜裔，國家之危，有若綴旒。[17]賴先后之德、宗廟之靈，皇帝嗣建，舊物克甄。誕授欽明，[18]服膺聰哲，玉質幼彰，金聲夙振。冢宰攝其綱，百辟輔其政，[19]四海想中興之美，群生懷來蘇之望。[20]不圖天不悔禍，大灾薦臻，[21]國未忘難，寇害尋興。[22]逆胡劉曜，[23]縱逸西都，敢肆犬羊，陵虐天邑。臣奉表使還，乃承西朝以去年十一月不守，[24]主上幽劫，復沉虜庭，神器流離，再辱荒逆。[25]臣每覽史籍，觀之前載，厄運之極，古今未有。苟在食土之毛，含血之類，莫不叩心絶氣，行號巷哭。况臣等荷寵三世，位廁鼎司，[26]聞問震惶，精爽飛越，[27]且驚且惋，五情無主，舉哀朔垂，上下泣血。

[1]并州：治所在晋陽縣（今山西省太原市西南）。　劉琨：字越石，本書卷六二有傳。

[2]幽州：治所在薊縣（今北京市西南）。　左賢王：匈奴官名，即左屠耆王。屠耆爲匈奴語“賢”，漢人因稱之爲左賢王。單于手下最高官職，常由太子擔任。　段匹磾：晋鮮卑段部酋帥，段務勿塵子，本書卷六三有傳。

[3]領：以地位較高的官員兼理較低的職務。　護烏丸校尉：官名，掌管内附烏丸事務，魏晋及十六國多置此職。五品。　鎮北將軍：官名，東漢建安年間置，與鎮西、鎮南、鎮東將軍合稱四鎮將軍，多爲持節都督，出鎮方面。曹魏二品。晋三品，加持節都督者二品。　劉翰：西晋尚書，後任石勒寧朔將軍，行幽州刺史。後叛石勒，降段匹磾。

[4]單于：十六國時少數民族首領多稱單于，不僅僅限於匈奴。

[5]段眷：即段疾六眷，鮮卑段部酋帥，段務勿塵之子，繼父爲遼西公。十六國時先幫助西晋攻打石勒，後與石勒講和。眷，原本、宋本作“養”，殿本作“眷”，據殿本改。

[6]冀州：三國魏治所在信都縣（今河北省衡水市冀州區），西晋移治房子縣（今河北省高邑縣西南）。　邵續：字嗣祖，本書卷六三有傳。

[7]青州：治所在臨淄縣（今山東省淄博市東北）。　曹嶷：東萊（今山東省萊州市）人，平東將軍、青州刺史，後爲石勒所殺。

[8]兖州：三國魏治所在廪丘縣（今山東省鄆城縣西北），晋惠帝末，兖州闔境淪没於石勒。東晋元帝僑置兖州，治京口（今江蘇省鎮江市）。 劉演：劉琨之兄子，任北中郎將、兖州刺史。後被石勒打敗，投奔文鴦。

[9]東夷校尉：官名，亦稱護東夷校尉，掌東北地區少數民族事務。駐平州（今遼寧省遼陽市）。四品。

[10]鮮卑：我國古代北方少數民族，有拓拔、宇文、慕容、段、乞伏、禿髮諸部。 大都督：官名，高級軍事長官。三國初作爲加官於戰時臨時設置，後逐漸成爲常設加官官職，地位極高。 慕容廆：字弈洛瓌，本書卷一〇八有載記。原本、宋本無“容”字，殿本有，據殿本補。

[11]黎元：黎民百姓。

[12]戚藩：宗親藩王。

[13]宗哲纂其祀：宗族中的哲人繼承香火。纂，繼承。《禮記·祭統》：“子孫纂之，至於今不廢。”

[14]三五：三皇五帝。

[15]氛厲彌昏：禍害之氣使世道更加昏亂。

[16]宸極失御：皇帝失位。宸極，比喻帝位。

[17]綴旒：如旒之懸，比喻國勢垂危。旒，冠上垂珠。

[18]誕授欽明：上天授予君主明察之力。

[19]百辟：百官。

[20]來蘇：謂因其來而於困苦中獲得蘇息。

[21]大灾薦臻：大灾難接連地來到。

[22]尋興：連續發生。尋，連續。

[23]劉曜：字永明，劉淵族子，本書卷一〇三有載記。

[24]西朝：指在長安的愍帝西晋朝廷。

[25]再辱荒逆：再，殿本作“更”。

[26]鼎司：重臣的職位。

[27]精爽飛越：魂飛魄散。精爽，魂魄。

臣聞昏明迭用，否泰相濟，天命無改，曆數有歸。或多難以固邦國，或殷憂以啓聖明。是以齊有無知之禍，[1]而小白爲五伯之長；[2]晋有麗姬之難，[3]而重耳以主諸侯之盟。[4]社稷靡安，必將有以扶其危；黔首幾絶，必將有以繼其緒。伏惟陛下，玄德通於神明，[5]聖姿合於兩儀，應命世之期，紹千載之運。符瑞之表，天人有徵；中興之兆，圖讖垂典。[6]自京畿隕喪，[7]九服崩離，[8]天下囂然，無所歸懷，雖有夏之遺夷羿，[9]宗姬之離犬戎，[10]蔑以過之。[11]陛下撫征江左，[12]奄有舊吴，柔服以德，伐叛以刑，抗明威以攝不類，杖大順以號宇内。純化既敷，則率土宅心；義風既暢，則遐方企踵。百揆時叙於上，[13]四門穆穆於下。[14]昔少康之隆，[15]夏訓以爲美談；[16]宣王中興，[17]周詩以爲休咏。[18]况茂勛格于皇天，清暉光于四海，蒼生顒然，莫不欣戴，聲教所加，願爲臣妾者哉！且宣皇之胤，惟有陛下，億兆攸歸，曾無與二。天祚大晋，必將有主，主晋祀者，非陛下而誰！是以邇無異言，遠無異望，謳歌者無不吟諷徽猷，[19]獄訟者無不思于聖德。天地之際既交，華夷之情允洽。[20]一角之獸，連理之木，以爲休徵者，蓋有百數。冠帶之倫，要荒之衆，不謀同辭者，動以萬計。是以臣等敢考天地之心，因函夏之趣，味死上尊號。願陛下存舜禹至公之情，狹由巢抗矯之節；[21]以社稷爲務，不以小行爲先；以黔首爲憂，不以克讓爲事；上慰宗廟乃顧之懷，下釋普天傾首之勤。則所謂生繁華於枯荑，[22]育豐肌於朽骨，神人獲安，無不幸甚。

[1]齊有無知之禍：春秋時齊僖公寵愛公孫無知，立他做國君。鮑叔牙預感到禍亂將要發生，便侍奉公子小白逃亡到了莒國。叛亂果然發生，管夷吾、召忽侍奉公子糾投奔魯國。

[2]小白：齊桓公，僖公之子。即位後任用管仲，改革内政，國勢漸强，成爲春秋五霸之首。事見《左傳·莊公八年》。

[3]晋有麗姬之難：春秋時晋獻公以驪姬爲夫人，夫人譖太子，太子縊於新城。兩個公子出走，重耳奔蒲，夷吾奔屈。事見《左傳·僖公四年》。

[4]重耳：晋文公，晋獻公之子，因受迫害而流亡在外十九年，歷盡艱難險阻。回國即位後改革朝政，加强軍備，國力漸强，終成春秋五霸之一。

[5]玄德：天生之德。

[6]圖讖：解説符命應驗的圖書。

[7]京畿：國都及其行政官署所轄地區。

[8]九服：王畿以外的九等地區。《周禮·夏官·職方氏》："乃辨九服之邦國：方千里曰王畿，其外方五百里曰侯服，又其外方五百里曰甸服，又其外方五百里曰男服，又其外方五百里曰采服，又其外方五百里曰衛服，又其外方五百里曰蠻服，又其外方五百里曰夷服，又其外方五百里曰鎮服，又其外方五百里曰藩服。"

[9]有夏之遘夷羿：夷羿，夏代有窮之君，名羿，因居東夷，故稱夷羿。太康無道，夏衰，羿因夏民以代夏政。後因溺於田獵，不修民事，爲寒浞所殺。事見《左傳·襄公四年》。

[10]犬戎：古族名。戎人的一支。即畎戎。又稱畎夷、犬夷、昆夷、緄夷等。周幽王爲犬戎所殺，導致西周亡。

[11]蔑：没有，不能。

[12]江左：江東。因自北方視之，江東在左，江西在右，故稱。

[13]百揆：各種政務。

[14]四門穆穆：《尚書·舜典》："賓于四門，四門穆穆。"意爲四方諸侯來朝者恭敬地至明堂聽從宣揚政教。

[15]少康之隆：夏太康失位，后羿取代夏政，寒浞又殺后羿。夏相之后緡逃回母家，生少康。後夏臣伯靡聚衆殺寒浞，迎少康復位。史稱少康中興，少康之隆即此。

[16]夏訓：《左傳·襄公四年》杜預注："夏訓，《夏書》。"孔穎達疏："《夏書·五子之歌》云：'太康尸位以逸豫，故於有洛之表，十旬弗反。有窮后羿因民弗忍，距於河，厥第五人御其母以從，五子咸怨。'述大禹之戒以作歌，其一曰《皇祖有訓》，是大禹立言以訓後，故傳謂此書爲'夏訓'也。"

[17]宣王中興：周厲王聽信讒言，與國人争利，被國人驅逐，逃亡於彘。周厲王死後，召公與衆臣立厲王子静爲王，是爲宣王。宣王即位後勵精圖治，開疆拓土，使王朝復興。

[18]休咏：讚美歌頌。

[19]吟諷徽猷：作詩歌頌美善之道。

[20]華夷之情：夷，原本、宋本作"裔"，殿本作"夷"，據殿本改。

[21]由：許由，相傳爲堯時人。隱居沛澤，堯欲以天下讓之，許由不受，乃逃至箕山之下。堯又欲任其爲九州長，許由不願聞，洗耳於潁水之濱。　巢：巢父。傳説與許由同時代人，亦不受堯的封讓，築巢隱居，因名巢父。

[22]枯荑：枯萎之稗草。借指荒蕪之地。

臣聞尊位不可久虚，萬機不可久曠。[1]虚之一日，則尊位以殆；曠之浹辰，[2]則萬機以亂。方今踵百王之季，當陽九之會，[3]狡寇窺窬，[4]伺國瑕隙，黎元波蕩，無所繫心，安可廢而不恤哉？陛下雖欲逡巡，[5]其若宗廟何？其若百姓何？昔者惠公虜秦，[6]晋國震駭，吕、郤之謀，[7]欲立子圉，[8]外以絶敵人之志，内以固闔境之情。故曰"喪君有君，群臣輯睦，好我者勸，惡我者懼"。[9]前事之不忘，後代之元龜也。[10]陛下明並日月，無幽不燭，深謀遠猷，出自胸懷。不勝犬馬憂國之情，遲睹人神開泰之路，是以陳其乃誠，布之執事。臣等忝於方任，久在遐外，不得陪列闕庭，與睹盛禮，踴躍之懷，南望罔極。

帝優令答之，語在《琨傳》。

[1]萬機：機，殿本作"幾"，下文"萬機"同。

[2]曠之浹辰：短暫的空缺。浹辰，十二天。《左傳·成公九年》："浹辰之間，而楚克其三都。"杜預注："浹辰，十二日也。"

[3]陽九：指灾難或厄運。

[4]窺窬：覬覦。

[5]逡巡：退避，退讓。

[6]惠公虜秦：春秋時，晋惠公率軍與秦軍戰於韓原，兵敗被俘。惠公虜秦即此。

[7]吕：春秋晋人，姓瑕吕，名飴甥，字子金。又稱吕甥。郤：郤乞，晋國大夫。

[8]圉：晋惠公太子。

[9]"喪君有君"至"惡我者懼"：語見《左傳·僖公十五年》。

[10]元龜：大龜。古代用於占卜。後用以比喻可資借鑒的

往事。

石勒將石季龍圍譙城，[1]平西將軍祖逖擊走之。[2]己巳，帝傳檄天下曰："逆賊石勒，肆虐河朔，逋誅歷載，[3]游魂縱逸。復遣凶黨石季龍犬羊之衆，越河南渡，縱其鴆毒。平西將軍祖逖帥衆討擊，應時潰散。今遣車騎將軍、琅邪王裒等九軍，[4]鋭卒三萬，水陸四道，徑造賊場，受逖節度。有能梟季龍首者，賞絹三千匹，[5]金五十斤，封縣侯，食邑二千户。又賊黨能梟送季龍首，封賞亦同之。"七月，散騎侍郎朱嵩、尚書郎顧球卒，[6]帝痛之，將爲舉哀。有司奏，舊尚書郎不在舉哀之例。帝曰："衰亂之弊，特相痛悼。"於是遂舉哀，哭之甚慟。丁未，梁王悝薨。[7]以太尉荀組爲司徒。[8]弛山澤之禁。八月甲午，封梁王世子翹爲梁王。[9]荆州刺史第五猗爲賊帥杜曾所推，[10]遂與曾同反。九月戊寅，王敦使武昌太守趙誘、襄陽太守朱軌、陵江將軍黄峻討猗，[11]爲其將杜曾所敗，誘等皆死之。石勒害京兆太守華譚。[12]梁州刺史周訪討杜曾，[13]大破之。十月丁未，琅邪王裒薨。十一月甲子，封汝南王子弼爲新蔡王。[14]丁卯，以司空劉琨爲太尉。置史官，[15]立太學。[16]是歲，揚州大旱。

[1]石季龍：即石虎，字季龍，本書卷一〇六有載記。　譙城：一名譙陵城，位於今河南省夏邑縣北。

[2]平西將軍：官名，與平北、平南、平東將軍合稱四平將軍，權任很重，多持節都督或監某一地區的軍事，有時亦作爲刺史等地

方官員兼理軍務的加官。三品，加持節都督者二品。　祖逖：字士稚，本書卷六二有傳。

[3]逋誅歷載：多年逃避誅伐。

[4]車騎將軍：官名，魏晋南北朝時位次於驃騎將軍，在諸名號將軍之上，多作爲軍府名號，以加授大臣及重要州郡長官。二品，開府位從公者一品。

[5]三千四：三，殿本作“二”。

[6]散騎侍郎：官名，三國魏置。隸屬散騎省，侍從皇帝左右，顧問應對，諫諍拾遺，與散騎常侍、侍中等共平尚書奏事。五品。　尚書郎：官名。東漢之制，取孝廉中之有才能者入尚書臺，在皇帝左右處理政務，初入臺稱守尚書郎中，滿一年稱尚書郎，滿三年稱侍郎。魏晋以後尚書各曹有侍郎、郎中等官，綜理職務，通稱爲尚書郎。六品。

[7]梁王悝：司馬悝，西陽王司馬羕之子。

[8]太尉：官名，曹操爲丞相後，太尉府屬官歸相府，晋時太尉雖爲八公之一、三公之首，實爲名譽宰相，多爲大臣加官。一品。　荀組：字大章，本書卷三九有傳。　司徒：官名，西漢哀帝元壽二年（前1）改丞相爲大司徒，東漢光武帝時改名爲司徒，東漢末又改爲丞相。三國魏恢復三公制，改丞相爲司徒，管理民政。兩晋沿制，爲八公之一，在太尉之下、司空之上。與丞相通職，一般不並置，爲名譽宰相。一品。

[9]翹：司馬翹，懷王司馬僖之子。

[10]第五猗：愍帝時任侍中、征南大將軍，監荆、梁、益、寧四州。受杜曾等迎奉，聚兵數萬。後被周訪斬殺。　杜曾：西晋新野（今河南省新野縣）人，始爲新野王司馬歆鎮南參軍，有勇力。永嘉之亂中任胡亢竟陵太守，後殺胡亢，併其衆，自號南中郎將。後被周訪打敗，被殺。

[11]武昌：郡名，治所在武昌縣（今湖北省鄂州市鄂城區）。　趙誘：字元孫，本書卷五七有傳。　襄陽：郡名，東漢建安十三

年（208）置，治所在襄陽縣（今湖北省襄陽市），西晋移治宜城縣（今湖北省宜城市南）。　陵江將軍：官名，屬名號將軍，亦稱淩江將軍。五品。

［12］京兆太守：官名，即京兆尹。京畿地方行政長官，職掌如郡守，但地位高於郡守。三品。　華譚：譚，原本、宋本、殿本作"諿"，中華本作"譚"。

［13］梁州：治所在沔陽縣（今陝西省勉縣東）。　周訪：字士達，本書卷五八有傳。

［14］弼：司馬弼，汝南威王司馬祐子，出繼莊王司馬確。

［15］史官：主管文書、典籍，並負責修撰前代史書和搜集記録當代史料的官員。

［16］太學：古代設於京城的最高學府，主要從事儒學教育。

太興元年春正月戊申朔，臨朝，懸而不樂。三月癸丑，愍帝崩問至，帝斬縗居廬。[1]丙辰，百寮上尊號。令曰："孤以不德，當厄運之極，臣節未立，匡救未舉，夙夜所以忘寢食也。今宗廟廢絶，億兆無係，群官庶尹，咸勉之以大政，亦何以辭，輒敬從所執。"是日，即皇帝位。詔曰："昔我高祖宣皇帝誕應期運，[2]廓開王基。景、文皇帝奕世重光，緝熙諸夏。[3]爰曁世祖，應天順時，受兹明命。功格天地，仁濟宇宙。昊天不融，降此鞠凶，[4]懷帝短世，越去王都。天禍薦臻，大行皇帝崩殂，[5]社稷無奉。肆群后三司六事之人，[6]疇諮庶尹，[7]至于華戎，致輯大命于朕躬。余一人畏天之威，[8]用弗敢違。[9]遂登壇南岳，[10]受終文祖，焚柴頒瑞，告類上帝。[11]惟朕寡德，纘我洪緒，若涉大川，罔知攸濟。[12]惟爾股肱爪牙之佐，文武熊羆之臣，用能弼寧晋室，輔余一人。思與萬國，共同休慶。”於是大赦，改元，文武增位二等。庚午，立王太子紹爲皇太子。壬申，詔曰：“昔之爲政者，動人以行不以言，應天以實不以文，故我清静而人自正。其次聽言觀行，明試以功。其有政績可述，刑獄得中，人無怨訟，久而日新，及當官軟弱，茹柔吐剛，行身穢濁，修飾時譽者，各以名聞。令在事之人，仰鑒前烈，同心戮力，深思所以寬衆息役，惠益百姓，無廢朕命。遠近禮贄，[13]一切斷之。”夏四月丁丑朔，日有蝕之。加大將軍王敦江州牧，[14]進驃騎將軍王導開府儀同三司。戊寅，初禁招魂葬。乙酉，西平地震。[15]五月癸丑，使持節、侍中、都督、太尉、并州刺史、廣武侯劉琨爲段匹磾所害。[16]六月，旱，帝親雩。[17]改丹楊内史爲丹楊尹。[18]甲申，以尚書左僕射刁協爲尚書令，[19]平南將軍、曲陵公荀崧爲尚書左僕射。[20]庚寅，以滎陽太守李矩爲都督司州諸軍事、司州刺史。[21]戊戌，封皇子晞爲武陵王。初置諫鼓謗木。[22]秋七月戊申，詔曰：“王室多故，奸凶肆暴，皇綱弛墜，顛覆大猷。[23]朕以不德，統承洪緒，夙夜憂危，思改其弊。二千石令長當祗奉舊憲，正身明法，抑齊豪强，存恤孤獨，隱實户口，勸課農桑。州牧刺史當互相檢察，不得顧私虧公。長吏有志在奉公而不見進用者，有貪惏穢濁而以財勢自安者，若有不舉，當受故縱蔽善之罪，有而不知，當受暗塞之責。各明慎奉行。”劉聰死，其子粲嗣僞位。[24]八月，冀、徐、青三州蝗。[25]靳準弑劉粲，[26]自號漢王。冬十月癸未，加廣州刺史陶侃平南將軍。[27]劉曜僭即皇帝位于赤壁。[28]十一月乙卯，日夜出，高三丈，中有赤青珥。新蔡王弼薨。[29]加大將軍王敦荊州牧。庚申，詔曰："朕以寡德，纂承洪緒，上不能調和陰陽，下不能濟育群生，灾異屢興，咎徵仍見。壬子、乙卯，雷震暴雨，蓋天灾譴誡，所以彰朕之不德也。群公卿士，其各上封事，具陳得失，無有所諱，將親覽焉。"新作聽訟觀。[30]故歸命侯孫皓子璠謀反，[31]伏誅。十二月，劉聰故將王騰、馬忠等誅靳準，送傳國璽於劉曜。武昌地震。丁丑，封顯義亭侯焕爲琅邪王。[32]己卯，琅邪王焕薨。癸巳，詔曰："漢高經大梁，美無忌之賢；[33]齊師入魯，修柳下惠之墓。[34]其吴之高德名賢或未旌録者，具條列以聞。"[35]江東三郡饑，遣使賑給之。彭城内史周撫殺沛國内史周默以反。[36]

[1]斬縗：舊時五種喪服中最重的一種。用粗麻布製成，左右和下邊不縫。服制三年。　居廬：住在守喪的房子中。指守孝。

[2]誕應期運：順應機運。

[3]緝熙諸夏：使華夏光明一片。

[4]鞠凶：極大的灾禍。

[5]崩殂：專指皇帝死。

[6]三司六事：三公六卿，指朝廷百官。

[7]疇諮庶尹：訪求咨詢百官。尹，原本、宋本作"允"，殿本作"尹"，據殿本改。

[8]余一人：余，殿本作"予"，下文"輔余一人"同。

[9]用：因此。

[10]遂登壇南岳：中華本校勘記："《御覽》九八引'岳'作

‘面’。”

［11］告類上帝：祭告上天。

［12］罔知攸濟：不知道從哪裏渡過。攸，所。

［13］禮贄：進獻的禮物。

［14］大將軍：官名，高級軍事統帥。曹魏時多以之屯駐長安，對付蜀漢，蜀漢以其爲最高軍事長官，孫吴則別置上大將軍居其上。西晋時爲八公之一，位居上公、大司馬下，三公之上。東晋時常專擅軍政事務。一品。

［15］西平：縣名。治所在今河南省西平縣西。

［16］使持節：漢朝官吏奉使外出時，或由皇帝授予節杖，以提高其權力。魏晋以後，凡重要軍事長官出征或出鎮，加使持節，可誅殺二千石以下官員。　都督：領兵將帥。

［17］雩：求雨祭祀儀式。

［18］丹楊：郡名，治所在建鄴縣（今江蘇省南京市）。　丹楊尹：官名，東晋京城所在郡府長官，掌京城行政諸務並詔獄，亦稱“京尹”。三品。

［19］尚書令：官名，秦漢時爲尚書署長官。秩位雖低，權力甚重。魏晋時沿置，爲尚書省長官，綜理全國政務，參議大政，爲高級政務長官。三品。

［20］平南將軍：官名，與平東、平西、平北將軍合稱四平將軍。多持節都督或監某一地區的軍事，有時作爲刺史等地方官員監理軍務的加官。三品，加持節都督者二品。　荀崧：字景猷，本書卷七五有傳。崧，原本、宋本作“松”，殿本作“崧”，據本傳、殿本改。

［21］滎陽：郡名，治所在滎陽縣（今河南省滎陽市東北）。　李矩：字世迴，本書卷六三有傳。　都督司州諸軍事：司州地區最高軍事行政長官。　司州：治所在洛陽縣（今河南省洛陽市東北）。

［22］諫鼓：設於朝廷供進諫者敲擊以聞的鼓。　謗木：相傳堯舜時於交通要道豎立木柱，讓人在上面寫諫言，稱“謗木”。

［23］大猷：治國大道。

［24］粲：劉粲，字士光，本書卷一〇二有載記。

［25］徐：徐州，治所在彭城縣（今江蘇省徐州市）。

［26］靳準：在劉聰政權中任中護軍、大司空、司隸校尉，二女爲劉聰左右貴嬪，大女兒月光爲劉聰皇后。殺劉粲後自號大將軍、漢大王，置百官，遣使稱藩於晋。後被劉聰故將王騰、馬忠等誅殺。

［27］廣州：治所在番禺縣（今廣東省廣州市）。　陶侃：字士行，本書卷六六有傳。

［28］赤壁：地名，在今山西省河津市西北。

［29］新蔡王弼薨：蔡，原本、宋本、殿本作“野”，據中華本校勘記改。

［30］聽訟觀：洛陽宫觀名，原稱平望觀。曹魏明帝常言：“獄，天下之命也。”每斷大獄，恒幸觀聽之。見《水經注·穀水》。

［31］孫皓：三國孫吴末代皇帝，字元宗，一名彭祖，字皓宗。天紀四年（280）吴滅降晋，賜號歸命侯。

［32］封顯義亭侯焕爲琅邪王：焕，原本、宋本、殿本作“涣”，據本傳、中華本改。下文“琅邪王焕薨”同。

［33］漢高經大梁，美無忌之賢：《史記》卷八《高祖本紀》載，劉邦經過大梁時，下令爲魏公子無忌置守塚人五家。

［34］柳下惠：春秋魯大夫展獲，字季，又字禽，曾爲士師官，食邑柳下，謚惠，故稱其爲展禽、柳下季、柳士師、柳下惠等。以柳下惠之名最爲著稱。

［35］具條列以聞：具，殿本作“其”。

［36］彭城：縣名，今江蘇省徐州市。　沛國：三國魏治所在沛縣（今江蘇省沛縣），西晋時治所在相縣（今安徽省濉溪縣西北）。

二年春正月丁卯，崇陽陵毁，帝素服哭三日；使冠軍將軍梁堪、守太常馬龜等修復山陵。[1]迎梓宮于平陽，[2]不克而還。二月，太山太守徐龕斬周撫，[3]傳首京師。夏四月，龍驤將軍陳川以浚儀叛，[4]降於石勒。太山太守徐龕以郡叛，自號兖州刺史，寇濟岱。[5]秦州刺史陳安叛，[6]降于劉曜。五月癸丑，太陽陵毁，帝素服哭三日。徐揚及江西諸郡蝗。吴郡大饑。[7]平北將軍祖逖及石勒將石季龍戰于浚儀，[8]王師敗績。壬戌，詔曰："天下凋弊，加以灾荒，百姓困窮，國用並匱，吴郡饑人死者百數。天生蒸黎而樹之以君，選建明哲以左右之，當深思以救其弊。昔吴起於楚悼王明法審令，[9]捐不急之官，除廢公族疏遠，以附益將士，而國富兵强。况今日之弊，百姓凋困邪！且當去非急之務，非軍事所須者皆省之。"[10]甲子，梁州刺史周訪及杜曾戰於武當，[11]斬之，禽第五猗。六月丙子，加周訪安南將軍。[12]罷御府及諸郡丞，[13]置博士員五人。己亥，加太常賀循開府儀同三司。秋七月乙丑，太常賀循卒。八月，肅慎獻楛矢石砮。[14]徐龕寇東莞，[15]遣太子左衛率羊鑒行征虜將軍，[16]統徐州刺史蔡豹討之。冬十月，平北將軍祖逖使督護陳超襲石勒將桃豹，[17]超敗，没於陣。十一月戊寅，[18]石勒僭即王位，國號趙。十二月乙亥，大赦，詔百官各上封事，并省衆役。鮮卑慕容廆襲遼東，[19]東夷校尉、平州刺史崔毖奔高句驪。[20]是歲，南陽王保稱晋王於祁山。[21]三吴大饑。[22]

[1]冠軍將軍：官名，曹魏、孫吴、西晋皆置。西晋時領營兵。三品。　守：暫時署理職務。多指官階低而署理較高的官職。　太

常：官名，漢代稱奉常，本掌禮樂宗廟、社稷祭祀，魏晋時此職掌歸尚書裁定，太常成爲閑職。三品。

[2]梓宫：皇帝的棺材。

[3]太山：郡名，治所在奉高縣（今山東省泰安市東）。

[4]龍驤將軍：官名，高級軍事將領。三品。　浚儀：縣名，治所在今河南省開封市。

[5]濟岱：濟水、泰山。

[6]秦州：治所在冀縣（今甘肅省甘谷縣東）。

[7]吴郡：治所在吴縣（今江蘇省蘇州市）。

[8]平北將軍：官名，與平東、平西、平南將軍合稱四平將軍。多持節都督或監某一地區的軍事，有時作爲刺史等地方官員監理軍務的加官。三品，加持節都督者二品。

[9]吴起：戰國時衛國左氏（今山東省菏澤市定陶區西）人，初事魯，後入魏，終入楚，幫助楚悼王改革，使楚國强盛。　楚悼王：戰國時楚國國君，任用吴起爲令尹，變法圖强，北勝魏國，南收揚越，攻取蒼梧，開拓疆土。

[10]非軍事所須者：事，原本、宋本、殿本作“事”，中華本作“士”。

[11]武當：縣名，治所在今湖北省丹江口市西北。

[12]安南將軍：官名，東漢建安年間置，與安東、安北、安西將軍合稱四安將軍，爲出鎮某一地區的軍事長官，或作爲刺史等兼理軍務的加官，權任頗重。三品，加持節都督者二品。

[13]御府：官署名，兩漢隸屬少府，西晋改隸屬光禄勛。管理宫廷金錢、衣服、刀劍玉器珍玩。　郡丞：官名，郡守副貳，佐郡守掌衆事。三國兩晋皆置。八品。

[14]肅慎：古族名，亦作息慎、稷慎，分佈在今長白山北，東濱日本海，西近嫩江，北達黑龍江以北的廣大地區。　楛矢：以楛木做杆的箭。　石砮：石制的箭頭。《國語·魯語下》：“仲尼在陳，有隼集於陳侯之庭而死，楛矢貫之，石砮，其長尺有咫。”韋昭注：

“砮，鏃也，以石爲之。”

[15]東莞：郡名，東漢建安初置，治所在今山東省沂水縣東北，西晋元康間移治莒縣（今山東省莒縣）。

[16]太子左衛率：官名，西晋武帝泰始五年（269）分太子衛率置，領精兵萬人，宿衛東宫，亦任征伐，權任頗重。五品。　羊鑒：字景期，本書卷八一有傳。　征虜將軍：既是武官名，也作爲高級文職官員的加官。三品。

[17]督護：官名，州郡及出鎮方面將軍府皆設，掌兵事。兩晋時常統軍征伐，衹督一軍。　桃豹：石勒部將，十八騎之一，歷任魏郡太守、豫州刺史、横海將軍等職。

[18]十一月戊寅：十一月戊戌朔，無戊寅。

[19]遼東：郡名，治所在襄平縣（今遼寧省遼陽市）。

[20]高句驪：古國名，亦作句麗、高麗。都城丸都（今吉林省集安市），後遷都今朝鮮民主主義人民共和國平壤市。

[21]南陽王保：司馬保，字景度，司馬模之子，本書卷三七有傳。　祁山：山名，位於今甘肅省禮縣東北。

[22]三吴：地區名，一説指吴、吴興、會稽三郡；一説指吴、吴興、丹楊三郡；一説指吴、吴興、義興三郡。

三年春正月丁酉朔，晋王保爲劉曜所逼，遷于桑城。[1]二月辛未，石勒將石季龍寇猒次，[2]平北將軍、冀州刺史邵續擊之，續敗，没於陣。三月，慕容廆奉送玉璽三紐。閏月，以尚書周顗爲尚書僕射。[3]夏四月壬辰，[4]枉矢流于翼軫。[5]五月丙寅，孝懷帝太子詮遇害于平陽，帝三日哭。庚寅，地震。是月，晋王保爲其將張春所害。劉曜使陳安攻春，滅之，安因叛曜。石勒將徐龕帥衆來降。六月，大水。丁酉，盗殺西中郎將、護羌校尉、凉州刺史、西平公張寔，[6]寔弟茂嗣，[7]領平西將軍、凉州刺史。秋七月丁亥，詔曰："先公武王、先考恭王臨君琅邪四十餘年，惠澤加於百姓，遺愛結於人情。朕應天符，創基江表，[8]兆庶宅心，繈負子來。[9]琅邪國人在此者近有千户，[10]今立爲懷德縣，[11]統丹楊郡。[12]昔漢高祖以沛爲湯沐邑，[13]光武亦復南頓，[14]優復之科一依漢氏故事。"祖逖部將衛策大破石勒别軍於汴水。[15]加逖爲鎮西將軍。[16]八月戊午，尊敬王后虞氏爲敬皇后。[17]辛酉，遷神主于太廟。辛未，[18]梁州刺史、安南將軍周訪卒。皇太子釋奠于太學。[19]以湘州刺史甘卓爲安南將軍、梁州刺史。九月，徐龕又叛，降于石勒。冬十月丙辰，徐州刺史蔡豹以畏懦伏誅。王敦殺武陵内史向碩。[20]

[1]桑城：位於今甘肅省臨洮縣西南洮河西岸。

[2]猒次：縣名，治所在今山東省陽信縣東南。猒，殿本作"厭"。下文"猒次"同。

[3]尚書：官名，東漢尚書臺六曹各置尚書，秩六百石。魏晋出爲朝官，分掌尚書省諸曹，品秩提高。三品。　尚書僕射：官名，秦漢爲尚書令副貳，東漢建安四年（199）分置左、右，爲尚書省次官。三品。

[4]夏四月壬辰：四月乙未朔，月内無壬辰。

[5]枉矢：星名。《史記》卷二七《天官書》："枉矢，類大流星，虵行而倉黑，望之如有毛羽然。"　翼：星宿名。二十八宿之一。南方朱鳥七宿中的第六宿，凡二十二星。　軫：星宿名。二十八宿之一，南方朱雀七宿的最末一宿。有星四顆。

[6]西中郎將：官名，東漢末所置東、南、西、北四中郎將之

一。帥師征伐或鎮守。魏、西晋多兼凉州刺史，東晋多兼豫州刺史。四品。　護羌校尉：官名，監護内附羌人，戍衛邊塞，領羌人軍隊作戰。四品。　凉州：東漢治所在隴縣（今甘肅省張家川回族自治縣），三國魏移治姑臧縣（今甘肅省武威市）。　張寔：字安遜，本書卷八六有傳。

[7]茂：張茂，字成遜，本書卷八六有傳。

[8]江表：江外，指長江以南地區。

[9]子來：謂民心歸附，如子女趨事父母，不召自來，竭誠效忠。

[10]琅邪國：封國名，治所在今山東省臨沂市。

[11]懷德縣：東晋僑置縣，治所在今江蘇省南京市内，後改名費縣。

[12]丹楊：楊，殿本作"陽"。

[13]湯沐邑：周代供諸侯朝見天子時住宿並沐浴齋戒的封地。此指皇帝鄉里的特權。

[14]光武：東漢開國皇帝劉秀。　復：免除租税。　南頓：縣名，治所在今河南省項城市西南。

[15]汴水：即今河南省滎陽市西索河。

[16]鎮西將軍：官名，與鎮東、鎮南、鎮北將軍合稱四鎮將軍。多爲持節都督，出鎮方面。曹魏二品。晋改三品，加持節都督者二品。

[17]敬王后虞氏：虞孟母，本書卷三二有傳。

[18]辛未：八月癸巳朔，無辛未。

[19]釋奠：古代在學校設置酒食以奠祭先聖先師的典禮。

[20]武陵：郡名，治所在臨沅縣（今湖南省常德市）。

四年春二月，徐龕又帥衆來降。鮮卑末波奉送皇帝信璽。[1]庚戌，告于太廟，乃受之。癸亥，日鬥。[2]三月，置《周易》《儀禮》《公羊》博士。癸酉，以平東將軍曹嶷爲安東將軍。夏四月辛亥，帝親覽庶獄。石勒攻猒次，陷之。撫軍將軍、幽州刺史段匹磾没于勒。[3]五月，旱。庚申，詔曰："昔漢二祖及魏武皆免良人，武帝時，涼州覆敗，諸爲奴婢亦皆復籍，[4]此累代成規也。其免中州良人遭難爲揚州諸郡僮客者，[5]以備征役。"秋七月，大水。甲戌，以尚書戴若思爲征西將軍、都督司兖豫并冀雍六州諸軍事、司州刺史，[6]鎮合肥；[7]丹陽尹劉隗爲鎮北將軍、都督青徐幽平四州諸軍事、青州刺史，[8]鎮淮陰。[9]壬午，以驃騎將軍王導爲司空。八月，常山崩。九月壬寅，[10]鎮西將軍、豫州刺史祖逖卒。[11]冬十月壬午，[12]以逖弟侍中約爲平西將軍、豫州刺史。[13]十二月，以慕容廆爲持節、都督幽平二州東夷諸軍事、平州牧，[14]封遼東郡公。

[1]末波：段末波，又名段末柸，東部鮮卑。世爲渠帥。隨從兄疾陸眷攻打石勒，被俘。後被石勒釋放。會疾陸眷死，段匹磾奔喪，末波乘機襲擊段匹磾，自立爲單丁，稱幽州刺史。

[2]日鬥：太陽與别的星辰相遇。

[3]撫軍將軍：官名，三國蜀漢、孫吴皆置，爲加官，以示權重。晋沿置，與中軍將軍、鎮軍將軍並爲三名號將軍。三品。

[4]復籍：恢復民籍。

[5]僮客：奴僕。

[6]戴若思：戴淵，本書卷六九有傳。　征西將軍：官名，東漢永元間置，地位與雜號將軍、偏將軍、裨將軍等同。建安年間與征東、征南、征北將軍合稱四征將軍，地位提高。三品，加持節都督者二品。　都督司兖豫并冀雍六州諸軍事：上述六州最高軍事行

政長官。

[7]合肥：縣名，治所在今安徽省合肥市西。

[8]劉隗：字大連，本書卷六九有傳。　都督青徐幽平四州諸軍事：上述四州最高軍事行政長官。

[9]淮陰：縣名，治所在今江蘇省淮安市淮陰區西南。

[10]九月壬寅：九月丁巳朔，無壬寅。

[11]豫州：曹魏時治所在安城縣（今河南省正陽縣東北），西晉移治陳縣（今河南省周口市淮陽區）。

[12]十月壬午：十月丙戌朔，無壬午。

[13]約：祖約，字士少，本書卷一〇〇有傳。

[14]持節：官員外出持有皇帝授予的節杖，代表高等權威，常用於軍事長官出征。　都督幽平二州東夷諸軍事：幽州、平州及當地少數民族最高軍事行政長官。　平州：治所在襄平縣（今遼寧省遼陽市）。

永昌元年春正月乙卯，大赦，改元。戊辰，大將軍王敦舉兵於武昌，以誅劉隗爲名，龍驤將軍沈充帥衆應之。[1]二月，[2]徵征西將軍戴若思、鎮北將軍劉隗還衛京都。以司空王導爲前鋒大都督，以戴若思爲驃騎將軍，丹楊諸郡皆加軍號。[3]加僕射周顗尚書左僕射，領軍王邃尚書右僕射。[4]以太子右衛率周莚行冠軍將軍，[5]統兵三千討沈充。甲午，封皇子昱爲琅邪王。[6]劉隗軍于金城，[7]右將軍周札守石頭，[8]帝親被甲徇六師於郊外。[9]遣平南將軍陶侃領江州，安南將軍甘卓領荆州，各帥所統以躡敦後。三月，[10]敦前鋒攻石頭，周札開城門應之，奮威將軍侯禮死之。[11]敦據石頭，戴若思、劉隗帥衆攻之，王導、周顗、郭逸、虞潭等三道出戰，[12]六軍敗績。尚書令刁協奔于江乘,[13]爲賊所害。鎮北將軍劉隗奔于石勒。帝遣使謂敦曰:“公若不忘本朝,於此息兵,則天下尚可共安也。如其不然,朕當歸于琅邪,以避賢路。”辛未,大赦。敦乃自爲丞相、都督中外諸軍、録尚書事,[14]封武昌郡公,邑萬户。丙子,驃騎將軍、秣陵侯戴若思,尚書左僕射、護軍將軍、武城侯周顗爲敦所害。[15]敦將沈充陷吴國,[16]魏乂陷湘州,[17]吴國内史張茂,[18]湘州刺史、譙王承並遇害。[19]五月壬申,敦以太保、西陽王羕爲太宰,[20]加司空王導尚書令。乙亥,鎮南大將軍甘卓爲襄陽太守周慮所害。[21]蜀賊張龍寇巴東,[22]建平太守柳純擊走之。[23]石勒遣騎寇河南。六月。旱。秋七月,王敦自加兖州刺史郗鑒爲安北將軍。[24]石勒將石季龍攻陷太山,執守將徐龕。兖州刺史郗鑒自鄒山退守合肥。八月,敦以其兄含爲衛將軍,[25]自領寧益二州都督。[26]琅邪太守孫默叛,降于石勒。冬十月,大疫,死者十二三。己丑,都督荆梁二州諸軍事、平南將軍、荆州刺史、武陵侯王廙卒。[27]辛卯,以下邳内史王邃爲征北將軍、都督青徐幽平四州諸軍事,[28]鎮淮陰。新昌太守梁碩起兵反。[29]京師大霧,黑氣蔽天,日月無光。石勒攻陷襄城、城父,[30]遂圍譙,破祖約别軍,約退據壽春。[31]十一月,以司徒荀組爲太尉。己酉,[32]太尉荀組薨。罷司徒,并丞相。閏月己丑,帝崩于内殿,時年四十七,葬建平陵,廟號中宗。帝性簡儉冲素,容納直言,虚己待物。初鎮江東,頗以酒廢事,王導深以爲言,帝命酌,引觴覆之,於此遂絶。有司嘗奏太極殿廣室施絳帳，[33]帝曰：“漢文集上書皂囊爲帷。”[34]遂令冬施青布，夏施青練帷帳。[35]將拜貴人，有司請市雀釵，帝以煩費不許。所幸鄭夫人衣無文彩。從母弟王廙爲母立屋過制，流涕止之。然晉室遘紛，皇輿播越，天命未改，人謀叶贊。元戎屢動，[36]不出江畿，[37]經略區區，僅全吴楚。終於下陵上辱，憂憤告謝。恭儉之德雖充，雄武之量不足。

[1]沈充：字士居，本書卷九八有傳。

[2]二月：原本、宋本、殿本作“三月”。中華本校勘記：“三月甲寅朔，無甲午。《通鑑》九二作‘二月甲午’，疑是。”據改。

[3]丹楊：楊，殿本作“陽”。

[4]領軍：官名，領軍將軍的簡稱。　尚書右僕射：官名，尚書令副手，掌拆閲封緘奏章文書、參議政事、諫諍駁議、監察百官。位在左僕射之下。三品。

[5]太子右衛率：官名，太子五率之一。太子侍從武官，與左、前、後、中衛率各領一軍。五品。　周莚：周札兄子，事見本書卷五八《周札傳》。莚，殿本作“筵”。

[6]皇子昱：司馬昱，字道萬，本書卷九有紀。

[7]金城：地名，在今江蘇省南京市棲霞區。

[8]周札：字宣季，本書卷五八有傳。　石頭：石頭城，故址位於今江蘇省南京市清涼山。

[9]徇六師：向六軍宣示教令。

[10]三月：原本、宋本、殿本作“四月”。牛繼清先生考證，四月甲申朔，無辛未，亦無丙子。《晉書·天文志》中作“永昌元年三月，王敦作亂，率江荆之衆來攻，敗京都，殺將相。”《宋書·五行志》二、《宋書·天文志》二、《資治通鑑》卷九二《晉紀》一四均繫其事於三月。三月甲寅朔，辛未十八日，丙子二十三日，

當是。據改。(參見牛繼清《〈晋書〉時誤補校舉例》,《固原師專學報》1997 年第 4 期)

[11]奮威將軍：官名，爲雜號將軍。四品。

[12]虞潭：字思奥，本書卷七六有傳。

[13]江乘：縣名，治所在今江蘇省句容市北。

[14]録尚書事：官名，初爲職銜名，重臣加此名義始得總知國事，綜理政務，成爲真宰相。魏晋多以公卿權重者居之，總領尚書省政務，凡重號將軍、刺史皆得命曹授用，位在三公之上。

[15]護軍將軍：官名，東漢建安十二年（207）曹操改丞相府護軍爲中護軍，資重者可遷護軍將軍，典武官選舉，與中領軍同掌禁軍。曹魏時四品，西晋時三品。

[16]吴國：郡國名，治所在吴縣（今江蘇省蘇州市）。

[17]魏乂：王敦部將，任南蠻校尉，破湘州後，殺周該、桓雄、周崎、虞悝等。

[18]張茂：中華本校勘記：“《五行志》中作‘張懋’。”

[19]譙王承：中華本校勘記：“‘承’，《世説·仇隟》注引《晋陽秋》《司馬氏譜》並作‘丞’，《通鑑》九一、九二，《稽古録》一三並作‘氶’。‘氶’字見《玉篇》，與‘抍’‘拯’音義同。南宫王名承，不應同名，疑‘氶’是。”

[20]太宰：官名，即太師，因避司馬師名諱而改名太宰。八公之一，居上公之首，爲宰相之任。一品。

[21]鎮南大將軍：官名，三國魏置，職掌與鎮南將軍同，唯資歷深者得任此職，不常置。二品，開府位從公者一品。　襄陽：郡名，東漢建安十三年（208）置，治所在襄陽縣（今湖北省襄陽市），西晋移治宜城縣（今湖北省宜城市南）。

[22]巴東：郡名，東漢建安六年以固陵郡改名，治所在魚復縣（今重慶市奉節縣東）。

[23]建平：郡名，治所在巫縣（今重慶市巫山縣）。

[24]郗鑒：字道徽，本書卷六七有傳。　安北將軍：官名，東

漢建安年間置，與安東、安南、安西將軍合稱四安將軍，爲出鎮某一地區的軍事長官，或作爲刺史等兼理軍務的加官，權任頗重。三品，加持節都督者二品。

[25]含：王含，字處弘，王敦兄，任衛將軍、都督沔南軍事、領南蠻校尉、荆州刺史、征東將軍、都督揚州江西諸軍事，王敦兵敗後，被王舒沉江淹死。　衛將軍：官名，魏晋時位在名號將軍之上，多爲軍府名號，加給大臣、重要州郡長官。二品，開府位從公者一品。

[26]寧益二州都督：即都督寧益二州諸軍事。

[27]都督荆梁二州諸軍事：上述二州最高軍事行政長官。　王廙：字世將，本書卷七六有傳。

[28]征北將軍：官名，與征東、征西、征南將軍合稱四征將軍。三國魏蜀吴兩晋皆置，出鎮方面，地位顯要。三品，加持節都督者二品。

[29]新昌：郡名，治所在泠縣（今越南社會主義共和國永福省）。

[30]襄城：縣名，治所在今河南省許昌市襄城縣。　城父：縣名，治所在今安徽省亳州市東南城父集。

[31]壽春：縣名，治所在今安徽省壽縣東南。

[32]己酉：中華本校勘記："十一月庚戌朔，無己酉。《通鑑》九二作'辛酉'。"

[33]太極殿：《景定建康志》卷二一《城闕志·古宫殿》："建康宫内正殿，晋初造以十二間，象十二月。"

[34]漢文集上書皂囊爲帷：東方朔對漢武帝描述文帝的簡樸："貴爲天子，富有四海，身衣弋綈，足履革舄，以韋帶劍，莞蒲爲席，兵木無刃，衣緼無文，集上書囊以爲殿帷。"事見《漢書》卷六五《東方朔傳》。

[35]青綀：青色的粗麻布。綀，宋本作"練"。

[36]元戎：軍隊。

[37]江畿：指長江附近之地。

始秦時望氣者云“五百年後金陵有天子氣”，[1]故始皇東游以厭之，[2]改其地曰秣陵，[3]塹北山以絶其勢。及孫權之稱號，自謂當之。孫盛以爲始皇逮于孫氏四百三十七載，[4]考其曆數，猶爲未及；元帝之渡江也，乃五百二十六年，真人之應在於此矣。咸寧初，風吹太社樹折，社中有青氣，占者以爲東莞有帝者之祥。由是徙封東莞王於琅邪，即武王也。及吴之亡，王濬實先至建鄴，[5]而皓之降款，遠歸璽於琅邪。天意人事，又符中興之兆。太安之際，童謡云：“五馬浮渡江，一馬化爲龍。”及永嘉中，歲、鎮、熒惑、太白聚牛女之間，[6]識者以爲吴越之地當興王者。是歲，王室淪覆，帝與西陽、汝南、南頓、彭城五王獲濟，而帝竟登大位焉。初，《玄石圖》有“牛繼馬後”，故宣帝深忌牛氏，遂爲二榼，[7]共一口，以貯酒焉。帝先飲佳者，而以毒酒鴆其將牛金。而恭王妃夏侯氏竟通小吏牛氏而生元帝，亦有符云。

[1]金陵：戰國楚在今南京市清涼山上築金陵城，因此金陵爲南京市别稱。

[2]厭：原本、宋本作“猒”，殿本作“厭”，據殿本改。

[3]秣陵：地名，即今江蘇省南京市。

[4]孫盛：字安國，本書卷八二有傳。

[5]王濬：字士治，本書卷四二有傳。

[6]歲：木星。　鎮：土星。　熒惑：火星。　太白：金星。

聚牛女之間：殿本作“聚斗牛之間”。牛，星宿名。二十八宿之一。女，星宿名。二十八宿之一。

[7]榼：古代盛酒器具。

史臣曰：晋氏不虞，自中流外，五胡扛鼎，七廟隳尊，[1]滔天方駕，則民懷其舊德者矣。昔光武以數郡加名，[2]元皇以一州臨極，[3]豈武宣餘化猶暢於琅邪，文景垂仁傳芳於南頓，所謂後乎天時，先諸人事者也。馳章獻號，高蓋成陰，星斗呈祥，金陵表慶。陶士行擁三州之旅，[4]郢外以安；[5]王茂弘爲分陝之計，[6]江東可立。或高旌未拂，而遐心斯偃，回首朝陽，仰希乾棟，[7]帝猶六讓不居，七辭而不免也。布帳練帷，[8]詳刑簡化，抑揚前軌，光啓中興。古者私家不蓄甲兵，大臣不爲威福，王之常制，以訓股肱。中宗失馭强臣，自亡齊斧，[9]兩京胡羯，風埃相望。雖復《六月》之駕無聞，[10]而《鴻雁》之歌方遠，[11]享國無幾，哀哉！

[1]七廟：古代禮制，天子七廟。魏晋南北朝以前，無嚴格意義的皇家七廟制度。三國以後鄭玄、王肅又對七廟制度有各自的解釋。鄭玄認爲七廟包括始祖、二祧、兩昭、兩穆。王肅認爲是太祖、二祧、兩昭、兩穆。實踐中按照王肅的主張者居多。　隳：毁壞，廢棄。

[2]加名：稱帝。

[3]臨極：登帝位。

[4]陶士行：陶侃，字士行，本書卷六六有傳。

[5]郢：古楚國。

[6]王茂弘：王導，字茂弘，本書卷六五有傳。　分陝：陝即

今河南省三門峽市陝州區。相傳周初周公旦、召公奭分陝而治，周公治陝以東，召公治陝以西。

［7］乾棟：皇宫棟梁。

［8］布帳練帷：練，殿本作“綀”。

［9］齊斧：利斧。

［10］《六月》之駕：《國語·晋語四》：“秦伯賦《六月》。”韋昭注：“《六月》，道尹吉甫佐宣王征伐，復文武之業。《小雅》其詩云：‘王于出征，以匡王國。’二章曰：‘以佐天子。’三章曰：‘共武之服，以定王國。’此言重耳爲君，必霸諸侯以匡佐天子。”後多用以指衛國定亂的正義之師。

［11］《鴻雁》之歌：《詩·小雅·鴻雁序》：“《鴻雁》，美宣王也。萬民離散，不安其居，而能勞來還定安集之，至於矜寡，無不得其所焉。”鄭玄箋云：“宣王承厲王衰亂之敝，而起興復先王之道，以安集衆民爲始也。”

明帝

明皇帝諱紹，字道畿，元皇帝長子也，幼而聰哲，爲元帝所寵異。年數歲，嘗坐置膝前，屬長安使來，因問帝曰：“汝謂日與長安孰遠？”對曰：“長安近。不聞人從日邊來，居然可知也。”元帝異之。明日，宴群僚，又問之。對曰：“日近。”元帝失色，曰：“何乃異間者之言乎？”[1]對曰：“舉目則見日，不見長安。”由是益奇之。建興初，拜東中郎將，[2]鎮廣陵。[3]元帝爲晋王，立爲晋王太子。及帝即尊號，立爲皇太子。性至孝，有文武才略，欽賢愛客，雅好文辭。當時名臣，自王導、庾亮、温嶠、桓彝、阮放等，[4]咸見親待。嘗論聖人真假之意，導等不能屈。又習武藝，善撫將士。于時東朝濟濟，遠近屬心焉。及王敦之亂，六軍敗績，帝欲帥將士決戰，升車將出，中庶子温嶠固諫，[5]抽劍斬鞅，乃止。敦素以帝神武明略，朝野之所欽信，欲誣以不孝而廢焉。大會百官而問温嶠曰："皇太子以何德稱？"聲色俱厲，必欲使有言。嶠對曰："鉤深致遠，蓋非淺局所量。以禮觀之，可稱爲孝矣。"衆皆以爲信然，敦謀遂止。永昌元年閏月己丑，元帝崩。庚寅，太子即皇帝位，大赦，尊所生荀氏爲建安郡君。[6]

[1]間者：一段時間（以前）。

[2]東中郎將：官名，東、西、南、北四中郎將之一，統兵征伐，多有固定的轄區和治所，職權甚重。四品。

[3]廣陵：郡名，三國時治所在淮陰縣（今江蘇省淮安市淮陰區甘羅城），東晋治所在廣陵縣（今江蘇省揚州市西北蜀岡上）。

[4]庾亮：字元規，本書卷七三有傳。　温嶠：字太真，本書卷六七有傳。　桓彝：字茂倫，本書卷七四有傳。　阮放：字思度，本書卷四九有傳。

[5]中庶子：官名，即太子中庶子。太子侍從，掌侍從、奏事、諫議等。五品。

[6]荀氏：元帝宫人。初有寵，生明帝及琅邪王司馬裒。

太寧元年春正月癸巳，黄霧四塞，京師火。李雄使其將李驤、任回寇臺登，[1]將軍司馬玖死之。越巂太守李釗、漢嘉太守王載以郡叛，[2]降于驤。二月，葬元帝于建平陵，帝徒跣至于陵所。以特進華恒爲驃騎將軍、都督石頭水陸軍事。[3]乙丑，黄霧四塞。丙寅，隕霜。壬申，又隕霜，殺穀。三月戊寅朔，改元，臨軒，停饗宴之禮，懸而不樂。丙戌，隕霜，殺草。饒安、東光、安陵三縣灾，[4]燒七千餘家，死者萬五千人。石勒攻陷下邳，徐州刺史卞敦退保盱眙。[5]王敦獻皇帝信璽一紐。敦將謀篡逆，諷朝廷徵己，帝乃手詔徵之。夏四月，敦下屯于湖，轉司空王導爲司徒，自領揚州牧。巴東監軍柳純爲敦所害。[6]以尚書陳眕爲都督幽平二州諸軍事、幽州刺史。[7]五月，京師大水。[8]李驤等寇寧州，[9]刺史王遜遣將姚岳距戰於堂狼，[10]大破之。梁碩攻陷交州，[11]刺史王諒死之。六月壬子，立皇后庾氏。[12]平南將軍陶侃遣參軍高寶攻梁碩，斬之，傳首京師。進侃位征南大將軍、開府儀同三司。秋七月丙子朔，震太極殿柱。是月，劉曜攻陳安於隴城，[13]滅之。八月，以安北將軍郗鑒爲尚書令。石勒將石季龍攻陷青州，刺史曹嶷遇害。冬十一月，王敦以其兄征南大將軍含爲征東大將軍、都督揚州江西諸軍事。[14]以軍國饑乏，[15]調刺史以下米各有差。

[1]李雄：字仲儁，李特之子，本書卷一二一有載記。　李驤：十六國時略陽臨渭（今甘肅省天水市東北渭河北岸）人，原籍巴西宕渠（今四川省渠縣東北）人，字玄龍，李特幼弟。本書卷一二〇、一二一及《華陽國志》有詳載。　臺登：縣名，治所在今四川省冕寧縣南。

[2]越巂：郡名，治所在邛都縣（今四川省凉山彝族自治州西昌市東南），晋時曾移至會無縣（今四川省會理縣西）。　漢嘉：郡名，治所在漢嘉縣（今四川省雅安市名山區北）。

[3]特進：官名，三國兩晋時表示有特殊地位，或用作安置閑

退大臣。二品。　華恒：字敬則，本書卷四四有傳。

[4]饒安：縣名，治所在今河北省鹽山縣西南。　東光：縣名。治所在今河北省東光縣東。　安陵：縣名，治所在今河北省吴橋縣。

[5]卞敦：字仲仁，本書卷七〇有傳。　盱眙：縣名，治所在今江蘇省盱眙縣東北。

[6]監軍：官名，軍隊出征所置官員，掌監視將帥，權勢頗重。四品。監，殿本作“將”。

[7]陳眕：潁川（今河南省許昌市東）人，歷任右衛將軍、左衛將軍，附賈謐，與石崇、歐陽建、潘岳等爲“二十四友”。　都督幽平二州諸軍事：上述二州最高軍事行政長官。

[8]京師大水：中華本校勘記：“《五行志》上、《宋書·五行志》四作‘丹陽、宣城、吴興、壽春大水’。”

[9]寧州：治所在滇池縣（今雲南省昆明市晋寧區晋城鎮）。

[10]刺史王遜：字邵伯，本書卷八一有傳。　堂狼：縣名，治所在今雲南省巧家縣東境。

[11]交州：又稱交阯，公元前2世紀初南越王趙佗置，後屬西漢。東漢改爲交州，治所在番禺縣（今廣東省廣州市），三國時移治龍編縣（今越南社會主義共和國河北省仙游縣東）。

[12]庾氏：名文君，本書卷三二有傳。

[13]陳安：十六國時劉曜部下，後叛劉曜，襲汧城，士馬雄盛，衆十餘萬，自稱使持節、大都督、假黄鉞、大將軍、雍凉秦梁四州牧、凉王。後爲劉曜征討，被殺於隴城。安善於撫接，吉凶夷險與衆同之，及其死，隴上歌之曰：“隴上壯士有陳安，軀幹雖小腹中寬，愛養將士同心肝。騙驄父馬鐵瑕鞍，七尺大刀奮如湍，丈八蛇矛左右盤，十盪十决無當前。戰始三交失蛇矛，棄我騙驄竄巖幽，爲我外援而懸頭。西流之水東流河，一去不還奈子何！”　隴城：縣名，治所在今甘肅省張家川回族自治縣内。

[14]征東大將軍：官名，三國魏文帝黄初三年（222）置，職

掌與征東將軍同，但位在其上，多統兵出鎮方面，都督數州軍事。不常置。二品，開府位從公者一品。原本、宋本無“大”字，殿本有，據殿本補。　都督揚州江西諸軍事：揚州之江西地區的最高軍政長官。

[15]軍國饑乏：國，殿本作“事”。

二年春正月丁丑，帝臨朝，停饗宴之禮，懸而不樂。庚辰，赦五歲刑以下。術人李脱造妖書惑衆，[1]斬于建康市。石勒將石季龍寇兖州，刺史劉遐自彭城退保泗口。[2]三月，劉曜將康平寇魏興，[3]及南陽。[4]夏五月，王敦矯詔拜其子應爲武衛將軍，[5]兄含爲驃騎大將軍。[6]帝所親信常從督公乘雄、冉曾並爲敦所害。[7]六月，敦將舉兵内向，帝密知之，乃乘巴滇駿馬微行，至于湖，陰察敦營壘而出。有軍士疑帝非常人。又敦正晝寢，夢日環其城，驚起曰：[8]“此必黄鬚鮮卑奴來也。”帝母荀氏，燕代人，帝狀類外氏，鬚黄，敦故謂帝云。[9]於是使五騎物色追帝。帝亦馳去，馬有遺糞，輒以水灌之。見逆旅賣食嫗，[10]以七寶鞭與之，曰：“後有騎來，可以此示也。”俄而追者至，問嫗。嫗曰：“去已遠矣。”因以鞭示之。五騎傳玩，稽留遂久。又見馬糞冷，以爲信遠而止不追。帝僅而獲免。丁卯，加司徒王導大都督、假節，[11]領揚州刺史，以丹楊尹温嶠爲中壘將軍，[12]與右將軍卞敦守石頭，以光禄勛應詹爲護軍將軍、假節、督朱雀橋南諸軍事，[13]以尚書令郗鑒行衛將軍、都督從駕諸軍事，[14]以中書監庾亮領左衛將軍，[15]以尚書卞壼行中軍將軍。[16]徵平北將軍、徐州刺史王邃，平西將軍、豫州刺史祖約，北中郎將、兖州刺史劉遐，[17]奮武將軍、臨淮太守蘇峻，[18]奮威將軍、廣陵太守陶瞻等還衛京師。[19]帝次于中堂。秋七月壬申朔，敦遣其兄含及錢鳳、周撫、鄧岳等水陸五萬，[20]至于南岸。温嶠移屯水北，燒朱雀桁，以挫其鋒。帝躬率六軍，出次南皇堂。[21]至癸酉夜，募壯士，遣將軍段秀、中軍司馬曹渾、左衛參軍陳嵩、鍾寅等甲卒千人渡水，[22]掩其未畢。[23]平旦，[24]戰於越城，大破之，斬其前鋒將何康。王敦憤惋而死。前宗正虞潭起義師於會稽。[25]沈充帥萬餘人來會含等，庚辰，築壘于陵口。[26]丁亥，劉遐、蘇峻等帥精卒萬人以至，帝夜見，勞之，賜將士各有差。義興人周蹇殺敦所署太守劉芳，[27]平西將軍祖約逐敦所署淮南太守任臺于壽春。乙未，賊衆濟水，護軍將軍應詹帥建威將軍趙胤等距戰，不利。賊至宣陽門，[28]北中郎將劉遐、蘇峻等自南塘横擊，[29]大破之。劉遐又破沈充于青溪。[30]丙申，賊燒營宵遁。丁酉，帝還宫，大赦，惟敦黨不原。於是分遣諸將追其黨與，悉平之。封司徒王導爲始興郡公，邑三千户，賜絹九千匹；丹楊尹温嶠建寧縣公，尚書卞壼建興縣公，中書監庾亮永昌縣公，北中郎將劉遐泉陵縣公，奮武將軍蘇峻邵陵縣公，邑各一千八百户，絹各五千四百匹；尚書令郗鑒高平縣侯，[31]護軍將軍應詹觀陽縣侯，邑各千六百户，絹各四千八百匹；建威將軍趙胤湘南縣侯，右將軍卞敦益陽縣侯，邑各千六百户，絹各三千二百匹。其餘封賞各有差。冬十月，以司徒王導爲太保、領司徒，太宰、西陽王兼領太尉，應詹爲平南將軍、都督江州諸軍事、江州刺史，劉遐爲監淮北諸軍事、徐州刺史，庾亮爲護軍將軍。詔王敦群從一無所問。是時，石勒將石生屯洛陽，[32]豫州刺史祖約退保壽陽。十二月壬子，帝謁建平陵，從大祥之禮。[33]梁水太守爨亮、益州太守李遏以興古叛，[34]降于李雄。沈充故將顧颺反於武康，[35]攻燒城邑，州縣討斬之。

[1]李脱：道士，自言八百歲，號李八百。自中州至建鄴，以鬼道療病，又署人官位，時人多信事之。弟子李弘養徒灊山，云應讖當王。後爲王敦所殺。

[2]劉遐：字正長，本書卷八一有傳。　泗口：古泗水入淮河之口，位於今江蘇省淮安市淮陰區西南。

[3]魏興：郡名，東漢建安二十年（215）分漢中郡置西城郡，曹魏黄初二年（221）改名魏興，治所在西城縣（今陝西省安康市西北）。

[4]南陽：郡名，治所在宛縣（今河南省南陽市）。

[5]應：王含子，後過繼給王敦。　武衛將軍：官名，三國魏置，權任很重。四品。

[6]驃騎大將軍：官名，魏晋制度，驃騎將軍爲重號將軍，僅次於大將軍，高於諸名號將軍，本不需加“大”字。然兩晋時將軍名號越授越濫，遂又增置此號，居諸名號將軍之首。多加於權臣元老，以示尊崇。開府置僚屬，不領兵。二品，開府位從公者一品。

[7]常從督：官名，即太子常從虎賁督。掌東宫宿衛。六品。

[8]驚起：驚，原本作“篤”，宋本、殿本作“驚”，據宋本、殿本改。

[9]故謂帝云：故，原本作“於”，宋本、殿本作“故”，據宋本、殿本改。

［10］逆旅：客舍，旅館。

［11］假節：假以節杖。指大臣臨時持節出巡，爲權臣掌軍、秉政的地位象徵和政治待遇。

［12］丹楊尹：楊，殿本作“揚”。下文“丹楊尹”同。　中壘將軍：官名，三國魏置。初領中壘營兵，正始六年（245）曹芳解散中壘營後，僅作爲名號。四品。

［13］光禄勛：官名，侍從皇帝左右，掌宫廷宿衛。魏晋時爲三品官，西晋時兼掌原屬少府的一部分宫廷供御事務。三品。　應詹：字思遠，本書卷七〇有傳。　朱雀橋：又稱朱雀桁，六朝都城建康南城門朱雀門外的浮橋，横跨秦淮河上。三國吴時稱南津橋，晋改名朱雀桁。桁爲連船而成，長九十步，廣六丈。因在臺城南，又稱“南航”。秦淮河上二十四航，此爲最大，又稱“大航”。

［14］行衛將軍：兼攝衛將軍。　都督從駕諸軍事：隨從皇帝征伐軍隊的長官。

［15］中書監：官名，中書省長官之一。三國魏文帝初年分秘書置中書省，長官爲中書監、中書令。掌收納奏章，草擬詔令。平常不分高下，入朝時監略高於令。三品。　左衛將軍：官名，三國魏咸熙二年（265），司馬炎即晋王位，分中衛將軍爲左、右衛將軍。掌佽飛虎賁及前驅、由基、强弩三部司馬，屬下還有虎賁、羽林、上騎、異力、命中共五部督，負責宫禁侍衛。西晋屬中軍將軍，後屬領軍將軍。爲禁衛軍主要統帥之一，權任很重。四品。

［16］卞壼：字望之，本書卷七〇有傳。　中軍將軍：官名，西晋時統左右衛、前後左右驍騎等宿衛七營禁軍，主管京師及朝廷警衛。泰始四年（268）罷，置北軍中候代其職。後爲將軍名號，與鎮軍將軍、撫軍將軍並爲三名號將軍，不統禁兵。三品。

［17］北中郎將：官名，與東、西、南中郎將並稱四中郎將，統兵征戰，權職甚重。四品。

［18］奮武將軍：官名，雜號將軍，地位較高。四品。　臨淮：封國名，治所在盱眙縣（今江蘇省盱眙縣東北）。　蘇峻：字子高，

本書卷一〇〇有傳。

［19］京師：《公羊傳·桓公九年》云："京師者何？天子之居也。京者何？大也。師者何？衆也。天子之居，必以'衆''大'之辭言之。"後以皇帝所居之都名爲京師。

［20］錢鳳：字世儀，王敦鎧曹參軍。知王敦有不臣之心，因進邪説，遂相朋構，專弄威權，言成禍福。　鄧岳：即鄧嶽，字伯山，本書卷八一有傳。

［21］南皇堂：又稱中堂。《江南通志》卷三〇《輿地志·江寧府》載："中堂在上元縣古都城宣陽門外，或謂之南皇堂。六朝時建康有警，多以親貴出頓中堂。"

［22］中軍司馬：官名，中軍將軍的佐官，將軍府的高級幕僚，掌參讚軍務、管理府内武職，位僅次於長史。七品。　左衛參軍：官名，左衛將軍的佐官，掌參謀軍事。

［23］掩其未畢：畢，殿本作"備"。

［24］平旦：清晨。

［25］宗正：官名，又稱宗正卿、大宗正。掌皇族事務。曹魏時多以皇族擔任，兩晋有時兼以外姓。三品。　會稽：郡名，治所在山陰縣（今浙江省紹興市）。

［26］陵口：陵口城，位於今安徽省當塗縣東北長江南岸。

［27］義興：郡名，治所在陽羨縣（今江蘇省宜興市）。

［28］宣陽門：南朝都城建康南面正門，約在今南京市中山路以南的淮海路一帶。又稱白門。

［29］南塘：地名，在今江蘇省南京市西南秦淮河南岸。

［30］青溪：六朝時京師漕運要道。故道自今江蘇省南京市東北紫金山西南流，經南京市區入秦淮河。

［31］郗鑒：郗，原本、殿本作"郄"，宋本作"郗"，據宋本、本傳改。本卷下同。

［32］石生：石勒司州刺史，封河東王。鎮守關中。後被石虎攻打，逃亡鷄頭山，被部下殺死。

[33]大祥：喪禮禮儀。古時父母喪後守孝三年，實則二十七月。二十五月時舉行大祥之祭。

[34]梁水：郡名，治所在梁水縣（今雲南省開遠縣内）。水，殿本作“州”。 益州：郡名，治所在滇池縣（今雲南省昆明市晋寧區東北晋城鎮）。 興古：郡名，三國蜀治所在宛温縣，晋武帝時先治勝休縣（今雲南省玉溪市江川區），後治律高縣（今雲南省彌勒市竹園鎮），東晋復治宛温縣（今雲南省硯山縣維摩彝族鄉附近）。

[35]武康：縣名，治所在今浙江省德清縣千秋村。

三年春二月戊辰，[1]復三族刑，[2]惟不及婦人。三月，幽州刺史段末波卒，以弟牙嗣。戊辰，立皇子衍爲皇太子，[3]大赦，增文武位二等，大酺三日，賜鰥寡孤獨帛，人二匹。癸巳，徵處士臨海任旭、會稽虞喜並爲博士。[4]夏四月，詔曰：“大事初定，其命惟新。[5]其令太宰司徒已下，詣都坐參議政道，諸所因革，務盡事中。”又詔曰：“湌直言，[6]引亮正，想群賢達吾此懷矣。予違汝弼，[7]堯舜之相君臣也。吾雖虚暗，庶不距逆耳之談。稷契之任，君居之矣。望共勖之。”己亥，雨雹。石勒將石良寇兖州，刺史檀贇力戰，死之。[8]將軍李矩等並衆潰而歸，石勒盡陷司、兖、豫三州之地。五月，以征南大將軍陶侃爲征西大將軍、都督荆湘雍梁四州諸軍事、荆州刺史，[9]王舒爲安南將軍、都督廣州諸軍事、廣州刺史。[10]六月，石勒將石季龍攻劉曜將劉岳於新安，[11]陷之。以廣州刺史王舒爲都督湘州諸軍事、湘州刺史，湘州刺史劉顗爲平越中郎將、都督廣州諸軍事、廣州刺史。[12]大旱，自正月不雨，至于是月。秋七月辛未，以尚書令郗鑒爲車騎將軍、都督青兗二州諸軍事、假節，[13]鎮廣陵，領軍將軍卞壼爲尚書令。詔曰："三恪二王，[14]世代之所重；興滅繼絶，政道之所先。又宗室哲王有功勛於大晋受命之際者，佐命功臣，碩德名賢，三祖所與共維大業，咸開國胙土、誓同山河者，[15]而並廢絶，禋祀不傳，[16]甚用懷傷。主者其詳議諸應立後者以聞。"又詔曰："郊祀天地，帝王之重事。自中興以來，惟南郊，未曾北郊，四時五郊之禮都不復設，五岳、四瀆、名山、大川載在祀典應望秩者，[17]悉廢而未舉。主者其依舊詳處。"八月，詔曰："昔周武克殷，封比干之墓；[18]漢祖過趙，録樂毅之後，[19]追顯既往，以勸將來也。[20]吴時將相名賢之胄，有能纂修家訓，又忠孝仁義，静己守真，不聞於時者，州郡中正亟以名聞，勿有所遺。"閏月，以尚書左僕射荀崧爲光禄大夫、録尚書事，[21]尚書鄧攸爲尚書左僕射。[22]壬午，帝不悆羊茹切，[23]召太宰、西陽王羕，司徒王導，尚書令卞壼，車騎將軍郗鑒，護軍將軍庾亮，領軍將軍陸曄，[24]丹楊尹温嶠並受遺詔，輔太子。丁亥，詔曰："自古有死，賢聖所同，壽夭窮達，歸於一概，[25]亦何足特痛哉！朕枕疾已久，常慮忽然。仰惟祖宗洪基，不能克終堂構，[26]大耻未雪，百姓塗炭，所以有慨耳。不幸之日，斂以時服，一遵先度，務從簡約，勞衆崇飾，皆勿爲也。衍以幼弱，猥當大重，當賴忠賢，訓而成之。昔周公匡輔成王，霍氏擁育孝昭，[27]義存前典，功冠二代，豈非宗臣之道乎？凡此公卿，時之望也。敬聽顧命，[28]任託付之重，同心斷金，以謀王室。諸方岳征鎮，刺史將守，皆朕扞城，[29]推轂於外，[30]雖事有内外，其致一也。故不有行者，誰扞牧圉？[31]譬若脣齒，[32]表裏相資。[33]宜戮力一心，若合符契，思美焉之美，以緝事爲期。[34]百辟卿士，[35]其總己以聽於冢宰，保祐冲幼，弘濟艱難，永令祖宗之靈，寧於九天之上，則朕没于地下，無恨黄泉。”戊子，帝崩于東堂，年二十七，[36]葬武平陵，廟號肅祖。帝聰明有機斷，尤精物理。[37]于時兵凶歲饑，死疫過半，虚弊既甚，事極艱虞。屬王敦挾震主之威，將移神器。帝崎嶇遵養，以弱制强，潛謀獨斷，廓清大祲音侵。[38]改授荆湘等四州，以分上流之勢，撥亂反正，强本弱枝。雖饗國日淺，[39]而規模弘遠矣。

[1]二月戊辰：中華本校勘記：“二月丁酉朔，無戊辰。《御覽》九八引作‘戊戌’，《建康實録》六作‘戊午’，此二日均在二月。”

[2]三族刑：一人犯法誅殺三族。《史記》卷五《秦本紀》：“法初有三族之罪。”裴駰集解引張晏曰：“父母、兄弟、妻子也。”

[3]衍：司馬衍，字世根，本書卷七有紀。

[4]處士：閑居不仕之人。　臨海：郡名，三國吴置，治所在臨海縣（今浙江省臨海市），尋移置章安縣（今浙江省臨海市東南）。　虞喜：字仲寧，本書卷九一有傳。　博士：學官，國子博士、太學博士或太常博士泛稱，教授儒學。六品。

[5]其命惟新：惟，殿本作“維”。

[6]飡直言：飡，餐。以直言爲餐，即納直言。

[7]予違汝弼：《尚書·益稷》：“予違汝弼，汝無面從，退有後言。”孔安國傳：“我違道，汝當以義輔正我。”即我有過失，你應

匡正。

[8]石勒將石良寇兗州，刺史檀贇力戰，死之：中華本校勘記："周校：《石勒載記》'石良'作'石瞻'。按：《通鑑》九三從《載記》。'檀贇'，《載記》、《通鑑》九三均作'檀斌'。"

[9]征西大將軍：官名，屬將軍名號，多授予統兵出鎮在外，都督數州諸軍事者。位在征西將軍之上。二品，開府位從公者一品。　都督荆湘雍梁四州諸軍事：上述四州最高軍事行政長官。

[10]王舒：字處明，本書卷七六有傳。　都督廣州諸軍事：廣州地區最高軍事行政長官。

[11]新安：縣名，治所在今河南省澠池縣東。

[12]平越中郎將：官名，主管南越事務，設府置僚佐，治廣州，多兼任廣州刺史。

[13]都督青兗二州諸軍事：上述二州最高軍事行政長官。

[14]三恪：周朝新立，封前代三王朝的子孫，給以王侯名號，稱三恪，以示敬重。後世帝王亦多承三恪之制。

[15]開國胙土：胙，殿本作"祚"。

[16]禋祀：祭祀。此指宗族祭祀。

[17]五岳：史書有多種記載。有的爲東岳泰山、南岳衡山、西岳華山、北岳恒山、中岳嵩山。有的爲東岳泰山、南岳霍山、西岳華山、北岳恒山、中岳嵩山。有的爲泰山、衡山、華山、岳山、恒山。　四瀆：長江、黄河、淮河、濟水的合稱。　望秩：按等級望祭山川。

[18]周武克殷，封比干之墓：比干，商紂之諸父，又稱王子比干、干叔。因直言勸諫商紂被殺，並被剖心。《史記》卷三《殷本紀》："釋箕子之囚，封比干之墓，表商容之閭。"

[19]漢祖過趙，録樂毅之後：《史記》卷八〇《樂毅列傳》："高帝過趙，問：'樂毅有後世乎？'對曰：'有樂叔。'高帝封之樂鄉，號曰華成君。華成君，樂毅之孫也。"祖，殿本作"高"。

[20]勸：勉勵。

[21]光禄大夫：官名，三公等大臣告老回家即拜此職，或作爲在朝顯職的加官。三品，開府位從公者一品。

[22]鄧攸：字伯道，本書卷九〇有傳。

[23]不悆：病重不起。帝王病重的諱稱。悆，殿本作“豫”。

[24]領軍將軍：官名，三國曹丕置，職掌同於中領軍，但任職者資位重於中領軍，簡稱領軍。爲禁衛軍最高統帥，常由皇帝親信或宗室擔任。兩晋沿置。三品。　陸曄：字士光，本書卷七七有傳。

[25]歸於一概：概，原本、宋本作“既”，殿本作“概”，據殿本改。

[26]克終堂構：《尚書·大誥》：“若考作室，既底法，厥子乃弗肯堂，矧肯構。”孔安國傳：“以作室喻治政也。父已致法，子乃不肯爲堂基，况肯構立屋乎？”意謂父親要蓋房子，並已確定房子的蓋法，而兒子却不肯去築堂基，蓋房子。此爲能够完成祖先的遺業之意。

[27]霍氏擁育孝昭：西漢霍光爲武帝所親信，武帝臨終，任其爲大司馬大將軍，封博陸侯，與金日磾等人輔佐少主。昭帝繼位後，誅除上官桀，先立後廢昌邑王劉賀，專擅朝政前後長達二十年。期間輕徭薄賦，與民休息，社會較安定。

[28]敬聽顧命：敬聽，宋本作“又以”。

[29]皆朕扞城：宋本作“失其二城”。

[30]推轂：古代帝王任命將帥時的隆重禮儀。

[31]扞牧圉：《左傳·僖公二十八年》：“不有居者，誰守社稷？不有行者，誰扞牧圉？”杜預注：“牛曰牧，馬曰圉。”此指保護播遷中的君王車駕。

[32]譬若唇齒：宋本作“太宰司徒”。

[33]相資：資，原本作“圉”，宋本、殿本作“資”，據宋本、殿本改。

[34]緝事：整理朝廷事務。

[35]百辟：百官。

[36]年二十七：萬久富先生認爲，“二十七”爲“三十七”之訛。《元帝紀》：“建興初，拜東中郎將，鎮廣陵。元帝爲晋王，立爲晋王太子，及帝即尊號，立爲皇太子。”考，自愍帝建興元年（313）至明帝太寧四年（326），歷十七年。若作“二十七”，那麽明帝鎮廣陵時竟然衹有十歲，未弱冠，似不可能。張敦頤《六朝事迹編類》正作“三十七”，二系三之形訛無疑。（參見萬久富《〈晋書〉點校劄記》，《南通師範學院學報》1999年第3期）

[37]物理：事理。

[38]大祲：嚴重歉收，大饑荒。《穀梁傳·襄公二十四年》：“五穀不升謂之大侵。”范寧注：“侵，傷。”楊士勛疏：“大侵者，大饑之異名。”

[39]饗國日淺：饗，殿本作“享”。

史臣曰：維揚作宇，[1]憑帶洪流，[2]楚江恒戰，方城對敵，不得不推誠將相，以總戎麾。樓船萬計，兵倍王室，處其利而無心者，周公其人也。威權外假，嫌隙内興，彼有順流之師，此無强藩之援。商逢九亂，[3]堯止八音，[4]明皇負圖，[5]屬在兹日。運龍韜於掌握，[6]起天旆於江靡，[7]燎其餘燼，有若秋原。去縗絰而踐戎場，[8]斬鯨鯢而拜園闕。[9]鎮削威權，州分江漢，覆車不踐，貽厥孫謀。其後七十餘年，終罹敬道之害。[10]或曰：“興亡在運，[11]非止上流”，豈創制不殊，而弘之者異也。

[1]維揚作宇：以揚州做存身之地。維揚，揚州。

[2]憑帶洪流：憑藉長江護衛。

[3]商逢九亂：《史記》卷三《殷本紀》：“自中丁以來，廢適

而更立諸弟子，弟子或争相代立，比九世亂，於是諸侯莫朝。”

[4]堯止八音：止，椎名。《爾雅·釋樂》：“所以鼓柷謂之止。”郭璞注：“柷如漆桶，方二尺四寸，深一尺八寸，中有椎柄連底挏之，令左右擊。止者，其椎名。”此句意爲堯用簡單的器具奏出和諧的音樂。八音，指八音和諧。

[5]明皇負圖：《春秋運斗樞》：“舜與三公諸侯臨觀於河，黄龍五采負圖出置舜前。”

[6]龍韜：太公望兵法《六韜》之一。泛指兵法、戰略。

[7]起天旆於江靡：在江邊豎起天子大旗。

[8]縗絰：指喪服。縗，用麻布條披於胸前。服三年之喪者用之。《左傳·襄公十七年》：“齊晏桓子卒，晏嬰粗縗斬。”杜預注：“縗在胸前。”孔穎達疏：“衰（縗）用布爲之，廣四寸，長六寸，當心。”絰，古代喪服所用的麻帶。札在頭上的稱首絰，纏在腰間的稱腰絰。《儀禮·喪服》：“喪服，斬衰裳，苴絰、杖、絞帶。”鄭玄注：“麻在首在要皆曰絰。”縗，殿本作“衰”。

[9]鯨鯢：比喻凶惡的敵人。《左傳·宣公十二年》：“古者明王伐不敬，取其鯨鯢而封之，以爲大戮。”杜預注：“鯨鯢，大魚名，以喻不義之人吞食小國。”

[10]罹敬道之害：遭遇桓玄之亂的禍害。敬道，桓玄字，本書卷九九有傳。

[11]興亡在運：在，殿本作“存”。

贊曰：傾天起害，猛獸呈灾。琅邪之子，仁義歸來。龔行趙璧，[1]命箠主蘂切荆臺。[2]雲瞻北晦，[3]江望南開。[4]晋陽禦敵，[5]河西全壤。胡寇雖艱，靈心弗爽。[6]三方馳騖，百蠻從響。[7]竇命還昌，金輝載朗。明后岐嶷，軍書接要。莽首晨懸，[8]董臍昏燎。[9]厥德不回，餘風可劭。

［1］龔行趙璧：意爲奉行恢復晉朝完整江山的使命。

［2］命篚荆臺：指平定王敦之亂。荆臺指王敦，因其鎮守荆州，故名。

［3］雲瞻北晦：看北方烏雲晦暗，指北方戰亂。

［4］江望南開：望江南雲開日出。

［5］晋陽禦敵：指并州刺史劉琨在晋陽抗擊前趙、後趙軍。

［6］靈心弗爽：神靈的意志不會有錯。

［7］百蠻：蠻，原本作"變"，宋本作"变"，殿本作"蠻"，據殿本改。

［8］莽首晨懸：指西漢末王莽被義軍殺死。《漢書》卷九九《王莽傳下》："傳莽首詣更始，縣宛市，百姓共提擊之，或切食其舌。"

［9］董臍昏燎：指東漢末董卓被吕布殺死。《三國志》卷六《魏書·董卓傳》注引《英雄記》：董卓被殺後，"暴卓尸于市。卓素肥，膏流浸地，草爲之丹。守尸吏暝以爲大炷，置卓臍中以爲燈，光明達旦，如是積日"。

晋書　卷七

帝紀第七

成帝　康帝

成帝

成皇帝諱衍，字世根，明帝長子也。太寧三年三月戊辰，立爲皇太子。閏月戊子，明帝崩。己丑，太子即皇帝位，大赦，增文武位二等，賜鰥寡孤老帛，人二匹，尊皇后庾氏爲皇太后。[1]秋九月癸卯，[2]皇太后臨朝稱制。司徒王導録尚書事，[3]與中書令庾亮參輔朝政。[4]以撫軍將軍、南頓王宗爲驃騎將軍，[5]領軍將軍、汝南王祐爲衛將軍。[6]辛丑，葬明帝于武平陵。冬十一月癸巳朔，日有蝕之。廣陵相曹渾有罪，[7]下獄死。

[1]庾氏：明帝皇后，名文君，本書卷三二有傳。

[2]秋九月癸卯：中華本校勘記："《舉正》：'癸卯'誤書'辛丑'前。按：九月癸巳朔，癸卯爲十一日，辛丑爲初九。"

[3]司徒：官名，西漢哀帝元壽二年（前1）改丞相爲大司徒，

東漢光武帝時改名爲司徒，東漢末又改爲丞相。三國魏恢復三公制，改丞相爲司徒，管理民政。兩晋沿制，爲八公之一，在太尉之下、司空之上。與丞相通職，一般不並置，爲名譽宰相。一品。　王導：字茂弘，本書卷六五有傳。　録尚書事：官名，初爲職銜名，重臣加此名義始得總知國事，綜理政務，成爲真宰相。魏晋多以公卿權重者居之，總領尚書省政務，凡重號將軍、刺史皆得命曹授用，位在三公之上。

[4]中書令：官名，掌收納尚書奏事，傳達皇帝詔旨。三國魏文帝初年分秘書置中書省，設中書監和中書令。職權甚重。三品。　庾亮：字元規，本書卷七三有傳。

[5]撫軍將軍：官名，三國蜀漢、孫吴皆置，爲加官，以示權重。晋沿置，與中軍將軍、鎮軍將軍並爲三名號將軍。三品。　驃騎將軍：官名，西漢時爲重號將軍，東漢以後，居諸名號將軍之首，僅作爲軍府名號加授大臣或重要州郡長官。二品，開府位從公者一品。

[6]領軍將軍：官名，三國曹丕置，職掌同於中領軍，但任職者資位重於中領軍，簡稱領軍。爲禁衛軍最高統帥，常由皇帝親信或宗室擔任。兩晋沿置。三品。　汝南王祐：司馬祐，字永猷，司馬亮孫，本書卷五九有傳。　衛將軍：官名，魏晋時位在名號將軍之上，多爲軍府名號，加給大臣、重要州郡長官。二品，開府位從公者一品。

[7]廣陵：郡名，三國時治所在淮陰縣（今江蘇省淮安市淮陰區甘羅城），東晋治所在廣陵縣（今江蘇省揚州市西北蜀岡上）。　相：官名，郡國相，也稱内史。五品。

咸和元年春二月丁亥，大赦，改元，大酺五日，賜鰥寡孤老米，人二斛，京師百里内復一年。夏四月，石勒遣其將石生寇汝南，[1]汝南人執内史祖濟以叛。[2]甲子，尚書左僕射鄧攸卒。[3]五月，大水。六月癸亥，使持節、散騎常侍、監淮北諸軍事、北中郎將、徐州刺史、泉陵公劉遐卒。[4]癸酉，以車騎將軍郗鑒領徐州刺史，[5]征虜將軍郭默爲北中郎將、假節、監淮北諸軍。[6]劉遐部曲將李龍、史迭奉遐子肇代遐位以距默，臨淮太守劉矯擊破之，[7]斬龍，傳首京師。秋七月癸丑，使持節、都督江州諸軍事、江州刺史、平南將軍、觀陽伯應詹卒。[8]八月，以給事中、前將軍、丹楊尹温嶠爲平南將軍、假節、都督、江州刺史。[9]九月，旱。李雄將張龍寇涪陵，[10]執太守謝俊。冬十月，封魏武帝玄孫曹勱爲陳留王，[11]以紹魏。丙寅，[12]衛將軍、汝南王祐薨。己巳，封皇弟岳爲吴王。[13]車騎將軍、南頓王宗有罪，伏誅，貶其族爲馬氏。免太宰、西陽王羕，降爲弋陽縣王。庚辰，赦百里内五歲以下刑。是月，劉曜將黄秀、帛成寇酇，[14]平北將軍魏該帥衆奔襄陽。[15]十一月壬子，大閲於南郊。[16]改定王侯國秩，九分食一。石勒將石聰攻壽陽，[17]不克，遂侵逡遒、阜陵，[18]加司徒王導大司馬、假黄鉞、都督中外征討諸軍事以禦之。[19]歷陽太守蘇峻遣其將韓晃討石聰，[20]走之。時大旱，自六月不雨，至于是月。十二月，濟岷太守劉闓殺下邳内史夏侯嘉，[21]叛降石勒。梁王翹薨。[22]

[1]石勒：字世龍，本書卷一〇四有載記。　石生：石勒司州刺史，封河東王。鎮守關中。後被石虎攻打，逃亡雞頭山，被部下殺死。　汝南：郡名，西晋治所在新息縣（今河南省息縣西南），東晋移治懸瓠城（今河南省汝南縣）。

[2]内史：官名，西晋武帝太康十年（289）改諸王國相爲内史，掌管民政。五品。周家禄《晋書校勘記》認爲："晋制，以郡爲國，内史治民事，若郡太守。國除爲郡，復稱太守。然二名往往混淆，史家亦互稱之。"

[3]尚書左僕射：官名，尚書省次官，輔助尚書令執行政務，參議大政，諫諍得失，監察糾彈百官。有時尚書省不置令，衹設左右僕射，此時左僕射居右僕射之上。三品。　鄧攸：字伯道，本書卷九〇有傳。

[4]使持節：漢朝官吏奉使外出時，或由皇帝授予節杖，以提高其權力。魏晋以後，凡重要軍事長官出征或出鎮，加使持節，可誅殺二千石以下官員。使，原本作"時"，宋本、殿本作"使"，據宋本、殿本改。　散騎常侍：官名，三國魏文帝黄初年間置，侍從皇帝左右，諫諍得失，顧問應對，與侍中等共平尚書奏事。也用作宰相、諸公等加官，入宫議政。三品。　監淮北諸軍事：淮北地區的軍事長官，地位次於都督。　北中郎將：官名，與東、西、南中郎將並稱四中郎將，統兵征戰，權職甚重。四品。　徐州：治所在彭城縣（今江蘇省徐州市）。　劉遐：字正長，本書卷八一有傳。

[5]車騎將軍：官名，魏晋南北朝時位次於驃騎將軍，在諸名號將軍之上，多作爲軍府名號，以加授大臣及重要州郡長官。二品，開府位從公者一品。　郗鑒：字道徽，本書卷六七有傳。郗，原本、宋本、殿本作"郄"，據本傳、中華本改。本卷下同。

[6]征虜將軍：征虜將軍，既是武官名，也作爲高級文職官員的加官。三品。　郭默：本書卷六三有傳。　假節：假以節杖。指大臣臨時持節出巡，爲權臣掌軍、秉政的地位象徵和政治待遇。　監淮北諸軍：即監淮北諸軍事。

[7]臨淮：郡國名，治所在盱眙縣（今江蘇省盱眙縣東北）。原本、宋本無"淮"字，殿本有，據殿本補。

[8]都督江州諸軍事：江州地區最高軍事行政長官。　平南將軍：官名，與平東、平西、平北將軍合稱四平將軍。多持節都督或

監某一地區的軍事，有時作爲刺史等地方官員監理軍務的加官。三品，加持節都督者二品。　觀陽伯：中華本校勘記：“《斠注》：《明紀》及《詹傳》並作‘觀陽縣侯’。按：《明紀》封賞諸人，應詹與郗鑒同，郗鑒爲縣侯，詹亦應爲縣侯。疑此誤。《御覽》二百引《晋中興書》作‘觀寧侯’；雖誤‘觀陽’爲‘觀寧’，然作‘侯’不作‘伯’，亦可證。”　應詹：字思遠，本書卷七〇有傳。

［9］給事中：官名，爲加官，所加爲三公、將軍、中書監令、博士、郎等。常侍從皇帝左右，諫諍糾彈，爲中朝要職。五品。　前將軍：官名，漢代重號將軍之一，與左、右、後將軍並爲上卿。魏晋時常設，權位較兩漢時漸低，僅爲武官名號，略高於一般雜號將軍，不典禁兵，不與朝政。三品。　丹楊尹：官名，東晋京城所在郡府長官，掌京城行政諸務並詔獄，亦稱“京尹”。三品。楊，殿本作“陽”。下文“丹楊”同。　温嶠：字太真，本書卷六七有傳。　都督：領兵將帥。此處爲都督江州諸軍事。　江州：治所在南昌縣（今江西省南昌市）。

［10］李雄：字仲儁，李特之子，本書卷一二一有載記。　涪陵：郡名，劉備置，治所在涪陵縣（今重慶市彭水苗族土家族自治縣），至晋移治漢復縣（今重慶市酉陽土家族苗族自治縣）。

［11］曹勱：中華本校勘記：“宋本、《類聚》五一、《册府》一七三、《御覽》二〇一引《晋中興書》及《通典》七四‘勱’並作‘勵’。”

［12］丙寅：原本作“景寅”。“景”爲“丙”的避諱字，以後本卷凡遇此避諱字均徑改，不再出注。

［13］岳：即康帝司馬岳。

［14］劉曜：字永明，劉淵族子，本書卷一〇三有載記。　酇：縣名，治所在今河南省永城市西北酇城鎮。

［15］平北將軍：官名，與平東、平西、平南將軍合稱四平將軍。多持節都督或監某一地區的軍事，有時作爲刺史等地方官員監理軍務的加官。三品，加持節都督者二品。　襄陽：郡名，東漢建

安十三年（208）置，治所在襄陽縣（今湖北省襄陽市），西晋移治宜城縣（今湖北省宜城市南）。

［16］南郊：京都南面的地區。

［17］壽陽：縣名，治所在今安徽省壽縣東南。

［18］逡遒：縣名，治所在今安徽省肥東縣東。　阜陵：縣名，治所在今安徽省全椒縣東。

［19］大司馬：官名，八公之一，位在上公之下、大將軍及三公之上，高級將帥，多爲大臣加官。一品。　假黄鉞：假以黄鉞。黄鉞即飾以黄金的斧鉞，爲皇帝儀仗。賜予出征重臣，以示威重，令其專主征伐。　都督中外征討諸軍事：指揮全國出征軍隊的最高軍事長官。

［20］歷陽：縣名，治所在今安徽省和縣。　蘇峻：字子高，本書卷一〇〇有傳。

［21］濟岷：郡名，治所在今江蘇省宿遷市北。　下邳：郡國名，治所在下邳縣（今江蘇省睢寧縣古邳鎮東）。

［22］梁王翹：司馬翹，懷王司馬禧之子。

二年春正月，寧州秀才龐遺起義兵，[1]攻李雄將任回、李謙等，[2]雄遣其將羅恒、費黑救之。寧州刺史尹奉遣裨將姚岳、朱提太守楊術援遺，[3]戰于臺登，[4]岳等敗績，術死之。三月，益州地震。[5]夏四月，旱。己未，豫章地震。[6]五月甲申朔，日有蝕之。丙戌，加豫州刺史祖約爲鎮西將軍。[7]戊子，京師大水。冬十月，劉曜使其子胤侵枹罕，[8]遂略河南地。十一月，豫州刺史祖約、歷陽太守蘇峻等反。十二月辛亥，蘇峻使其將韓晃入姑孰，[9]屠于湖。壬子，彭城王雄、章武王休叛，[10]奔峻。庚申，京師戒嚴。假護軍將軍庾亮節爲征討都督，[11]以右衛將軍趙胤爲冠軍將軍、歷陽太守，[12]使與左將軍司馬流帥師距峻，[13]戰于慈湖，[14]流敗，死之。假驍騎將軍鍾雅節，[15]帥舟軍，與趙胤爲前鋒，以距峻。丙寅，徙封琅邪王昱爲會稽王，[16]吴王岳爲琅邪王。辛未，宣城内史桓彝及峻戰于蕪湖，[17]彝軍敗績。車騎將軍郗鑒遣廣陵相劉矩帥師赴京師。

[1]寧州：治所在滇池縣（今雲南省昆明市晉寧區晉城鎮）。　秀才：察舉科目，州舉秀才，郡舉孝廉。

[2]任回：回，原本、宋本作“佪”，殿本作“回”，據殿本、中華本校勘記改。

[3]裨將：副將。　朱提：郡名，治所在朱提縣（今雲南省昭通市）。

[4]臺登：縣名，治所在今四川省冕寧縣南。

[5]益州：治所在成都縣（今四川省成都市）。

[6]豫章：郡名，治所在南昌縣（今江西省南昌市）。

[7]豫州：治所在陳縣（今河南省周口市淮陽區）。　祖約：字士少，祖逖同母弟。本書卷一〇〇有傳。　鎮西將軍：官名，與鎮東、鎮南、鎮北將軍合稱四鎮將軍。多爲持節都督，出鎮方面。曹魏二品。晋改三品，加持節都督者二品。

[8]枹罕：縣名，治所在今甘肅省臨夏縣西南。

[9]姑孰：即姑孰口，姑孰溪入長江之口，位於今安徽省當塗縣西北。

[10]彭城王雄：司馬雄，司馬釋之子，司馬權之孫。　章武王休：司馬休，司馬滔之子，司馬混之孫。

[11]護軍將軍：官名，東漢建安十二年（207）曹操改丞相府護軍爲中護軍，資重者可遷護軍將軍，典武官選舉，與中領軍同掌禁軍。曹魏時四品，西晋時三品。　征討都督：即都督征討諸

軍事。

[12]右衛將軍：官名，三國魏咸熙二年（265），司馬炎即晋王位，分中衛將軍爲左、右衛將軍。掌佽飛虎賁及前驅、由基、强弩三部司馬，屬下還有虎賁、羽林、上騎、異力、命中共五部督，負責宫禁侍衛。西晋屬中軍將軍，後屬領軍將軍。爲禁衛軍主要統帥之一，權任很重。四品。　趙胤：東晋時歷任建威將軍、右衛將軍、冠軍將軍、歷陽太守、護軍將軍等職。　冠軍將軍：官名，曹魏、孫吴、西晋皆置。西晋時領營兵。三品。

[13]左將軍司馬：官名，左將軍府的高級幕僚。參讚軍務、管理府内武職，位次於長史。七品。

[14]慈湖：位於今安徽省馬鞍山市東北長江南岸。

[15]驍騎將軍：官名，三國魏爲内軍將領，統營兵。兩晋與領軍、護軍、左右衛、游擊諸將軍合稱六軍，擔當宿衛之任，是護衛宫廷的主要將領。四品。　鍾雅：字彦胄，本書卷七〇有傳。

[16]琅邪王昱：司馬昱，字道萬，本書卷九有紀。

[17]宣城：郡名，治所在宛陵縣（今安徽省宣城市）。　桓彝：字茂倫，本書卷七四有傳。　蕪湖：縣名，治所在今安徽省蕪湖市東。

三年春正月，平南將軍温嶠帥師救京師，次于尋陽，[1]遣督護王愆期、西陽太守鄧嶽、鄱陽太守紀睦爲前鋒。[2]征西大將軍陶侃遣督護龔登受嶠節度。[3]鍾雅、趙胤等次慈湖，王愆期、鄧嶽等次直瀆。[4]丁未，峻濟自横江，[5]登牛渚。[6]二月庚戌，峻至于蔣山。[7]假領軍將軍卞壼節，[8]帥六軍，及峻戰于西陵，[9]王師敗績。丙辰，峻攻青溪栅，[10]因風縱火，王師又大敗。尚書令、領軍將軍卞壼，[11]丹楊尹羊曼，[12]黄門侍郎周導，[13]廬江太守陶瞻並遇害，[14]死者數千人。庾亮又敗于宣陽門內，[15]遂携其諸弟與郭默、趙胤奔尋陽。於是司徒王導、右光禄大夫陸曄、荀崧等衛帝於太極殿，[16]太常孔愉守宗廟。[17]賊乘勝麾戈接於帝座，突入太后後宫，左右侍人皆見掠奪。是時太官唯有燒餘米數石，以供御膳。百姓號泣，響震都邑。丁巳，峻矯詔大赦，又以祖約爲侍中、太尉、尚書令，自爲驃騎將軍、録尚書事。[18]吴郡太守庾冰奔于會稽。[19]三月丙子，[20]皇太后庾氏崩。夏四月，石勒攻宛，南陽太守王國叛，[21]降于勒。壬申，葬明穆皇后于武平陵。五月乙未，峻逼遷天子于石頭，[22]帝哀泣升車，[23]宫中慟哭。峻以倉屋爲宫，遣管商、張瑾、弘徽寇晋陵，[24]韓晃寇義興。[25]吴興太守虞潭與庾冰、王舒等起義兵于三吴。[26]丙午，征西大將軍陶侃、平南將軍温嶠、護軍將軍庾亮、平北將軍魏該舟軍四萬，次于蔡州。[27]六月，韓晃攻宣城，内史桓彝力戰，死之。壬辰，平北將軍、雍州刺史魏該卒于師。[28]廬江太守毛寶攻賊合肥戍，[29]拔之。秋七月，祖約爲石勒將石聰所攻，衆潰，奔于歷陽。石勒將石季龍攻劉曜於蒲坂。[30]八月，曜及石季龍戰于高候，[31]季龍敗績，曜遂圍石生於洛陽。九月戊申，司徒王導奔于白石。[32]庚午，陶侃使督護楊謙攻峻于石頭。温嶠、庾亮陣于白石，竟陵太守李陽距賊南偏。[33]峻輕騎出戰，墜馬，斬之，衆遂大潰。賊黨復立峻弟逸爲帥。前交州刺史張璉據始興反，[34]進攻廣州，[35]鎮南司馬曾勰等擊破之。[36]冬十月，李雄將張龍寇涪陵，太守趙弼没於賊。

十二月乙未，石勒敗劉曜於洛陽，獲之。是歲，石勒將石季龍攻氐帥蒲洪於隴山，[37]降之。

[1]尋陽：縣名，治所在今湖北省黄梅縣西南。

[2]督護：官名，州郡及出鎮方面將軍府皆設，掌兵事。兩晋時常統軍征伐，衹督一軍。　王愆期：東晋人，歷任都護、南郡太守、陶侃右司馬。　西陽：郡名，治所在西陽縣（今湖北黄岡市東）。　鄧嶽：字伯山，本書卷八一有傳。　鄱陽：郡名，治所在廣晋縣（今江西省鄱陽縣東北）。

[3]征西大將軍：官名，屬將軍名號，多授予統兵出鎮在外，都督數州諸軍事者。位在征西將軍之上。二品，開府位從公者一品。　陶侃：字士行，本書卷六六有傳。

[4]直瀆：三國吴鑿，位於今江蘇省南京市城東北，下接竹篠港流入長江。

[5]横江：今安徽省和縣與馬鞍山市之間的長江。

[6]牛渚：地名，在今安徽省馬鞍山市西長江南岸采石磯。

[7]蔣山：今江蘇省南京市中山門外鐘山。

[8]卞壼：字望之，本書卷七〇有傳。

[9]西陵：地名，在今江蘇省南京市南。

[10]青溪：六朝時京師漕運要道。故道自今江蘇省南京市東北紫金山西南流，經南京市區入秦淮河。

[11]尚書令：官名，秦漢時爲尚書署長官。秩位雖低，權力甚重。魏晋時沿置，爲尚書省長官，綜理全國政務，參議大政，爲高級政務長官。三品。

[12]羊曼：字祖延，本書卷四九有傳。

[13]黄門侍郎：官名，魏晋時爲侍中省或門下省次官。侍從皇帝，顧問應對，多以重臣或外戚子弟擔任，位頗重要。五品。

[14]廬江：郡名，三國魏、吴於境内各置廬江郡，魏治六安縣

（今安徽省六安市北），吴治皖縣（今安徽省潜山市）。西晋合爲一，治舒縣（今安徽省廬江縣西南）。　陶瞻：字道真，本書卷六六有傳。

[15]宣陽門：六朝時都城建康的南面正門，約位於今南京市中山路以南的淮海路一帶。又稱白門。

[16]右光禄大夫：官名，齊王曹芳正始元年（240）在光禄大夫上增置左、右，位在光禄大夫上。在朝顯職的加官，或授予年老有病致仕者，或授予死者。西晋時禄賜與特進同。二品，開府位從公者一品。　陸曄：字士光，本書卷七七有傳。　荀崧：字景猷，本書卷七五有傳。　太極殿：《景定建康志》卷二一《城闕志·古宫殿》："建康宫内正殿，晋初造以十二間，象十二月。"

[17]太常：官名，漢代稱奉常，本掌禮樂宗廟、社稷祭祀，魏晋時此職掌歸尚書裁定，太常成爲閑職。三品。　孔愉：字敬康，本書卷七八有傳。

[18]侍中：官名，東漢建安中與給事黄門侍郎出入禁中，省尚書事。曹魏時爲門下之侍中省長官。常侍衛皇帝左右，掌顧問應對、諫諍糾察、平議奏事、駁奏異議等，權力甚重。三品。　太尉：官名，曹操爲丞相後，太尉府屬官歸相府，晋時太尉雖爲八公之一、三公之首，實爲名譽宰相，多爲大臣加官。一品。

[19]吴郡：治所在吴縣（今江蘇省蘇州市）。　庾冰：字季堅，本書卷七三有傳。　會稽：郡名，治所在山陰縣（今浙江省紹興市）。

[20]三月丙子：三月己卯朔，月内無丙子。

[21]南陽：郡名，治所在宛縣（今河南省南陽市）。

[22]石頭：石頭城，故址在今江蘇省南京市清凉山。

[23]帝哀泣升車：泣升車，宋本作"爲諸軍"。

[24]張瑾：中華本校勘記："周校：《蘇峻傳》《王舒傳》俱作'張健'。按：《郗鑒傳》、《通鑑》九四亦作'張健'。"　晋陵：縣名，治所在今江蘇省常州市。

[25]義興：郡名，治所在陽羨縣（今江蘇省宜興市）。

[26]吴興：郡名，治所在烏程縣（今浙江省湖州市南）。　虞潭：字思奥，本書卷七六有傳。　王舒：字處明，本書卷七六有傳。　三吴：地區名，一説指吴、吴興、會稽三郡；一説指吴、吴興、丹楊三郡；一説指吴、吴興、義興三郡。

[27]蔡州：位於今江蘇省南京市西南原長江中，現已併入南岸陸地。州，殿本作“洲”。

[28]雍州：此爲東晋僑治州，治所在襄陽縣（今湖北省襄陽市）。

[29]毛寶：字碩真，本書卷八一有傳。　合肥：縣名，治所在今安徽省合肥市西。

[30]蒲坂：縣名，治所在今山西省永濟市西南蒲州鎮。

[31]高候：地名，即高候原，在今山西省聞喜縣北。

[32]白石：即白石陂，又名蘇峻湖，位於今江蘇省南京市城區西北部。

[33]竟陵：郡名，治所在石城縣（今湖北省鍾祥市）。

[34]交州：又稱交阯，公元前2世紀初南越王趙佗置，後屬西漢。東漢改爲交州，治所在番禺縣（今廣東省廣州市），三國時移治龍編縣（今越南社會主義共和國河北省仙游縣東）。　始興：郡名，治所在曲江縣（今廣東省韶關市東南蓮花嶺下）。

[35]廣州：治所在番禺縣（今廣東省廣州市）。

[36]鎮南司馬：官名，鎮南將軍府的高級幕僚。掌參讚軍務、管理府内武職，位僅次於長史。七品。

[37]氐：古代生活在西北地區的少數民族。黄烈先生《中國古代民族研究》（人民出版社1987年版）對氐人的源流有詳細考證。氐，宋本作“氏”。　蒲洪：即苻洪，字廣世，本書卷一一二有載記。　隴山：又名隴阪、隴首、隴頭、隴坻，位於今陝西省隴縣、寶鷄市與甘肅省清水縣、張家川回族自治縣之間。

四年春正月，帝在石頭，賊將匡術以苑城歸順，[1]百官赴焉。侍中鍾雅、右衛將軍劉超謀奉帝出，爲賊所害。戊辰，冠軍將軍趙胤遣將甘苗討祖約于歷陽，敗之，約奔于石勒，其將牽騰帥衆降。峻子碩攻臺城，[2]又焚太極東堂、秘閣，[3]皆盡。城中大饑，米斗萬錢。二月，大雨霖。丙戌，諸軍攻石頭。李陽與蘇逸戰於柤浦，[4]陽軍敗。建威長史滕含以鋭卒擊之，[5]逸等大敗。含奉帝御于温嶠舟，群臣頓首號泣請罪。弋陽王羕有罪，伏誅。丁亥，大赦。時兵火之後，宫闕灰燼，以建平園爲宫。[6]甲午，蘇逸以萬餘人自延陵湖將入吴興。[7]乙未，將軍王允之及逸戰于溧陽，[8]獲之。壬寅，以湘州并荆州。[9]劉曜太子毗與其大司馬劉胤帥百官奔于上邽，[10]關中大亂。[11]三月壬子，以征西大將軍陶侃爲太尉，封長沙郡公；車騎將軍郗鑒爲司空，[12]封南昌縣公；平南將軍温嶠爲驃騎將軍、開府儀同三司，[13]封始安郡公。其餘封拜各有差。庚午，以右光禄大夫陸曄爲衛將軍、開府儀同三司。復封高密王紘爲彭城王。[14]以護軍將軍庾亮爲平西將軍、都督揚州之宣城江西諸軍事、假節，[15]領豫州刺史，鎮蕪湖。夏四月乙未，驃騎將軍、始安公温嶠卒。秋七月，有星孛于西北。[16]會稽、吴興、宣城、丹楊大水。詔復遭賊郡縣租税三年。八月，劉曜將劉胤等帥衆侵石生，次于雍。九月，石勒將石季龍擊胤，斬之，進屠上邽，盡滅劉氏，坑其黨三千餘人。冬十月，廬山崩。十二月壬辰，右將軍郭默害平南將軍、江州刺史劉胤，[17]太尉陶侃帥衆討默。是歲，天裂西北。

［1］苑城：又名臺城，位於今江蘇省南京市鷄鳴山南，乾河沿北。

［2］峻子碩：《世説新語·方正》劉孝標注引《靈鬼志·謡徵》："明帝初，有謡曰：'高山崩，石自破。'高山，峻也。碩，峻弟也。"本書卷二八《五行志》："高山，峻也，又言峻尋死。石，峻弟蘇石也。"萬久富先生認爲"子"爲"弟"之形訛，然二字形差甚遠，今列於此，供參考。（參見萬久富《〈晋書〉點校劄記》，《南通師範學院學報》1999年第3期）　臺城：宫城。

［3］秘閣：尚書省的别稱。《文選·陸機〈答賈長淵詩〉》："升降秘閣，我服載暉"，李善注："謝承《後漢書》曰：'謝承父嬰，爲尚書侍郎。每讀高祖及光武之後將相名臣策文通訓，條在南宫，秘於省閣。唯臺郎升複道取急，因得開覽。'序云：入爲尚書郎作此詩。然秘閣即尚書省也。"

［4］柤浦：即查浦。位於今江蘇省南京市西清凉山南。柤，殿本作"祖"。

［5］建威長史：官名，建威將軍府幕僚之長，署理府内諸曹。七品。

［6］建平園：一名苑城。《景定建康志》卷二〇《城闕志·古城郭》："《考證實録》注，苑城即建康宫城吴之後苑地，一名建平園。"

［7］延陵湖：位於延陵縣（今江蘇省丹陽市西南延陵鎮）境内。

［8］王允之：字深猷，本書卷七六有傳。　溧陽：縣名，治所在今江蘇省溧陽市西北。

［9］湘州：治所在臨湘縣（今湖南省長沙市）。　荆州：治所在江陵縣（今湖北省江陵縣）。

［10］劉曜太子毗：中華本校勘記："李校：劉曜、石勒《載記》'毗'並作'熙'，《通鑑》九四亦作'熙'。"　上邽：縣名，治所在今甘肅省天水市。

［11］關中：地區名，函谷關以西秦國故地，包括今河南省靈寶市以西及陝西省、甘肅省東部和四川省部分地區。

［12］司空：官名，魏晋南北朝爲名譽宰相，多爲大臣加官。晋八公之一，位在三公之末。一品。

［13］開府儀同三司：官名，三國魏始置。爲大臣加號，意謂與太尉、司徒、司空三司待遇相同，許開設府署，任命僚屬。

［14］高密王紘：司馬紘，字偉德，彭城王司馬權的曾孫。本書卷三七有傳。

［15］平西將軍：官名，與平北、平南、平東將軍合稱四平將軍，權任很重，多持節都督或監某一地區的軍事，有時亦作爲刺史等地方官員兼理軍務的加官。三品，加持節都督者二品。　都督揚州之宣城江西諸軍事：揚州轄下宣城、江西兩地區最高軍事行政長官。

［16］星孛：星孛，彗星。《春秋左傳・文公十四年》："秋，七月，有星孛入於北斗。"杜預注："孛，彗也。"

［17］右將軍：官名，漢代重號將軍之一，與前、左、後將軍並爲上卿。魏晋時常設，權位漸低，僅爲武官名號，略高於一般雜號將軍。三品。

五年春正月己亥，[1]大赦。癸亥，詔除諸將任子。二月，以尚書陸玩爲尚書左僕射，[2]孔愉爲右僕射。[3]夏五月，旱，且饑疫。乙卯，太尉陶侃擒郭默于尋陽，斬之。石勒將劉徵寇南沙，[4]都尉許儒遇害，進入海虞。[5]六月癸巳，初税田，畝三升。秋八月，石勒僭即皇帝位，[6]使其將郭敬寇襄陽。[7]南中郎將周撫退歸武昌，[8]

中州流人悉降于勒。郭敬遂寇襄陽，[9]屯于樊城。[10]九月，造新宫，始繕苑城。甲辰，徙樂成王欽爲河間王，[11]封彭城王紘子俊爲高密王。[12]冬十月丁丑，幸司徒王導第，置酒大會。李雄將李壽寇巴東、建平，[13]監軍毌丘奥、太守楊謙退歸宜都。[14]十二月，張駿稱臣於石勒。[15]

[1]正月：宋本作“不以”。

[2]尚書：官名，東漢尚書臺六曹各置尚書，秩六百石。魏晋出爲朝官，分掌尚書省諸曹，品秩提高。三品。　陸玩：字士瑶，本書卷七七有傳。

[3]右僕射：官名，即尚書右僕射。尚書令副手，掌拆閲封緘奏章文書，参議政事，諫諍駁議，監察百官。三品。

[4]南沙：縣名，治所在今江蘇省常熟市西北。

[5]海虞：縣名，治所在今江蘇省常熟市。

[6]秋八月，石勒僭即皇帝位：中華本校勘記：“《御覽》一二〇引《後趙録》勒稱帝在九月，《通鑑》九四亦在九月。”

[7]郭敬：字季子，鄔（今山西省介休市東北）人，石勒微時好友，後爲其部將，任荆州刺史。

[8]南中郎將：官名，與東、西、北中郎將並稱四中郎將，統兵征戰，權職甚重。四品。　周撫：字道和，本書卷五八有傳。武昌：郡名，治所在武昌縣（今湖北省鄂州市鄂城區）。

[9]郭敬遂寇襄陽：中華本校勘記：“《商榷》：‘寇’字當作‘毁’。按：《通鑑》九四作‘敬毁襄陽城’，宜從之。”

[10]樊城：地名，在今湖北省襄陽市樊城區。

[11]樂成王欽：司馬欽，彭城王司馬釋之子，嗣樂城王司馬融。

[12]彭城王紘子俊：俊，原本、宋本、殿本作“浚”，據中華

本校勘記改。

［13］李壽：字武考，本書卷一二一有載記。　巴東：郡名，東漢建安六年（201）以固陵郡改名，治所在魚復縣（今重慶市奉節縣東）。　建平：郡名，治所在巫縣（今重慶市巫山縣）。

［14］監軍：官名，軍隊出征所置官員，掌監視將帥，權勢頗重。四品。　楊謙：原本、宋本、殿本作"陽謙"，據中華本校勘記改。　宜都：郡名，治所在夷陵縣（今湖北省宜昌市東南長江北岸）。

［15］張駿：字公庭，本書卷八六有傳。

六年春正月癸巳，劉徵復寇婁縣，[1]遂掠武進。[2]乙未，進司空郗鑒都督吴國諸軍事。[3]戊午，以運漕不繼，發王公已下千餘丁，各運米六斛。二月己丑，[4]以幽州刺史、大單于段遼爲驃騎將軍。[5]三月壬戌朔，日有蝕之。癸未，詔舉賢良直言之士。夏四月，旱。六月丙申，復故河間王顒爵位，[6]封彭城王植子融爲樂成王，[7]章武王混子珍爲章武王。[8]秋七月，李雄將李壽侵陰平，[9]武都氐帥楊難敵降之。[10]八月庚子，以左僕射陸玩爲尚書令。

［1］婁縣：治所在今江蘇省昆山市東北。

［2］武進：縣名，治所在今江蘇省丹陽市東。

［3］司空：殿本作"司徒"。　郗鑒：郗，原本、宋本、殿本作"郄"，據本傳、中華本改。

［4］二月己丑：二月壬辰朔，無己丑。

［5］幽州：治所在薊縣（今北京市西南）。　大單于：匈奴最高首領。　段遼：或作段護遼，十六國時東部鮮卑人，段末波從

弟。繼段末波弟段牙爲大單于、幽州刺史。被石虎打敗，歸附慕容皝，後因謀反事泄被殺。

[6]復：原本、宋本作“徙”，殿本作“復”，據殿本改。　河間王顒：司馬顒，字文載，本書卷五九有傳。

[7]“復故河間王”至“融爲樂成王”：中華本校勘記：“封融文已見光熙元年，此時融已死，不得再受封，‘封’字下‘彭城王植子融爲樂成王’十字蓋衍文。説詳周校。又‘復故河間王顒爵位’八字應在上年九月‘徙樂成王欽爲河間王’上，欽之徙封，即復顒爵位，而爲融之嗣也，見《河間王顒傳》。”

[8]章武王混子珍：司馬滔子，位至大宗正。

[9]陰平：郡名，治所在陰平縣（今甘肅省文縣西白龍江北岸）。

[10]武都：郡名，治所在下辯縣（今甘肅省成縣西）。　楊難敵：十六國時略陽清水（今甘肅省清水縣西北）人。左賢王楊茂搜之子。繼楊茂搜之後任左賢王，受前趙劉曜封爲武都王。後降於成漢。

七年春正月辛未，大赦。三月，西中郎將趙胤、司徒中郎匡術攻石勒馬頭塢，[1]克之。勒將韓雍寇南沙及海虞。夏四月，勒將郭敬陷襄陽。五月，大水。秋七月丙辰，詔諸養獸之屬，損費者多，一切除之。太尉陶侃遣子平西參軍斌與南中郎將桓宣攻石勒將郭敬，[2]破之，克樊城。竟陵太守李陽拔新野、襄陽，[3]因而戍之。冬十一月壬子朔，進太尉陶侃爲大將軍。[4]詔舉賢良。[5]十二月庚戌，帝遷于新宫。

[1]西中郎將：官名，東漢末所置東、南、西、北四中郎將之

一。帥師征伐或鎮守。曹魏、西晋多兼凉州刺史，東晋多兼豫州刺史。四品。

[2]平西參軍：官名，平西將軍的佐官，掌參謀軍事。　斌：陶侃子，任尚書郎。　桓宣：東晋人，本書卷八一有傳。

[3]新野：縣名，治所在今河南省新野縣。

[4]大將軍：官名，高級軍事統帥。曹魏時多以之屯駐長安，對付蜀漢，蜀漢以其爲最高軍事長官，孫吴則别置上大將軍居其上。西晋時爲八公之一，位居上公、大司馬下，三公之上。東晋時常專擅軍政事務。一品。

[5]賢良：選舉科目，始於漢代。

八年春正月辛亥朔，詔曰："昔大賊縱暴，宫室焚蕩，元惡雖翦，未暇營築。有司屢陳朝會逼狹，遂作斯宫，子來之勞，[1]不日而成。既獲臨御，大饗群后，九賓充庭，百官象物。知君子勤禮，小人盡力矣。思蠲密網，咸同斯惠，其赦五歲刑以下。"令諸郡舉力人能舉千五百斤以上者。丙寅，李雄將李壽陷寧州，刺史尹奉及建寧太守霍彪並降之。[2]癸酉，以張駿爲鎮西大將軍。[3]丙子，石勒遣使致賂，詔焚之。夏四月，詔封故新蔡王弼弟邈爲新蔡王。[4]以束帛徵處士尋陽翟湯、會稽虞喜。[5]五月，有星隕于肥鄉。[6]麒麟、騶虞見于遼東。[7]乙未，[8]車騎將軍、遼東公慕容廆卒，[9]子皝嗣位。[10]六月甲辰，撫軍將軍王舒卒。秋七月戊辰，石勒死，子弘嗣僞位，[11]其將石聰以譙來降。[12]冬十月，石弘將石生起兵於關中，稱秦州刺史，[13]遣使來降。石弘將石季龍攻石朗於洛陽，因進擊石生，俱滅之。十二月，石生故部將郭權遣使請降。

[1]子來之勞：謂民心歸附，如子女趨事父母，不召自來，竭誠效忠。《詩・大雅・靈臺》："經始靈臺，經之營之。庶民攻之，不日成之。經始勿亟，庶民子來。"

[2]建寧：郡名，治所在味縣（今雲南省曲靖市西）。

[3]鎮西大將軍：官名，三國魏置，職掌與鎮西將軍同，唯資歷深者得任此職，不常置。二品，開府位從公者一品。

[4]新蔡王弼弟邈：司馬邈，汝南王司馬祐之子，位至侍中。

[5]翟湯：字道深，本書卷九四有傳。　虞喜：字仲寧，本書卷九一有傳。

[6]肥鄉：縣名，治所在今河北省邯鄲市肥鄉區西南。

[7]騶虞：傳説中的義獸名。《詩・召南・騶虞》："彼茁者葭，壹發五豝，於嗟乎騶虞。"毛亨傳："騶虞，義獸也。白虎黑文，不食生物，有至信之德則應之。"　遼東：郡名，治所在襄平縣（今遼寧省遼陽市）。

[8]乙未：中華本校勘記："《舉正》：上文正月辛亥朔，本月無乙未。"

[9]慕容廆：字弈洛瓌，本書卷一〇八有載記。

[10]皝：慕容皝，字元真，本書卷一〇九有載記。

[11]弘：石弘，字大雅，本書卷一〇五有載記。

[12]譙：縣名，治所在今安徽省亳州市。

[13]秦州：治所在冀縣（今甘肅省甘谷縣東）。

九年春正月，隕石于涼州二。[1]以郭權爲鎮西將軍、雍州刺史。[2]二月丁卯，加鎮西大將軍張駿爲大將軍。三月丁酉，會稽地震。夏四月，石弘將石季龍使石斌攻郭權於郿，[3]陷之。六月，李雄死，其兄子班嗣僞位。[4]乙卯，太尉、長沙公陶侃薨。大旱，詔太官徹膳，省刑，恤孤寡，貶費節用。辛未，加平西將軍庾亮都督江荆豫益梁雍六州諸軍事。[5]秋八月，大雩。[6]自五月不雨，至于是月。九月戊寅，散騎常侍、衛將軍、江陵公陸曅卒。冬十月，李雄子期弑李班而自立，[7]班弟玝與其將焦噲、羅凱等並來降。[8]十一月，石季龍弑石弘，自立爲天王。十二月丁卯，以東海王冲爲車騎將軍，[9]琅邪王岳爲驃騎將軍。[10]蘭陵人朱縱斬石季龍將郭祥，[11]以彭城來降。[12]

[1]凉州：東漢治所在隴縣（今甘肅省張家川回族自治縣），三國魏移治姑臧縣（今甘肅省武威市）。

[2]以郭權爲鎮西將軍、雍州刺史：中華本校勘記："周校：《石勒載記》作'秦州刺史'。《斠注》：《宋書·天文志》云'郭權以秦州歸從'，自當以權爲秦州。"

[3]郿：縣名，治所在今陝西省眉縣東渭河北岸。

[4]班：李班，字世文，本書卷一二一有載記。

[5]都督江荆豫益梁雍六州諸軍事：上述六州最高軍事行政長官。

[6]大雩：求雨祭祀儀式。

[7]期：李期，字世運，本書卷一二一有載記。

[8]焦噲：噲，原本、宋本、殿本作"會"，據中華本改。

[9]東海王冲：司馬冲，字道讓，元帝司馬睿第三子，本書卷六四有傳。

[10]琅邪王岳：東晋康帝司馬岳。

[11]蘭陵：郡名，治所在丞縣（今山東省棗莊市嶧城區）。

[12]彭城：縣名，治所在今江蘇省徐州市。

咸康元年春正月庚午朔，帝加元服，[1]大赦，改元，增文武位一等，大酺三日，賜鰥寡孤獨不能自存者米，人五斛。二月甲子，帝親釋奠。[2]揚州諸郡饑，[3]遣使賑給。[4]三月乙酉，幸司徒府。夏四月癸卯，石季龍寇歷陽，加司徒王導大司馬、假黄鉞、都督征討諸軍事，以禦之。癸丑，帝觀兵于廣莫門，[5]分命諸將，遣將軍劉仕救歷陽，平西將軍趙胤屯慈湖，龍驤將軍路永戍牛渚，[6]建武將軍王允之戍蕪湖。[7]司空郗鑒使廣陵相陳光帥衆衛京師，賊退向襄陽。戊午，解嚴。石季龍將石遇寇中廬，[8]南中郎將王國退保襄陽。秋八月，長沙、武陵大水。[9]束帛徵處士翟湯、郭翻。[10]冬十月乙未朔，日有蝕之。是歲，大旱，會稽餘姚尤甚，[11]米斗五百價，[12]人相賣。

[1]元服：帽子。古稱行冠禮爲加元服。《儀禮·士冠禮》："令月吉日，始加元服。"

[2]釋奠：古代在學校設置酒食以奠祭先聖先師的典禮。

[3]揚州：三國魏、吴各置揚州，魏治所在壽春縣（今安徽省壽縣），吴治所在建業縣（今江蘇省南京市）。西晋統一後復合，治所在建鄴縣（今江蘇省南京市）。

[4]賑給：賑，殿本作"振"。

[5]廣莫門：中華本校勘記："《建康實録》七作'廣陽門'，注云，《宮苑記》晋時未有廣莫門，本史誤。"

[6]龍驤將軍：官名，高級軍事將領。三品。

[7]建武將軍：官名，東漢末曹操置，統兵征伐。四品。

[8]中廬：縣名，治所在今湖北省南漳縣東北。

[9]長沙：郡名，治所在臨湘縣（今湖南省長沙市）。　武陵：郡名，治所在臨沅縣（今湖南省常德市）。

[10]郭翻：字長翔，本書卷九四有傳。

[11]餘姚：縣名，治所在今浙江省餘姚市。

[12]米斗五百價：中華本校勘記："周校：咸和四年大饑，米斗萬錢，今僅五百，不足爲貴，疑'斗'當作'升'。"

二年春正月辛巳，彗星見于奎。[1]以吴國内史虞潭爲衛將軍。二月，算軍用税米，[2]空懸五十餘萬石，尚書謝褒已下免官。[3]辛亥，立皇后杜氏，[4]大赦，增文武位一等。庚申，高句驪遣使貢方物。[5]三月，旱，詔太官減膳，免所旱郡縣繇役。戊寅，大雩。夏四月丁巳，皇后見于太廟。雨雹。秋七月，揚州會稽饑，開倉振給。冬十月，廣州刺史鄧嶽遣督護王隨擊夜郎，[6]新昌太守陶協擊興古，[7]並克之。詔曰："歷觀先代，莫不褒崇明祀，賓禮三恪。[8]故杞宋啓土，[9]光于周典；宗姬侯衛，[10]垂美漢册。自頃喪亂，庶邦殄悴，周漢之後，絶而莫繼。其詳求衛公、山陽公近屬，[11]有履行修明，可以繼承其祀者，依舊典施行。"新作朱雀浮桁。[12]十一月，遣建威將軍司馬勛安集漢中，[13]爲李期將李壽所敗。

[1]奎：星宿名。二十八宿之一，爲西方白虎七宿的第一宿，有星十六顆。

[2]算軍用税米：中華本校勘記："《食貨志》'軍用'作'度田'。"

[3]空懸：虧空。

[4]杜氏：名陵陽，本書卷三二有傳。

[5]高句驪：古國名，亦作句麗、高麗。都城丸都（今吉林省

集安市)，後遷都今朝鮮民主主義人民共和國平壤市。

[6]夜郎：縣名，治所在今貴州省關嶺布依族苗族自治縣南。

[7]新昌：郡名，治所在泠縣（今越南社會主義共和國永福省）。　興古：郡名，三國蜀治所在宛温縣，晋武帝時先治勝休縣（今雲南省玉溪市江川區)，後治律高縣（今雲南省彌勒市竹園鎮)，東晋復治宛温縣（今雲南省硯山縣維摩彝族鄉附近)。

[8]三恪：周朝新立，封前代三王朝的子孫，給以王侯名號，稱三恪，以示敬重。後世帝王亦多承三恪之制。

[9]杞宋啓土：周武王滅商後，封大禹之後於杞。封商紂子武庚於商舊都（今河南商丘)。成王時，武庚叛亂，被殺，又以其地封與紂的庶兄微子啓，號宋公，爲宋國。

[10]宗姬侯衛：分封周王室爲侯，宿衛宗周。宗姬，周王室。

[11]山陽公：即漢獻帝劉協。

[12]朱雀浮桁：又稱朱雀橋，六朝都城建康南城門朱雀門外的浮橋，横跨秦淮河上。三國吴時稱南津橋，晋改名朱雀桁。桁爲連船而成，長九十步，廣六丈。因在臺城南，又稱“南航”。秦淮河上二十四航，此爲最大，又稱“大航”。

[13]建威將軍：官名，領兵征戰，曹魏、孫吴、西晋皆置。四品。　漢中：郡名，治所在南鄭縣（今陝西省漢中市)。

三年春正月辛卯，立太學。[1]夏六月，旱。冬十月丁卯，[2]慕容皝自立爲燕王。

[1]太學：古代設於京城的最高學府，主要從事儒學教育。

[2]冬十月：殿本作“冬十一月”。

四年春二月，石季龍帥衆七萬，擊段遼于遼西，[1]遼奔于平崗。[2]夏四月，李壽弑李期，僭即僞位，國號漢。石季龍爲慕容皝所敗，癸丑，加皝征北大將軍。[3]五月乙未，以司徒王導爲太傅、都督中外諸軍事，[4]司空郗鑒爲太尉，征西將軍庾亮爲司空。[5]六月，改司徒爲丞相，以太傅王導爲之。秋八月丙午，分寧州置安州。[6]

[1]遼西：郡名，治所在陽樂縣（今河北省盧龍縣東南）。

[2]平崗：縣名，治所在今遼寧省凌源市西南。

[3]征北大將軍：官名，職掌與征北將軍同，位在其上，多統兵出鎮一方，都督數州軍事。不常置。二品，開府位從公者一品。

[4]太傅：官名，晋爲八公之一。位上公，太宰之下、太保之上。一品。　都督中外諸軍事：官名，亦稱都督中外諸軍。全國最高軍事統帥，總統中央地方的内外諸軍，權力極大。

[5]征西將軍：官名，東漢永元年間置，地位與雜號將軍、偏將軍、裨將軍等同。建安年間與征東、征南、征北將軍合稱四征將軍，地位提高。三品，加持節都督者二品。

[6]安州：治所在宋壽縣（今廣西壯族自治區欽州市東北）。

五年春正月辛丑，大赦。三月乙丑，[1]廣州刺史鄧嶽伐蜀，建寧人孟彦執李壽將霍彪以降。夏四月辛未，征西將軍庾亮遣參軍趙松擊巴郡、江陽，[2]獲石季龍將李閎、黄植等。[3]秋七月庚申，使持節、侍中、丞相、領揚州刺史、始興公王導薨。辛酉，以護軍將軍何充録尚書事。[4]八月壬午，復改丞相爲司徒。辛酉，[5]太尉、南昌公郗鑒薨。九月，石季龍將夔安、李農陷沔南，張貉陷邾城，[6]因寇江夏、義陽，[7]征虜將軍毛寶、西陽太守樊俊、義陽太守鄭進並死之。[8]夔安等進圍石城，[9]竟陵太守李陽距戰，破之，斬首五千餘級。安乃退，遂略漢東，擁七千餘家遷于幽、冀。[10]冬十二月丙戌，以驃騎將軍、琅邪王岳爲司徒。李壽將李奕寇巴東，守將勞揚戰敗，死之。

[1]三月乙丑：三月丙子朔，無乙丑。

[2]参軍：官名，亦作参軍事，謂参謀軍事。兩晋公府、軍府皆置。　巴郡：治所在江州縣（今重慶市）。　江陽：郡名，治所在江陽縣（今四川省瀘州市）。

[3]擊巴郡、江陽，獲石季龍將李閎、黄植等：黄植，原本、宋本、殿本作“黄桓”。中華本校勘記：“‘黄植’本作‘黄桓’。《庾亮傳》作‘黄植’，《通鑑》九六亦作‘黄植’，今改從一律。‘李閎’，《石勒載記》作‘李宏’，‘石季龍將’。《舉正》：‘巴郡江陽乃李氏地，非石氏所有’，《通鑑》九六作‘執漢荆州刺史李閎、巴郡太守黄植’爲是。”

[4]何充：字次道，本書卷七七有傳。

[5]辛酉：中華本校勘記：“《舉正》：上七月已書‘辛酉’，此‘辛酉’日誤。按：八月癸酉朔，無辛酉。”

[6]張貉：中華本校勘記：“《毛寶傳》作‘張狢渡’，《石季龍載記》作‘張賀度’。”　邾城：即繹邑，位於今山東省鄒城市東南。

[7]江夏：郡名，三國魏治所在上昶城（今湖北省雲夢縣），西晋移治安陸縣（今湖北省安陸市西南）。　義陽：郡名，治所在平陽縣（今河南省信陽市）。

[8]樊俊：中華本校勘記：“《庾亮傳》、《毛寶傳》及《通鑑》九六並作‘樊峻’。”

[9]石城：即今湖北省鍾祥市。

[10]冀：冀州，三國魏治所在信都縣（今河北省衡水市冀州

區)，西晋移治房子縣（今河北省高邑縣西南)。

六年春正月庚子，使持節、都督江豫益梁雍交廣七州諸軍事、司空、都亭侯庾亮薨。辛亥，以左光禄大夫陸玩爲司空。二月，慕容皝及石季龍將石成戰于遼西，敗之，獻捷于京師。庚辰，有星孛于太微。[1]三月丁卯，大赦。以車騎將軍、東海王冲爲驃騎將軍。李壽陷丹川，[2]守將孟彦、劉齊、李秋皆死之。秋七月乙卯，初依中興故事，朔望聽政於東堂。[3]冬十月，林邑獻馴象。[4]十一月癸卯，復琅邪，[5]比漢豐沛。[6]

[1]星孛于太微：彗星出現在太微區。太微，古代星宫名。三垣之一。位於北斗之南，軫、翼之北，大角之西，軒轅之東。諸星以五帝座爲中心，作屏藩狀。

[2]丹川：即丹川城，位於今雲南省曲靖市附近。

[3]朔望：初一和十五。　東堂：太極殿東堂。《景定建康志》卷二一《城闕志·古宫殿》："太極殿，建康宫内正殿也。晋初造以十二間，象十二月。至梁武帝改製十三間，象閏焉。高八丈，長二十七丈，廣十丈，内外並以錦石爲砌次。東有太極東堂七間，次西有太極西堂七間。"

[4]林邑：即占城，在今越南社會主義共和國中部地區。本書卷九七有傳。

[5]琅邪：封國名，西晋治所在今山東省臨沂市。此處指東晋僑置琅邪，安置南渡的琅邪移民，初無實土。

[6]豐沛：劉邦的故鄉。

七年春二月甲子朔，日有蝕之。[1]己卯，慕容皝遣使求假燕王章璽，許之。三月戊戌，杜皇后崩。夏四月丁卯，葬恭皇后于興平陵。實編户，王公已下皆正土斷白籍。[2]秋八月辛酉，驃騎將軍、東海王冲薨。九月，罷太僕官。[3]冬十二月癸酉，司空、興平伯陸玩薨。除樂府雜伎。罷安州。

[1]二月甲子朔，日有蝕之：甲子，原本、宋本、殿本作“甲午”，據中華本校勘記改。

[2]土斷：整頓户籍，裁併僑置郡縣，使僑寓户口編入所在郡縣。　白籍：户口版籍。

[3]太僕：官名，掌皇帝車馬、田獵、兵器及全國牧業。三品。

八年春正月己未朔，日有蝕之。乙丑，大赦。三月，初以武悼楊皇后配饗武帝廟。[1]夏六月庚寅，帝不悆，[2]詔曰：“朕以眇年，[3]獲嗣洪緒，託于王公之上，於兹十有八年。未能闡融政道，翦除逋祲，[4]夙夜戰兢，匪遑寧處。今遘疾殆不興，是用震悼于厥心。千齡眇眇，[5]未堪艱難。司徒、琅邪王岳，親則母弟，體則仁長，君人之風，允塞時望。肆爾王公卿士，[6]其輔之！以祗奉祖宗明祀，協和内外，允執其中。嗚呼，敬之哉！無墜祖宗之顯命。”壬辰，引武陵王晞、會稽王昱、中書監庾冰、中書令何充、尚書令諸葛恢並受顧命。[7]癸巳，帝崩于西堂，[8]時年二十二，葬興平陵，廟號顯宗。

[1]武悼楊皇后：楊芷，字季蘭，本書三一有傳。楊，原本、宋本、殿本作“夏”，據本傳、中華本改。

[2]不悆：病重不起。帝王病重的諱稱。悆，殿本作“豫”。下文“悆”同。

[3]眇年：幼年，少年。

[4]逋祲：没有得到消除的不祥之氣。

[5]千齡眇眇：千歲也是短暫的。

[6]肆爾：你們放開，不要受約束。

[7]中書監：官名，中書省長官之一。三國魏文帝初年分秘書置中書省，長官爲中書監、中書令。掌收納奏章，草擬詔令。平常不分高下，入朝時監略高於令。三品。　諸葛恢：字道明，本書卷七七有傳。

[8]西堂：太極殿西堂。

帝少而聰敏，有成人之量。南頓王宗之誅也，帝不之知，及蘇峻平，問庾亮曰：“常日白頭公何在?”亮對以謀反伏誅。帝泣謂亮曰：“舅言人作賊，便殺之，人言舅作賊，復若何?”亮懼，變色。庾懌嘗送酒於江州刺史王允之，[1]允之與犬，犬斃，懼而表之。帝怒曰：“大舅已亂天下，小舅復欲爾邪?”懌聞，飲藥而死。然少爲舅氏所制，不親庶政。及長，頗留心萬機，[2]務在簡約，常欲於後園作射堂，計用四十金，以勞費乃止。雄武之度，雖有愧於前王；恭儉之德，足追踪於往烈矣。

[1]庾懌：字叔預，本書卷七三有傳。

[2]萬機：機，殿本作“幾”。

康帝

康皇帝諱岳，字世同，成帝母弟也。咸和元年封吴王，二年徙封琅邪王；九年拜散騎常侍，加驃騎將軍；咸康五年遷侍中、司徒。

八年六月庚寅，成帝不悆，詔以琅邪王爲嗣。癸巳，成帝崩。甲午，即皇帝位，大赦。諸屯戍文武及二千石官長，不得輒離所局而來奔赴。[1]己亥，封成帝子丕爲琅邪王，[2]奕爲東海王。[3]時帝諒陰不言，[4]委政于庾冰、何充。秋七月丙辰，葬成皇帝于興平陵。帝親奉奠於西階，既發引，徒行至閶闔門，[5]升素輿，至於陵所。己未，以中書令何充爲驃騎將軍。八月辛丑，彭城王紘薨。以江州刺史王允之爲衛將軍。九月，詔琅邪國及府吏進位各有差。冬十月甲午，衛將軍王允之卒。十二月，增文武位二等。壬子，立皇后褚氏。[6]

[1]輒離所局：隨便離開你們所在的地方。

[2]成帝子丕：司馬丕，字千齡，本書卷八有紀。

[3]奕：司馬奕，字延齡，本書卷八有紀。

[4]諒陰：皇帝居喪。

[5]閶闔門：建康城西面最南邊的城門。

[6]褚氏：名蒜子，本書卷三二有傳。

建元元年春正月，改元，賑恤鰥寡孤獨。三月，以中書監庾冰爲車騎將軍。夏四月，益州刺史周撫、西陽太守曹據伐李壽，[1]敗其將李恒于江陽。[2]五月，旱。六月壬午，又以束帛徵處士尋陽翟湯、會稽虞喜。[3]有司奏，成帝崩一周，請改素服，御進膳如舊。壬寅，詔曰："禮之降殺，[4]因時而寢興，誠無常矣。至於君親相準，名教之重，莫之改也。權制之作，蓋出近代，雖曰適事，實弊薄之始。先王崇之，後世猶怠，而况因循，又從輕降，義弗可矣。”石季龍帥衆伐慕容皝，皝大敗之。秋七月，石季龍將戴開帥衆來降。丁巳，詔曰：“慕容皝摧殄羯寇，乃云死没八萬餘人，將是其天亡之始也。中原之事，[5]宜加籌量。且戴開已帥部黨歸順，宜見慰勞。其遣使詣安西、驃騎，諮謀諸軍事。”以輔國將軍、琅邪内史桓温爲前鋒小督、假節，[6]帥衆入臨淮，安西將軍庾翼爲征討大都督，[7]遷鎮襄陽。庚申，晋陵、吴郡災。八月，李壽死，子勢嗣僞位。[8]石季龍使其將劉寧攻陷狄道。[9]冬十月辛巳，以車騎將軍庾冰都督荆江司雍益梁六州諸軍事、江州刺史，[10]以驃騎將軍何充爲中書監、都督揚豫二州諸軍事、揚州刺史、録尚書事，[11]輔政。以琅邪内史桓温都督青徐兖三州諸軍事、徐州刺史，褚裒爲衛將軍、領中書令。[12]十一月己巳，大赦。十二月，石季龍侵張駿，駿使其將軍謝艾拒之，大戰于河西，[13]季龍敗績。十二月，高句驪遣使朝獻。

[1]曹據：東晋人，任西陽太守、冠軍將軍，死於庾翼部將叛亂。

[2]李恒：中華本校勘記：“《庾翼傳》作‘李桓’。”

[3]尋陽翟湯：尋，原本、宋本、殿本作“南”，據中華本校勘記改。

[4]禮之降殺：禮儀的規格遞減。降殺，遞減，削減。

[5]中原之事：原本、宋本無“原”字，殿本有，據殿本補。

[6]輔國將軍：官名，屬將軍名號，三國兩晋皆置，三品。　桓温：字元子，本書卷九八有傳。

[7]安西將軍：官名，東漢建安年間置，與安東、安南、安北將軍合稱四安將軍，爲出鎮某一地區的軍事長官，或作爲刺史等兼理軍務的加官，權任頗重。三品，加持節都督者二品。　庾翼：字稚恭，本書卷七三有傳。　征討大都督：官名，掌統率外出征伐之軍，名位在征討都督之上。

[8]勢：李勢，字子仁，本書卷一二一有載記。

[9]狄道：縣名，治所在今甘肅省臨洮縣。

[10]都督荆江司雍益梁六州諸軍事：上述六州最高軍事行政長官。

[11]都督揚豫二州諸軍事：上述二州最高軍事行政長官。此處豫州當爲僑治州，在今安徽省當塗、蕪湖一帶。

[12]褚裒：字季野，本書卷九三有傳。

[13]河西：地名，此處指時金城郡（今甘肅省榆中縣西北）境内的黄河西岸。

二年春正月，張駿遣其將和驎、謝艾討南羌于闐和，大破之。二月，慕容皝及鮮卑帥宇文歸戰于昌黎，[1]歸衆大敗，奔于漠北。四月，張駿將張瓘敗石季龍將王擢于三交城。[2]秋八月丙子，進安西將軍庾翼爲征西將軍。[3]庚辰，持節、都督司雍梁三州諸軍事、梁州刺史、平北將軍、竟陵公桓宣卒。[4]丁巳，[5]以衛將軍褚裒爲特進、都督徐兖二州諸軍事、兖州刺史，[6]鎮金城。[7]九月，巴東太守楊謙擊李勢、勢將申陽，走之，獲其將樂高。丙申，立皇子聃爲皇太子。戊戌，帝崩于式乾殿，時年二十三，葬崇平陵。

[1]昌黎：縣名，治所在今遼寧省義縣。

[2]三交城：位於今陝西省寶鷄市西。確址待考。

[3]征西將軍：原本、宋本無“西”字，殿本有，據殿本補。

[4]持節：官員外出持有皇帝授予的節杖，代表高等權威，常用於軍事長官出征。　都督司雍梁三州諸軍事：上述三州最高軍事行政長官。　梁州：三國曹魏治所在沔陽縣（今陝西省勉縣東），西晋移治南鄭縣（今陝西省漢中市東）。

[5]丁巳：中華本校勘記：“丁巳乃閏八月十四日，此脱‘閏月’二字。《通鑑》九七有。”

[6]特進：官名，三國兩晋時表示有特殊地位，或用作安置閑退大臣。二品。　都督徐兖二州諸軍事：上述二州最高軍事行政長官。　兖州：此爲東晋僑置兖州，又稱南兖州。最初治嶧山，後多次移治。（參見胡阿祥《東晋南朝僑州郡縣與僑流人口研究》，江蘇教育出版社 2008 年版，第 161 頁）

[7]金城：地名，在今江蘇省南京市栖霞區。

初，成帝有疾，中書令庾冰自以舅氏當朝，權侔人主，恐異世之後，戚屬將疏，乃言國有强敵，宜立長君，遂以帝爲嗣。制度年號，再興中朝，因改元曰建元。或謂冰曰：“郭璞讖云‘立始之際丘山傾’，[1]立者，建也；始者，元也；丘山，諱也。”冰瞿然，[2]既而嘆曰：“如有吉凶，豈改易所能救乎？”至是果驗云。

[1]郭璞：字景純，本書卷七二有傳。

[2]瞿然：驚駭貌。

史臣曰：肆虐滔天，豈伊朝夕。[1]若乃詳刑不怨，[2]

庶情猶仰，又可以見逆順之機焉。成帝因削弱之資，守江淮之地，政出渭陽，[3]聲乖威服。凶徒既縱，神器阽危，京華無敖庾之資，[4]宫室類咸陽之火。[5]桀犬吠堯，[6]封狐嗣亂，[7]方諸后羿，[8]曷若斯之甚也。反我皇駕，不有晋文之師，[9]繫于苞桑，[10]且賴陶公之力。古之侯服，[11]不幸臣家，[12]天子宣游，則避宫北面，聞諸遺策，用爲恒範。顯宗於王導之門，斂衣前拜，[13]豈魯公受玉之卑乎！[14]帝亦克儉于躬，庶能激揚流弊者也。

[1]豈伊朝夕：豈是一朝一夕。伊，是。

[2]若乃：至於。

[3]渭陽：《詩·秦風·渭陽》："我送舅氏，曰至渭陽。"朱熹集傳："舅氏，秦康公之舅，晋公子重耳也。出亡在外，穆公召而納之。時康公爲太子，送之渭陽而作此詩。"後因以"渭陽"爲表示甥舅情誼之典。

[4]敖庾：敖倉，糧倉。

[5]咸陽之火：此指王敦、蘇峻之亂。

[6]桀犬吠堯：語出漢鄒陽《獄中上書自明》："今人主誠能去驕傲之心，懷可報之意，披心腹，見情素，隳肝膽，施德厚，終與之窮達，無愛於士，則桀之狗可使吠堯，而跖之客可使刺由。"見《史記》卷八三《魯仲連鄒陽列傳》。

[7]封狐嗣亂：屈原《離騷》："羿淫游以佚畋兮，又好射夫封狐。固亂流其鮮終兮，浞又貪夫厥家。"意爲后羿荒淫好獵，繼而引起國家的動亂。

[8]后羿：上古夷族的首領，善射。相傳夏太康沉湎於游樂，羿推翻其統治，自立爲君，號有窮氏。不久因喜狩獵，不理民事，爲其臣寒浞所殺。事見《左傳·襄公四年》。

［9］晋文：晋文公，春秋時晋國國君，名重耳。爲公子時，因獻公欲立寵妾之子奚齊而遭迫害，流亡於外十九年。後由秦軍護送返晋即位。在位期間改革内政，擴建軍隊，幫助周王室平叛，大敗楚軍於城濮，主持踐土之盟，成爲齊桓公之後的又一霸主。

［10］繫于苞桑：繫於桑樹之本。《易·否》："其亡其亡，繫于苞桑。"孔穎達疏："苞，本也。凡物繫於桑之苞本，則牢固也。"

［11］侯服：具有侯爵地位的人。

［12］不幸臣家：不登家臣之門。

［13］歛衣：衣，原本、宋本作"依"，殿本作"衣"，據殿本改。

［14］魯公受玉：邾隱朝見魯公。高高地舉起玉，仰視魯公。魯公受玉，謙卑地面向下。子貢説："以禮觀之，二君者皆有死亡焉。""高仰，驕也，卑俯，替也。驕近亂，替近疾。君爲主，其先亡乎！"事見《左傳·定公十五年》。

贊曰：惟皇夙表，余舅爲毗。[1]勤於致寇，拙於行師。火及君屋，兵纏帝帷。石頭之駕，海内含悲。康后天資，居哀禮縟。墜典方興，[2]降齡奚促。

［1］余舅爲毗：以舅家爲輔佐。

［2］墜典：廢亡的典章制度。

晋書　卷八

帝紀第八

穆帝　哀帝　海西公

穆帝

穆皇帝諱聃，字彭子，康帝子也。建元二年九月丙申，[1]立爲皇太子。戊戌，康帝崩。己亥，太子即皇帝位，時年二歲。大赦，尊皇后爲皇太后。壬寅，皇太后臨朝攝政。冬十月乙丑，葬康皇帝于崇平陵。十一月庚辰，車騎將軍庾冰卒。[2]

[1]丙申：丙，原本、宋本、殿本作“景”，“景”爲“丙”的避諱字，以後本卷凡遇此避諱字均徑改，不再出注。

[2]車騎將軍：官名，魏晋南北朝時位次於驃騎將軍，在諸名號將軍之上，多作爲軍府名號，以加授大臣及重要州郡長官。二品，開府位從公者一品。　庾冰：字季堅，本書卷七三有傳。

永和元年春正月甲戌朔，皇太后設白紗帷於太極殿，[1]抱帝臨軒。[2]改元。甲申，進鎮軍將軍、武陵王晞爲鎮軍大將軍、開府儀同三司，[3]以鎮軍將軍顧衆爲尚書右僕射。[4]夏四月壬戌，詔會稽王昱録尚書六條事。[5]五月戊寅，大雩。[6]尚書令、金紫光禄大夫、建安伯諸葛恢卒。[7]六月癸亥，地震。秋七月庚午，持節、都督江荆司梁雍益寧七州諸軍事、江州刺史、征西將軍、都亭侯庾翼卒。[8]翼部將干瓚、戴羲等殺冠軍將軍曹據，[9]舉兵反，安西司馬朱燾討平之。[10]八月，豫州刺史路永叛奔于石季龍。[11]庚辰，[12]以輔國將軍、徐州刺史桓温爲安西將軍、持節、都督荆司雍益梁寧六州諸軍事，[13]領護南蠻校尉、荆州刺史。[14]石季龍將路永屯于壽春。[15]九月丙申，皇太后詔曰："今百姓勞弊，其共思詳所以振恤之宜。及歲常調非軍國要急者，並宜停之。"冬十二月，[16]李勢將爨頠來奔。[17]涼州牧張駿伐焉耆，[18]降之。

[1]太極殿：《景定建康志》卷二一《城闕志·古宫殿》："建康宫内正殿，晋初造以十二間，象十二月。"

[2]臨軒：皇帝不坐正殿而御前殿。殿前堂陛之間近檐處兩邊有檻楯，如車之軒，故稱。

[3]鎮軍將軍：官名，三國時始置，西晋罷又復置。位在鎮軍大將軍下，與中軍將軍、撫軍將軍並爲三名號將軍，位比四鎮將軍。三品。　武陵王晞：司馬晞，字道叔，本書卷六四有傳。　鎮軍大將軍：官名，高級軍事長官，權任甚重。兩晋二品，開府位從公者一品。　開府儀同三司：官名，三國魏始置。爲大臣加號，意謂與太尉、司徒、司空三司待遇相同，許開設府署，任命僚屬。

[4]鎮軍將軍顧衆：中華本校勘記："《斠注》：本傳'鎮軍'

作‘領軍’。按：時司馬晞已爲鎮軍，則顧衆爲領軍，較合理。”顧衆，字長始，本書卷七六有傳。　尚書右僕射：官名，尚書令副手，掌拆閲封緘奏章文書、參議政事、諫諍駁議、監察百官。位在左僕射之下。三品。

[5]會稽王昱：司馬昱，字道萬，本書卷九有紀。　録尚書六條事：參録、分録尚書事。《宋書》卷三九《百官志上》：“晋康帝世，何充讓録表曰：‘咸康中，分置三録，王導録其一，荀崧、陸曄各録六條事。’然則似有二十四條，若止有十二條，則荀、陸各録六條，導又何所司乎？若導總録，荀、陸分掌，則不得復云導録其一也。其後每置二録，輒云各掌六條事，又是止有十二條也。十二條者，不知悉何條。晋江右有四録，則四人參録也。”

[6]大雩：隆重的求雨祭祀儀式。

[7]尚書令：官名，秦漢時爲尚書署長官。秩位雖低，權力甚重。魏晋時沿置，爲尚書省長官，綜理全國政務，參議大政，爲高級政務長官。三品。　金紫光禄大夫：官名，對光禄大夫加金章紫綬。禄賜、班位、車服、佩玉等皆與特進同。二品。　諸葛恢：字道明，本書卷七七有傳。

[8]持節：官員外出持有皇帝授予的節杖，代表高等權威，常用於軍事長官出征。　都督江荆司梁雍益寧七州諸軍事：上述七州地區最高軍事行政長官。　江州：治所在南昌縣（今江西省南昌市）。　征西將軍：官名，東漢永元年間置，地位與雜號將軍、偏將軍、裨將軍等同。建安年間與征東、征南、征北將軍合稱四征將軍，地位提高。三品，加持節都督者二品。　庾翼：字稚恭，本書卷七三有傳。

[9]干瓚：干，原本作“千”，宋本、殿本作“于”，據中華本校勘記改。　冠軍將軍：官名，曹魏、孫吴、西晋皆置。西晋時領營兵。三品。

[10]安西司馬：官名，安西將軍府司馬。將軍府的高級幕僚，掌參讚軍務、管理府内武職，位僅次於長史。八品。

[11]豫州：曹魏時治所在安城縣（今河南省正陽縣東北），西晋移治陳縣（今河南省周口市淮陽區）。東晋咸和四年（329）僑置，治所無常，或在蕪湖縣（今安徽省蕪湖市東），或在牛渚（今安徽省馬鞍山市西長江南岸采石磯），或在姑孰（今安徽省當塗縣），義熙中徙治壽春縣（今安徽省壽縣）。　石季龍：即石虎，字季龍，本書卷一〇六有載記。

[12]庚辰：中華本校勘記："八月戊戌朔，無庚辰。庚辰爲九月十三日。"

[13]輔國將軍：官名，屬將軍名號，三國兩晋皆置。三品。　徐州：治所在彭城縣（今江蘇省徐州市）。此爲東晋僑置徐州，治所在京口（今江蘇省鎮江市）。　桓温：字元子，本書卷九八有傳。　安西將軍：官名，東漢建安年間置，與安東、安南、安北將軍合稱四安將軍，爲出鎮某一地區的軍事長官，或作爲刺史等兼理軍務的加官，權任頗重。三品，加持節都督者二品。

[14]領：以地位較高的官員兼理較低的職務。　護南蠻校尉：官名，又稱南蠻校尉，西晋府鎮襄陽（今湖北省襄陽市），東晋改鎮江陵縣（今湖北省江陵縣）。掌荆州及江州少數民族事務，統兵。四品。　荆州：三國時曹魏治所在新野縣（今河南省新野縣），孫吴治所在江陵縣（今湖北省江陵縣），西晋統一後治所在江陵縣（今湖北省江陵縣）。

[15]壽春：縣名，治所在今安徽省壽縣東南。

[16]冬十二月：二，殿本作"一"。

[17]李勢：字子仁，本書卷一二一有載記。

[18]凉州：治所在姑臧縣（今甘肅省武威市）。　張駿：字公庭，本書卷八六有傳。　焉耆：又作烏耆國、烏纏國、烏夷國、阿耆尼國。本西域國，國都在員渠城（今新疆焉耆回族自治縣西南），西漢神爵二年（前60）後屬西域都護府。

二年春正月丙寅，大赦。己卯，使持節、侍中、都督揚州諸軍事、揚州刺史、驃騎將軍、録尚書事、都鄉侯何充卒。[1]二月癸丑，以左光禄大夫蔡謨領司徒，[2]録尚書六條事、撫軍大將軍、會稽王昱及謨並輔政。[3]三月丙子，以前司徒左長史殷浩爲建武將軍、揚州刺史。[4]夏四月己酉朔，日有蝕之。五月丙戌，凉州牧張駿卒，子重華嗣。[5]六月，石季龍將王擢襲武街，[6]執張重華護軍胡宣。[7]又使麻秋、孫伏都伐金城，[8]太守張冲降之。重華將謝艾擊秋，敗之。秋七月，以兖州刺史褚裒爲征北大將軍，[9]開府儀同三司。冬十月，地震。十一月辛未，安西將軍桓温帥征虜將軍周撫，[10]輔國將軍、譙王無忌，建武將軍袁喬伐蜀，拜表輒行。十二月，枉矢自東南流于西北，[11]其長半天。[12]

[1]使持節：漢朝官吏奉使外出時，或由皇帝授予節杖，以提高其權力。魏晋以後，凡重要軍事長官出征或出鎮，加使持節，可誅殺二千石以下官員。　侍中：官名，東漢建安中與給事黄門侍郎出入禁中，省尚書事。曹魏時爲門下之侍中省長官。常侍衛皇帝左右，掌顧問應對、諫諍糾察、平議奏事、駁奏異議等，權力甚重。三品。　都督揚州諸軍事：揚州地區最高軍事行政長官。　驃騎將軍：官名，西漢時爲重號將軍，東漢以後，居諸名號將軍之首，僅作爲軍府名號加授大臣或重要州郡長官。二品，開府位從公者一品。　録尚書事：官名，初爲職銜名，重臣加此名義始得總知國事，綜理政務，成爲真宰相。魏晋多以公卿權重者居之，總領尚書省政務，凡重號將軍、刺史皆得命曹授用，位在三公之上。　何充：字次道，本書卷七七有傳。

[2]左光禄大夫：官名，齊王曹芳正始元年（240）在光禄大

夫上增置左、右，位在光禄大夫上。在朝顯職的加官，或授予年老有病致仕者，或授予死者。西晋時禄賜與特進同。二品，開府位從公者一品。　蔡謨：字道明，本書卷七七有傳。　司徒：官名，西漢哀帝元壽二年（前1）改丞相爲大司徒，東漢光武帝時改名爲司徒，東漢末又改爲丞相。三國魏恢復三公制，改丞相爲司徒，管理民政。兩晋沿制，爲八公之一，在太尉之下、司空之上。與丞相通職，一般不並置，爲名譽宰相。一品。

[3]撫軍大將軍：官名，三國魏文帝始置，皇帝出征，總管留守事。晋二品，開府位從公者一品。

[4]司徒左長史：官名，司徒長史爲司徒府掾屬之長，佐司徒總管府内諸曹。分左、右，左高於右。六品。　殷浩：字深源，本書卷七七有傳。　建武將軍：官名，東漢末曹操置，統兵征伐。四品。

[5]重華：張重華，字泰臨，本書卷八六有傳。

[6]武街：即武街城，位於今甘肅省成縣西北。

[7]護軍：官名，軍事要鎮長官，管理轄區軍事民政，職掌與郡守相類。此爲鎮守武街的護軍。四品。

[8]金城：郡名，治所原在允吾縣（今甘肅省永靖縣西北），曹魏時移治榆中縣（今甘肅省榆中縣西北黄河南岸）。

[9]兖州：三國魏治所在廪丘縣（今山東省鄆城縣西北），晋惠帝末，兖州闔境淪没於石勒。東晋元帝僑置兖州，治京口（今江蘇省鎮江市）。　褚裒：字季野，本書卷九三有傳。　征北大將軍：官名，職掌與征北將軍同，位在其上，多統兵出鎮一方，都督數州軍事。不常置。二品，開府位從公者一品。

[10]征虜將軍：既是武官名，也作爲高級文職官員的加官。三品。　周撫：字道和，本書卷五八有傳。

[11]枉矢：星名。《史記》卷二七《天官書》："枉矢，類大流星，蛇行而倉黑，望之如有毛羽然。"

[12]其長半天：半，原本、宋本作"半"，殿本作"竟"。中

華本校勘記："'竟'，宋本作'半'，與《建康實録》八合。"

三年春三月乙卯，桓温攻成都，[1]克之。丁亥，李勢降，[2]益州平。林邑范文攻陷日南，[3]害太守夏侯覽，以尸祭天。夏四月，地震。蜀人鄧定、隗文舉兵反，桓温又擊破之，使益州刺史周撫鎮彭模。[4]丁巳，鄧定、隗文等入據成都，[5]征虜將軍楊謙棄涪城，[6]退保德陽。[7]五月戊申，[8]進慕容皝爲安北將軍。[9]石季龍又使其將石寧、麻秋等伐涼州，次于曲柳。[10]張重華使將軍牛旋禦之，退守枹罕。[11]六月辛酉，大赦。秋七月，范文復陷日南，害督護劉雄。[12]隗文立范賁爲帝。八月戊午，張重華將謝艾進擊麻秋，大敗之。九月，地震。冬十月乙丑，假涼州刺史張重華大都督隴右關中諸軍事、護羌校尉、大將軍，[13]武都氐王楊初爲征南將軍、雍州刺史、平羌校尉、仇池公，[14]並假節。十二月，振威護軍蕭敬文害征虜將軍楊謙，[15]攻涪城，陷之。遂取巴西，[16]通于漢中。[17]

[1]成都：成漢國都，今四川省成都市。

[2]"三月乙卯"至"丁亥，李勢降"：中華本校勘記："三月己未朔，無乙卯，疑爲'丁卯'之誤。又《載記》李勢降文云'三月十七日李勢叩頭'，十七日爲乙亥，疑'丁亥'爲'乙亥'之誤。丁亥則三月二十九日。"

[3]林邑：即占城，在今越南社會主義共和國中部地區。本書卷九七有傳。　日南：郡名，治所在西卷縣（今越南社會主義共和國廣治河與甘露河合流處）。

[4]彭模：彭模城，又稱彭亡城、彭亡聚、平模城，位於今四

川省眉山市彭山區東南岷江東岸。

[5]隗文等人據成都：等，殿本作“復”。

[6]涪城：縣名，治所在今四川省綿陽市東涪江東岸。

[7]德陽：縣名，治所在今四川省江油市東北。

[8]五月戊申：五月戊午朔，是月無戊申。

[9]慕容䚹：字元真，本書卷一〇九有載記。　安北將軍：官名，東漢建安年間置，與安東、安南、安西將軍合稱四安將軍，爲出鎮某一地區的軍事長官，或作爲刺史等兼理軍務的加官，權任頗重。三品，加持節都督者二品。

[10]曲柳：曲柳城，位於今甘肅省武威市東南。

[11]枹罕：縣名，治所在今甘肅省臨夏縣西南。

[12]督護：官名，州郡及出鎮方面將軍府皆設，掌兵事。兩晋時常統軍征伐，袛督一軍。

[13]大都督隴右關中諸軍事：官名，隴右關中地區最高軍事行政長官，加“大”字以示權重。　護羌校尉：官名，監護內附羌人，戍衛邊塞，領羌人軍隊作戰。四品。　大將軍：官名，高級軍事統帥。曹魏時多以之屯駐長安，對付蜀漢，蜀漢以其爲最高軍事長官，孫吴則別置上大將軍居其上。西晋時爲八公之一，位居上公、大司馬下，三公之上。東晋時常專擅軍政事務。一品。此袛是名號，不具有東晋朝廷大將軍權力。

[14]武都氐：武都，郡名，治所在下辯縣（今甘肅省成縣西）。氐，古代生活在西北地區的少數民族。黄烈先生《中國古代民族研究》（人民出版社 1987 年版）對氐人的源流有詳細考證。　征南將軍：官名，與征東、征西、征北將軍合稱四征將軍。三國魏蜀吴兩晋皆置，出鎮方面，地位顯要。三品，加持節都督者二品。　雍州：治所在姑臧縣（今甘肅省武威市）。東漢建安十八年(213) 移治長安（今陝西省西安市西北）。　平羌校尉：官名，爲仇池氐王專設。四品。　仇池：位於今甘肅省西和縣西仇池山上，又名百頃池。

［15］振威護軍：官名，魏晋時常隨征伐目的，置諸雜號護軍，如征蜀護軍、平虜護軍、揚威護軍等，職如將軍，而地位稍遜同號將軍，資歷稍淺之統帥常授此。晋武帝泰始四年（268）罷此職與揚威護軍，改置左、右積弩將軍。中華本校勘記："楊謙，《周撫傳》作'楊謹'。"

［16］巴西：郡名，治所在閬中縣（今四川省閬中市）。

［17］漢中：郡名，治所在南鄭縣（今陝西省漢中市）。

四年夏四月，范文寇九德，[1]多所殺害。五月，大水。秋八月，進安西將軍桓温爲征西大將軍、開府儀同三司，封臨賀郡公；[2]西中郎將謝尚爲安西將軍。[3]九月丙申，慕容皝死，子儁嗣僞位。[4]冬十月己未，地震。石季龍使其將苻健寇竟陵。[5]十二月，豫章人黄韜自號孝神皇帝，[6]聚衆數千，寇臨川，[7]太守庾條討平之。

［1］九德：中華本校勘記："《斠注》：《林邑傳》《通鑑》作'九真'。下同。"

［2］征西大將軍：官名，屬將軍名號，多授予統兵出鎮在外，都督數州諸軍事者。位在征西將軍之上。二品，開府位從公者一品。

［3］西中郎將：官名，東漢末所置東、南、西、北四中郎將之一。帥師征伐或鎮守。曹魏、西晋多兼凉州刺史，東晋多兼豫州刺史。四品。　謝尚：字仁祖，本書卷七九有傳。

［4］儁：慕容儁，字宣英，本書卷一一〇有載記。殿本作"雋"。下文"儁"同。

［5］苻健：字建業，本書卷一一二有載記。　竟陵：郡名，治所在石城縣（今湖北省鍾祥市）。

［6］豫章：郡名，治所在南昌縣（今江西省南昌市）。

[7]臨川：郡名，治所在臨汝縣（今江西省撫州市臨川區西）。

五年春正月辛巳朔，[1]大赦。庚寅，地震。石季龍僭即皇帝位於鄴。[2]二月，征北大將軍褚裒使部將王龕北伐，[3]獲石季龍將支重。夏四月，益州刺史周撫、龍驤將軍朱燾擊范賁，[4]獲之，益州平。封周撫爲建城公。假慕容儁大將軍、幽平二州牧、大單于、燕王。[5]征西大將軍桓温遣督護滕畯討范文，[6]爲文所敗。石季龍死，子世嗣僞位。[7]五月，石遵廢世而自立。[8]六月，桓温屯安陸，[9]遣諸將討河北。石遵揚州刺史王浹以壽陽來降。[10]秋七月，褚裒進次彭城，[11]遣部將王龕、李邁及石遵將李農戰于代陂，[12]王師敗績，王龕爲農所執，李邁死之。八月，褚裒退屯廣陵，[13]西中郎將陳逵焚壽春而遁。梁州刺史司馬勳攻石遵長城戍，[14]仇池公楊初襲西城，[15]皆破之。冬十月，石遵將石遇攻宛，[16]陷之，執南陽太守郭啓。[17]司馬勳進次懸鉤，[18]石季龍故將麻秋拒之，[19]勳退還梁州。十月壬辰，[20]石鑒弑石遵而自立。[21]十二月己丑，使持節、都督徐兖二州諸軍事、徐州刺史、征北大將軍、開府儀同三司、都鄉侯褚裒卒。以建武將軍、吴國内史荀羡爲使持節、監徐兖二州諸軍事、北中郎將、徐州刺史。[22]

[1]正月辛巳朔：中華本校勘記：“正月戊寅朔，辛巳爲月之初四日，‘朔’字疑衍。”

[2]鄴：縣名，曹魏五都之一。治所在今河北省臨漳縣西南。

[3]王龕：褚裒部將，與後趙代陂之役兵敗被俘。

［4］朱燾：中華本校勘記："《周撫傳》作'朱壽'。"

［5］幽：幽州，治所在薊縣（今北京市西南）。 平：平州，治所在襄平縣（今遼寧省遼陽市）。 大單于：本匈奴最高首領名，十六國時期一些少數民族政權亦置。單，原本、宋本作"戰"，殿本作"單"，據殿本改。

［6］督護滕畯：護，殿本作"軍"。

［7］世：石世，石虎之子，本書卷一〇七有載記。

［8］石遵：石虎之子，本書卷一〇七有載記。

［9］安陸：縣名，治所在今湖北省安陸市西南。

［10］壽陽：縣名，治所在今安徽省壽縣東南。按，東晉孝武帝時爲避簡文帝母鄭太后阿春諱改壽春爲壽陽，此時應仍稱壽春。

［11］彭城：縣名，治所在今江蘇省徐州市。

［12］李農：中華本校勘記："《褚裒傳》作'李菟'。"

［13］廣陵：郡名，三國時治所在淮陰縣（今江蘇省淮安市淮陰區甘羅城），東晉治所在廣陵縣（今江蘇省揚州市西北蜀岡上）。

［14］梁州：治所在沔陽縣（今陝西省勉縣東）

［15］西城：縣名，治所在今陝西省安康市西北。

［16］宛：縣名，治所在今河南省南陽市。

［17］南陽：治所在宛縣（今河南省南陽市）。

［18］懸鈎：懸鈎城，位於今陝西省周至縣西南駱谷北口。

［19］拒之：拒，殿本作"距"。

［20］十月壬辰：原本、宋本、殿本作"十一月丙辰"。牛繼清先生考證，十一月甲戌朔，無丙辰。《資治通鑑》該事在十一月不繫日，《晋書》卷一〇七《石季龍載記下》云："遵凡在位一百八十三日。"《資治通鑑》卷九八《晋紀》穆帝永和五年載石遵於五月庚寅廢石世自立。以之推算，則石鑒殺石遵應在十一月壬辰，恰一百八十三日，壬辰十九日，則此"丙辰"爲"壬辰"之誤。據改。（參見牛繼清《〈晋書〉時誤補校舉例》，《固原師專學報》1997年第4期）

[21]石鑒：石虎之子，本書卷一〇七有載記。

[22]吴國：郡國名，治所在吴縣（今江蘇省蘇州市）。　荀羨：字令則，本書卷七五有傳。　監徐兖二州諸軍事：上述二州軍事行政長官，位次於都督。　北中郎將：官名，與東、西、南中郎將並稱四中郎將，統兵征戰，權職甚重。四品。

六年春正月，帝臨朝，以褚裒喪故，懸而不樂。閏月，冉閔弑石鑒，[1]僭稱天王，國號魏。鑒弟祗僭帝號于襄國。[2]丁丑，彗星見于亢。[3]己丑，加中軍將軍殷浩督揚豫徐兖青五州諸軍事、假節。[4]氐帥苻洪遣使來降，以爲氐王，封廣川郡公。假洪子健節，[5]監河北諸軍事、右將軍，[6]封襄國縣公。三月，石季龍故將麻秋鴆殺苻洪于枋頭。[7]夏五月，大水。廬江太守袁真攻合肥，[8]克之。六月，石祗遣其弟琨攻冉閔將王泰於邯鄲，[9]琨師敗績。秋八月，輔國將軍、譙王無忌薨。苻健帥衆入關。冬十一月，冉閔圍襄國。十二月，免司徒蔡謨爲庶人。是歲，大疫。

[1]冉閔：字永曾，本書卷一〇七有載記。

[2]襄國：縣名，治所在今河北省邢臺市。

[3]亢：二十八宿之一。東方蒼龍七宿的第二宿。有星四顆。

[4]中軍將軍：官名，西晋時統左右衛、前後左右驍騎等宿衛七營禁軍，主管京師及朝廷警衛。泰始四年（268）罷，置北軍中候代其職。後爲將軍名號，與鎮軍將軍、撫軍將軍並爲三名號將軍，不統禁兵。三品。　督揚豫徐兖青五州諸軍事：上述五州軍事行政長官，位次於都督和監。

[5]健：苻健。

[6]監河北諸軍事：河北地區的軍事行政長官，位次於都督。　右將軍：官名，漢代重號將軍之一，與前、左、後將軍並爲上卿。魏晋時常設，權位漸低，僅爲武官名號，略高於一般雜號將軍。三品。

[7]枋頭：地名，在今河南省浚縣西南淇門渡。

[8]廬江：郡名，三國魏、吴於境内各置廬江郡，魏治所在六安縣（今安徽省六安市北），吴治所在皖縣（今安徽省潜山市）。西晋合爲一，治所在舒縣（今安徽省廬江縣西南）。　袁真：東晋人。歷任廬江太守、龍驤將軍、西中郎將、豫州刺史等職。桓温北伐失利，歸罪袁真，將其廢黜。因懷恨叛降前燕。　合肥：縣名，治所在今安徽省合肥市西。

[9]邯鄲：縣名，治所在今河北省邯鄲市西南。

七年春正月丁酉，[1]日有蝕之。辛丑，鮮卑段龕以青州來降。[2]苻健僭稱王，國號秦。二月戊寅，以段龕爲鎮北將軍，[3]封齊公。石祗大敗冉閔于襄國。夏四月，梁州刺史司馬勛出步騎三萬，自漢中入秦川，與苻健戰于五丈原，[4]王師敗績。加尚書令顧和開府儀同三司。[5]劉顯弑石祗。[6]五月，祗兖州刺史劉啓自鄄城來奔。[7]秋七月，尚書令、左光禄大夫、開府儀同三司顧和卒。甲辰，濤水入石頭，[8]溺死者數百人。八月，冉閔豫州牧張遇以許昌來降，[9]拜鎮西將軍。[10]九月，峻陽、太陽二陵崩。甲辰，帝素服臨於太極殿三日，遣兼太常趙拔修復山陵。[11]冬十月，雷雨，震電。十一月，石祗將姚弋仲、冉閔將魏脱各遣使來降，[12]以弋仲爲車騎將軍、大單于，封高陵郡公；弋仲子襄爲平北將軍、都督并州諸軍事、并州刺史、平鄉縣公；[13]脱爲安北將軍、監冀州諸軍事、冀州刺史。[14]十二月辛未，征西大將軍桓温帥衆北伐，次于武昌而止。[15]時石季龍故將周成屯廩丘，[16]高昌屯野王，[17]樂立屯許昌，李歷屯衛國，[18]皆相次來降。

[1]正月丁酉：中華本校勘記："《宋書·五行志》五'丁酉'下有'朔'字，是。"

[2]鮮卑：我國古代北方少數民族，有拓拔、宇文、慕容、禿髮、乞伏、段諸部。此指段部。　段龕：東部鮮卑人，段遼侄子，西晋末自號齊王，後被東晋任命爲鎮北將軍。後降前燕，爲伏順將軍。終被害。　青州：治所在臨淄縣（今山東省淄博市東北）。

[3]鎮北將軍：官名，東漢建安年間置，與鎮西、鎮南、鎮東將軍合稱四鎮將軍，多爲持節都督，出鎮方面。曹魏二品。晋三品，加持節都督者二品。

[4]五丈原：地名，在今陝西省岐山縣南石頭河與渭河交匯處西南。

[5]顧和：字君孝，本書卷八三有傳。

[6]弑：殿本作"殺"。

[7]鄄城：縣名，治所在今山東省鄄城縣北。

[8]石頭：石頭城，故址在今江蘇省南京市清涼山。

[9]許昌：縣名，治所在許昌城（今河南省許昌市東）。　張遇：中華本校勘記："周校：《冉閔載記》作'冉遇'。"

[10]鎮西將軍：官名，與鎮東、鎮南、鎮北將軍合稱四鎮將軍。多爲持節都督，出鎮方面。曹魏二品。晋改三品，加持節都督者二品。

[11]太常：官名，漢代稱奉常，本掌禮樂宗廟、社稷祭祀，魏晋時此職掌歸尚書裁定，太常成爲閑職。三品。

[12]姚弋仲：本書卷一一六有載記。　魏脱：中華本校勘記：

“《冉閔載記》、《通鑑》九九並作‘魏統’。”

[13]襄：姚襄，字景國，本書卷一一六有載記。　平北將軍：官名，與平東、平西、平南將軍合稱四平將軍。多持節都督或監某一地區的軍事，有時作爲刺史等地方官員監理軍務的加官。三品，加持節都督者二品。　都督并州諸軍事：并州最高軍事行政長官。　并州：治所在晋陽縣（今山西省太原市西南）。　平鄉縣公：中華本校勘記：“《姚襄載記》及《御覽》一二三引《後秦録》‘平鄉’皆作‘即丘’。”

[14]監冀州諸軍事：冀州地區的軍事行政長官，位次於都督。　冀州：三國魏治所在信都縣（今河北省衡水市冀州區），西晋移治房子縣（今河北省高邑縣西南）。

[15]武昌：縣名，治所在今湖北省鄂州市鄂城區。

[16]廩丘：縣名，治所在今山東省鄆城縣西北。

[17]野王：縣名，治所在今河南省沁陽市。

[18]衛國：縣名，治所在今河南省清豐縣東南。

八年春正月辛卯，日有蝕之。劉顯僭帝號於襄國，冉閔擊破，殺之。苻健僭帝號於長安。二月，峻平、崇陽二陵崩。戊辰，帝臨三日，遣殿中都尉王惠如洛陽，以衛五陵。鎮西將軍張遇反於許昌，使其黨上官恩據洛陽。樂弘攻督護戴施於倉垣。[1]三月，使北中郎將荀羡鎮淮陰。[2]苻健别帥侵順陽，[3]太守薛珍擊破之。夏四月，冉閔爲慕容儁所滅。儁僭帝號於中山，[4]稱燕。安西將軍謝尚帥姚襄與張遇戰於許昌之誡橋，王師敗績。苻健使其弟雄襲遇，[5]虜之。秋七月，大雩。石季龍故將王擢遣使請降，拜鎮西將軍、秦州刺史。[6]丁酉，以鎮軍大將軍、武陵王晞爲太宰，撫軍大將軍、會稽王昱爲司徒，征西大將軍桓温爲太尉。[7]八月，平西將軍周撫討蕭敬文於涪城，斬之。冉閔子智以鄴降，督護戴施獲其傳國璽，送之，文曰“受天之命，皇帝壽昌”，百僚畢賀。九月，冉智爲其將馬願所執，降于慕容恪。[8]中軍將軍殷浩帥衆北伐，次泗口，[9]遣河南太守戴施據石門，[10]滎陽太守劉遂戍倉垣。[11]冬十月，秦州刺史王擢爲苻健所逼，奔于凉州。

[1]倉垣：即倉垣亭，位於今河南省開封市西北。

[2]淮陰：縣名，治所在今江蘇省淮安市淮陰區西南。

[3]順陽：縣名，治所在今河南省淅川縣南。

[4]中山：郡名，治所在盧奴縣（今河北省定州市）。

[5]雄：苻雄，苻洪第四子，本書卷一一二有載記。

[6]秦州：治所在冀縣（今甘肅省甘谷縣東）。

[7]太尉：官名，曹操爲丞相後，太尉府屬官歸相府，晋時太尉雖爲八公之一、三公之首，實爲名譽宰相，多爲大臣加官。一品。

[8]慕容恪：字玄恭，本書卷一一一有載記。

[9]泗口：古泗水入淮河之口，位於今江蘇省淮安市淮陰區西南。

[10]石門：地名，在今河南省滎陽市東北。

[11]滎陽：郡名，治所在滎陽縣（今河南省滎陽市東北）。

九年春正月乙卯朔，大赦。張重華使王擢與苻健將苻雄戰，擢師敗績。丙寅，皇太后與帝同拜建平陵。三月，旱。交州刺史阮敷討林邑范佛於日南，[1]破其五十餘壘。夏四月，以安西將軍謝尚爲尚書僕射。[2]五月，大疫。張重華復使王擢襲秦州，取之。仇池公楊初爲苻雄所敗。秋七月丁酉，地震，[3]有聲如雷。八月，遣兼太尉、河間王欽修復五陵。冬十月，中軍將軍殷浩進次山桑，[4]使平北將軍姚襄爲前鋒。襄叛，反擊浩，浩棄輜重，退保譙城。[5]丁未，凉州牧張重華卒，子耀靈嗣。[6]是月，[7]張祚弑耀靈而自稱凉州牧。[8]十一月，殷浩使部將劉啓、王彬之討姚襄，復爲襄所敗，襄遂進據芍陂。[9]十二月，加尚書僕射謝尚爲都督豫揚江西諸軍事，[10]領豫州刺史，鎮歷陽。[11]

[1]交州：又稱交阯，公元前2世紀初南越王趙佗置，後屬西漢。東漢改爲交州，治所在番禺縣（今廣東省廣州市），三國時移治龍編縣（今越南社會主義共和國河北省仙游縣東）。

[2]尚書僕射：官名，秦漢爲尚書令副貳，東漢建安四年（199）分置左、右，爲尚書省次官。三品。

[3]秋七月丁酉，地震：中華本校勘記："《校文》：《五行志》作'八月'，震者爲京都。按：《宋書·五行志》五亦作'八月'。七月無丁酉，八月壬午朔，丁酉爲月之十六日。"

[4]山桑：縣名，治所在今安徽省蒙城縣北。

[5]譙城：一名譙陵城，位於今河南省夏邑縣北。

[6]耀靈：張耀靈，字元舒，本書卷八六有傳。

[7]是月：即永和九年十月。據陳垣《二十史朔閏表》推算，知永和九年（353）十月丁未爲十月二十七日，而且十月爲小盡，僅二十九日。張祚要在短短三日完成輔政、篡位、弑侄三大步驟，時間實在是太短了。《太平御覽》卷一二四《偏霸部》引《十六國春秋·前凉録》："（和平）二年，有神降于玄武殿，自稱玄冥，與人交語。祚日夜祈之，神言與福利，祚甚信之。征東張瓘遣兵傳

檄，廢祚以侯還第，復立靈曜。八月，祚收瓘弟琚及其子嵩等，驍騎將軍宋混兄脩素與祚有隙，祚疑之。混西奔，招合夷晋衆至萬餘人還向姑臧。祚大懼，遣陽秋胡將靈曜於苑，拉其腰而殺之。”許福謙先生據此認爲張靈曜死於和平二年（355）八月。（參見許福謙《〈晋書〉疑年録（十六國部分）》，《中國歷史文獻研究會第26届年會論文集》，2005年）

［8］張祚：字太伯，本書卷八六有傳。

［9］芍陂：又名龍泉陂，位於今安徽省壽縣南。

［10］都督豫揚江西諸軍事：豫州以及揚州之江西地區最高軍事行政長官。江西，地區名，隋唐以前對長江下游北岸淮水以南地區的稱呼。

［11］歷陽：縣名，治所在今安徽省和縣。

十年春正月己酉朔，帝臨朝，以五陵未復，懸而不樂。凉州牧張祚僭帝位。冉閔降將周成舉兵反，自宛陵襲洛陽。[1]辛酉，河南太守戴施奔鮪渚。[2]丁卯，地震，有聲如雷。二月己丑，太尉、征西將軍桓温帥師伐關中。廢揚州刺史殷浩爲庶人，以前會稽内史王述爲揚州刺史。[3]夏四月己亥，温及苻健子萇戰于藍田，[4]大敗之。五月，江西乞活郭敞等執陳留内史劉仕而叛，[5]京師震駭，以吏部尚書周閔爲中軍將軍，[6]屯于中堂，[7]豫州刺史謝尚自歷陽還衛京師。六月，苻健將苻雄悉衆及桓温戰于白鹿原，[8]王師敗績。秋九月辛酉，桓温糧盡，引還。

［1］宛陵：中華本校勘記：“宛陵屬宣成郡。《通鑑》卷九九作‘自宛襲洛陽’，《紀》文‘陵’字疑衍。”宛縣治所在今河南省南

陽市。

[2]河南：郡名，治所在雒陽縣（今河南省洛陽市東北）。　鮪渚：在今河南省鞏義市西北。《水經注·河水》："縣北有山，臨河，謂之崟㟭邱，其下有穴，謂之鞏穴，言潜通淮浦，北达于河。直穴有渚，謂之鮪渚。"

[3]會稽：郡名，治所在山陰縣（今浙江省紹興市）。　内史：官名，西晋武帝太康十年（289）改諸王國相爲内史，掌管民政。五品。周家禄《晋書校勘記》認爲："晋制，以郡爲國，内史治民事，若郡太守。國除爲郡，復稱太守。然二名往往混淆，史家亦互稱之。"　王述：字懷祖，本書卷七五有傳。　揚州：三國魏、吴各置揚州，魏治在壽春縣（今安徽省壽縣），吴治在建業縣（今江蘇省南京市）。西晋統一後復合，治所在建鄴縣（今江蘇省南京市）。　刺史：原本、宋本脱"史"字，殿本有，據殿本補。

[4]藍田：縣名，治所在今陝西省西安市藍田縣西灞河西岸。

[5]江西乞活郭敞等執陳留内史劉仕而叛：中華本校勘記："《姚襄載記》'郭敞'作'郭斁'。又《姚襄載記》及《册府》四四〇皆云劉仕爲堂邑内史，疑作堂邑者是。晋堂邑郡治所在江蘇省南京市六合區境，離建康近，故'京師震駭'。"陳留，郡國名，治所在小黄縣（今河南省開封市東）。此處爲東晋僑置郡，治所在今安徽省亳州市一帶。

[6]吏部尚書：官名，三國魏時爲尚書省吏部曹長官，位居列曹尚書之上。三品。

[7]中堂：又稱南皇堂。《江南通志》卷三〇《輿地志·江寧府》載："中堂在上元縣古都城宣陽門外，或謂之南皇堂。六朝時建康有警，多以親貴出頓中堂。"

[8]白鹿原：位於今陝西省西安市藍田縣西灞、滻二水之間。南連秦嶺，北至灞岸，東西四十里，南北十五里。

十一年春正月甲辰，侍中、汝南王統薨。平羌校尉、仇池公楊初爲其部將梁式所害，初子國嗣位，因拜鎮北將軍、秦州刺史。齊公段龕襲慕容儁將榮國於郎山，[1]取之。[2]夏四月壬申，隕霜。乙酉，地震。姚襄帥衆寇外黄，[3]冠軍將軍高季大破之。五月丁未，地又震。六月，苻健死，其子生嗣僞位。[4]秋七月，宋混、張瓘弑張祚，[5]而立耀靈弟玄靚爲大將軍、涼州牧，[6]遣使來降。以吏部尚書周閔爲尚書左僕射，[7]領軍將軍王彪之爲尚書右僕射。[8]冬十月，進豫州刺史謝尚督并冀幽三州諸軍事、鎮西將軍，[9]鎮馬頭。[10]十二月，慕容恪帥衆寇廣固。[11]壬戌，上黨人馮鴦自稱太守，[12]背苻生遣使來降。

[1]郎山：位於今安徽省蒙城縣西北。

[2]取之：取，殿本作“敗”。

[3]外黄：縣名，治所在今河南省民權縣西北。

[4]生：苻生，字長生，本書卷一一二有載記。

[5]宋混：十六國時敦煌（今甘肅省敦煌市西南）人，任前涼驍騎將軍。起兵殺張祚，立張玄靚，官至尚書僕射、輔國將軍。張瓘：十六國時前涼人，任河州刺史。與宋混起兵殺張祚。後欲殺宋混篡立，失敗被殺。

[6]玄靚：張玄靚，字元安，本書卷八六有傳。

[7]尚書左僕射：官名，尚書省次官，輔助尚書令執行政務，參議大政，諫諍得失，監察糾彈百官。有時尚書省不置令，衹設左右僕射，此時左僕射居右僕射之上。三品。

[8]領軍將軍：官名，三國曹丕置，職掌同於中領軍，但任職者資位重於中領軍，簡稱領軍。爲禁衛軍最高統帥，常由皇帝親信

或宗室擔任。兩晋沿置。三品。　王彪之：字叔武，本書卷七六有傳。

［9］督并冀幽三州諸軍事：上述三州軍事行政長官，位次於都督和監。

［10］馬頭：馬頭山，位於今河南省商城縣南。

［11］廣固：廣固城，位於今山東省青州市西北。

［12］上黨：郡名，治所在潞縣（今山西省黎城縣南）。

十二年春正月丁卯，帝臨朝，[1]以皇太后母喪，懸而不樂。鎮北將軍段龕及慕容恪戰于廣固，大敗之，恪退據安平。[2]二月辛丑，帝講《孝經》。[3]三月，姚襄入于許昌，以太尉桓温爲征討大都督以討之。[4]秋八月己亥，桓温及姚襄戰於伊水，[5]大敗之。襄走平陽，[6]徙其餘衆三千餘家於江漢之間，執周成而歸。使揚武將軍毛穆之，[7]督護陳午，輔國將軍、河南太守戴施鎮洛陽。冬十月癸巳朔，日有蝕之。慕容恪攻段龕於廣固，使北中郎將荀羨帥師次于琅邪以救之。[8]十一月，遣兼司空、散騎常侍車灌，[9]龍驤將軍袁真等持節如洛陽，修五陵。十二月庚戌，以有事於五陵，告于太廟，帝及群臣皆服緦，[10]於太極殿臨三日。是歲，仇池公楊國爲其從父俊所殺，俊自立。

［1］帝臨朝：朝，殿本作“軒”。

［2］安平：縣名，治所在今河北省安平縣。

［3］《孝經》：儒家經典之一。孔門後學所撰，今文本十八章，漢、晋、唐、宋多有儒者爲之作注。

［4］征討大都督：官名，掌統率外出征伐之軍，名位在征討都

督之上。

[5]伊水：位於今河南省境内，發源欒川縣西伏牛山，東北流至偃師市西南入洛河。

[6]平陽：縣名，東晋太元中改平清縣置，爲義陽郡治，治所在今河南省信陽市。

[7]揚武將軍：官名，統兵出征。四品。　毛穆之：字憲祖，本書卷八一有傳。

[8]琅邪：封國名，治所在今山東省臨沂市。

[9]司空：官名，魏晋南北朝爲名譽宰相，多爲大臣加官。晋八公之一，位在三公之末。一品。　散騎常侍：官名，三國魏文帝黄初年間置，侍從皇帝左右，諫諍得失，顧問應對，與侍中等共平尚書奏事。也用作宰相、諸公等加官，入宫議政。三品。

[10]緦：古代喪服名。五服中之最輕者，孝服用細麻布製成，服期三月。

升平元年春正月壬戌朔，帝加元服，[1]告于太廟，始親萬機。大赦，改元，增文武位一等。皇太后居崇德宫。丁丑，隕石于槐里一。[2]是月，鎮北將軍、齊公段龕爲慕容恪所陷，遇害。扶南竺旃檀獻馴象，[3]詔曰："昔先帝以殊方異獸或爲人患，禁之。今及其未至，可令還本土。"三月，帝講《孝經》。壬申，親釋奠於中堂。[4]夏五月庚午，鎮西將軍謝尚卒。苻生將苻眉、苻堅擊姚襄，[5]戰于三原，[6]斬之。六月，苻堅殺苻生而自立。[7]以軍司謝奕爲使持節、都督、安西將軍、豫州刺史。[8]秋七月，苻堅將張平以并州降，遂以爲并州刺史。八月丁未，立皇后何氏，[9]大赦，賜孝悌鰥寡米，[10]人五斛，逋租宿債皆勿收，大酺三日。冬十月，皇后見于太廟。十一月，雷。十二月，以太常王彪之爲尚書左僕射。

[1]元服：帽子。古稱行冠禮爲加元服。《儀禮·士冠禮》："令月吉日，始加元服。"

[2]槐里：縣名，治所在今陝西省興平市東南。

[3]扶南竺旃檀："竺"上原本、宋本、殿本有"天"字，據中華本校勘記删。

[4]釋奠：古代在學校設置酒食以奠祭先聖先師的典禮。

[5]苻眉：中華本校勘記："周校：《苻生載記》作'苻黄眉'。按：《通鑑》一〇〇與《載記》同。"

[6]三原：《元和郡縣圖志》卷一《關内道·三原縣》："巀嶭在今縣西北六十里，苻秦於此山北置三原護軍，以其地西有孟侯原，南曰豐原，北曰白鹿原。"三原縣，治所在今陝西省淳化縣東嵯峨山之北。

[7]苻堅：字永固，本書卷一一三有載記。

[8]軍司：官名，即軍師，因避司馬師諱，故改。爲軍府主要屬僚，佐主帥統軍隊，負有匡正監察主帥之責，地位很高，常繼任主帥。　謝奕：字無奕，本書卷七九有傳。　都督：領兵將帥。

[9]皇后何氏：名法倪，本書卷三二有傳。

[10]孝悌：悌，殿本作"弟"。

二年春正月，司徒、會稽王昱稽首歸政，帝不許。三月，[1]慕容儁陷冀州諸郡，詔安西將軍謝奕、北中郎將荀羨北伐。三月，[2]佽飛督王饒獻鴆鳥，[3]帝怒，鞭之二百，使殿中御史焚其鳥於四達之衢。[4]夏五月，大水。有星孛于天船。[5]六月，并州刺史張平爲苻堅所逼，帥衆三千奔于平陽，堅追敗之。慕容恪進據上黨，冠軍將軍馮鴦以衆叛歸慕容儁，[6]儁盡陷河北之地。秋八月，安西將軍謝奕卒。壬申，以吴興太守謝萬爲西中郎將、持節、監司豫冀并四州諸軍事、豫州刺史。[7]以散騎常侍郗曇爲北中郎將、持節、都督徐兖青冀幽五州諸軍事、徐兖二州刺史，[8]鎮下邳。[9]冬十月乙丑，陳留王曹勱薨。[10]十一月庚子，雷。辛酉，[11]地震。十二月，北中郎將荀羨及慕容儁戰于山茌，[12]王師敗績。

[1]三月：殿本作“二月”。

[2]三月：中華本校勘記：“‘三月’重出。是年三月置閏，此‘三月’疑‘閏月’之誤。”

[3]佽飛督：官名，屬右衛將軍，統率佽飛虎賁，負責侍衛皇帝，皇帝出行時隨身護衛。

[4]殿中御史：官名，亦稱殿中侍御史，隸屬御史臺，掌糾察宫殿中違法。六品。

[5]星孛于天船：彗星出現在天船。星孛，彗星。《春秋左傳·文公十四年》：“秋，七月，有星孛入於北斗。”杜預注：“孛，彗也。”天船，天將軍十二星之一，本書卷一一《天文志》：“北九星曰天船，一曰舟星，所以濟不通也。”

[6]馮鴦：馮，原本、宋本作“苻”，殿本作“馮”，據殿本改。

[7]吴興：郡名，治所在烏程縣（今浙江省湖州市南）。　謝萬：字萬石，本書卷七九有傳。　監司豫冀并四州諸軍事：上述四州的軍事行政長官，地位低於都督。

[8]郗曇：字重熙，本書卷六七有傳。　都督徐兖青冀幽五州諸軍事：上述五州最高軍事行政長官。

[9]下邳：縣名，治所在今江蘇省睢寧縣古邳鎮東。

[10]陳留王曹勱蕘：曹操的玄孫，咸和元年（326）封陳留王。

[11]辛酉：十一月辛巳朔，是月無辛酉。

[12]山茌：縣名，治所在今山東省濟南市長清區東南。

三年春三月甲辰，詔以比年出軍，糧運不繼，王公已下十三户借一人一年助運。[1]秋七月，平北將軍高昌爲慕容儁所逼，自白馬奔于滎陽。[2]冬十月慕容儁寇東阿，[3]遣西中郎將謝萬次下蔡，[4]北中郎將郗曇次高平以擊之，王師敗績。十一月戊子，進揚州刺史王述爲衛將軍。[5]十二月，又以中軍將軍、琅邪王丕爲驃騎將軍，東海王奕爲車騎將軍。封武陵王晞子遵爲梁王。交州刺史温放之帥兵討林邑參黎、耽潦，並降之。

[1]王公已下：王，原本、宋本作“五”，殿本作“王”，據殿本改。

[2]白馬：縣名，治所在今河南省滑縣東南城關鎮東。

[3]東阿：縣名，治所在今山東省陽穀縣東北阿城鎮。

[4]西中郎將：原本、宋本無“將”字，殿本有，據殿本補。下蔡：縣名，治所在今安徽省鳳臺縣。

[5]衛將軍：官名，魏晉時位在名號將軍之上，多爲軍府名號，加給大臣、重要州郡長官。二品，開府位從公者一品。

四年春正月，仇池公楊俊卒，子世嗣。丙戌，慕容儁死，子暐嗣僞位。[1]二月，鳳皇將九雛見于豐城。[2]秋七月，以軍役繁興，省用徹膳。八月辛丑朔，日有蝕之，既。[3]冬十月，天狗流于西南。[4]十一月，封太尉桓温爲南郡公，温弟沖爲豐城縣公，[5]子濟爲臨賀郡公。鳳凰復見豐城，衆鳥隨之。

[1]暐：慕容暐，字景茂，本書卷一一一有載記。

[2]豐城：縣名，治所在今江西省豐城市南。

[3]既：全食，此指日全食。

[4]天狗：星名。《史記》卷二七《天官書》："天狗，狀如大奔星，有聲，其下止地，類狗。"裴駰集解引孟康曰："星有尾，旁有短彗，下有如狗形者，亦太白之精。"

[5]沖：桓沖，字幼子，本書卷七四有傳。

五年春正月戊戌，大赦，賜鰥寡孤獨不能自存者，人米五斛。北中郎將、都督徐兖青冀幽五州諸軍事、徐兖二州刺史郗曇卒。二月，以鎮軍將軍范汪爲都督徐兖青冀幽五州諸軍事、安北將軍、徐兖二州刺史。[1]平南將軍、廣州刺史、陽夏侯滕含卒。[2]夏四月，大水。太尉桓温鎮宛，使其弟豁將兵取許昌。[3]鳳凰見于沔北。五月丁巳，帝崩于顯陽殿，時年十九。葬永平陵，廟號孝宗。

[1]范汪：字玄平，本書卷七五有傳。　都督徐兖青冀幽五州諸軍事：徐兖青，殿本作"青兖徐"。

[2]平南將軍：官名，與平東、平西、平北將軍合稱四平將軍。多持節都督或監某一地區的軍事，有時作爲刺史等地方官員監理軍務的加官。三品，加持節都督者二品。　廣州：治所在番禺縣（今廣東省廣州市）。　滕含：東晋人，任奮威長史、奮武司馬、輕車

長史、建威長史、平南將軍、廣州刺史等職。

[3]豁，桓豁，字朗子，本書卷七四有傳。

哀帝

哀皇帝諱丕，字千齡，成帝長子也。咸康八年，封爲琅邪王。永和元年拜散騎常侍，十二年加中軍將軍，升平三年除驃騎將軍。

五年五月丁巳，穆帝崩。皇太后令曰："帝奄不救疾，[1]胤嗣未建。琅邪王丕，中興正統，[2]明德懋親。[3]昔在咸康，屬當儲貳。以年在幼冲，未堪國難，故顯宗高讓。今義望情地，莫與爲比，其以王奉大統。"於是百官備法駕，[4]迎于琅邪第。庚申，即皇帝位，大赦。壬戌，詔曰："朕獲承明命，[5]入纂大統。顧惟先王宗廟，蒸嘗無主，[6]太妃喪庭，[7]廓然靡寄，悲痛感摧，五内抽割。宗國之尊，情禮兼隆，胤嗣之重，義無與二。東海王奕，戚屬親近，宜奉本統，其以奕爲琅邪王。"秋七月戊午，葬穆皇帝于永平陵。慕容恪攻陷野王，守將吕護退保滎陽。八月己卯夜，天裂，廣數丈，有聲如雷。九月戊申，立皇后王氏。[8]穆帝皇后何氏稱永安宫。吕護叛奔于慕容暐。冬十月，安北將軍范汪有罪，廢爲庶人。十一月丙辰，詔曰："顯宗成皇帝顧命，以時事多艱，弘高世之風，樹德博重，以隆社稷。而國故不已，康穆早世，胤祚不融。[9]朕以寡德，復承先緒，感惟永慕，悲痛兼摧。夫昭穆之義，[10]固宜本之天屬。繼體承基，古今常道。宜上嗣顯宗，以修本統。"十二月，加凉州刺史張玄靚爲大都督隴右諸軍事、護羌校尉、西平公。

［1］帝奄不救疾：皇帝突然得了不治之症。
［2］中興正統：正，宋本作“王”。
［3］明德懋親：美德大愛。
［4］獲承明命：原本、宋本無“命”字，殿本有。據殿本補。
［5］法駕：天子的車駕。指皇位。
［6］蒸嘗：本指秋冬二祭。後泛指祭祀。
［7］太妃喪庭：指章太妃周氏去世。章太妃，本書卷三二有傳。
［8］皇后王氏：名穆之，本書卷三二有傳。
［9］胤祚不融：後嗣傳代不昌盛。
［10］昭穆：古代宗法制度，宗廟或宗廟中神主的排列次序，始祖居中，以下父子（祖、父）遞爲昭穆，左爲昭，右爲穆。

隆和元年春正月壬子，大赦，改元。甲寅，減田税，畝收二升。是月，[1]慕容暐將吕護、傅末波攻陷小壘，[2]以逼洛陽。二月辛未，以輔國將軍、吴國内史庾希爲北中郎將、徐兖二州刺史，[3]鎮下邳；前鋒監軍、龍驤將軍袁真爲西中郎將、監護豫司并冀四州諸軍事，豫州刺史，鎮汝南，[4]並假節。丙子，尊所生周氏爲皇太妃。三月甲寅朔，[5]日有蝕之。夏四月，旱。詔出輕繫、振困乏。[6]丁丑，梁州地震，[7]浩亹山崩。吕護復寇洛陽。乙酉，輔國將軍、河南太守戴施奔于宛。五月丁巳，遣北中郎將庾希、竟陵太守鄧遐以舟師救洛陽。秋七月，吕護等退守小平津。[8]進琅邪王奕爲侍中、驃騎大將軍、開府。[9]鄧遐進屯新城，[10]庾希部將何謙及慕容暐將劉則戰于檀丘，[11]破之。八月，西中郎將袁真進次汝南，運米五萬斛以饋洛陽。冬十月，賜貧乏者米，人五斛。章武王珍薨。十二月戊午朔，日有蝕之。詔曰："戎旅路次，未得輕簡賦役。玄象失度，[12]亢旱爲患。豈政事未洽，將有版築、渭濱之士邪！[13]其搜揚隱滯，蠲除苛碎，詳議法令，咸從損要。"庾希自下邳退鎮山陽，[14]袁真自汝南退鎮壽陽。

[1]是月：是，殿本作"二"。

[2]吕護：護，原本作"擭"，宋本、殿本作"護"，據宋本、殿本改。　傅末波：中華本校勘記："周校：《暐載記》作'傅顔'。"

[3]庾希：字始彦，本書卷七三有傳。

[4]汝南：郡名，西晋治所在新息縣（今河南省息縣西南），東晋移治懸瓠城（今河南省汝南縣）。

[5]三月甲寅朔：中華本校勘記："三月壬辰朔。若三月甲寅朔，下文四月不得有丁丑。"

[6]輕繫：罪輕的囚犯。

[7]梁州地震：中華本校勘記："《拾補》：'梁'誤。下云浩亹，在凉州。按：盧説是。《宋書·五行志》五、《建康實録》八並作'凉州'。"

[8]小平津：黄河八關之一，位於今河南省孟津縣東北黄河上。

[9]奕：司馬奕，即本卷中的海西公。　驃騎大將軍：官名，魏晋制度，驃騎將軍爲重號將軍，僅次於大將軍，高於諸名號將軍，本不需加"大"字。然兩晋時將軍名號越授越濫，遂又增置此號，居諸名號將軍之首。多加於權臣元老，以示尊崇。開府置僚屬，不領兵。二品，開府位從公者一品。　開府：開設府署，辟置僚屬。魏晋時常以此作爲對高級官員的寵待。

[10]新城：郡名，曹魏黄初元年（220）改房陵郡置，治所在

房陵縣（今湖北省房縣）。

［11］檀丘：地名，在今山東省泗水縣東南。

［12］玄象失度：天象失去常態。

［13］將有：原本、宋本無“將”字，殿本有，據殿本補。版築：相傳商傅説築於傅岩，武丁舉以爲相。　渭濱：指商周之際的吕尚，事文王之前釣魚於渭水之濱。

［14］山陽：縣名，治所在今江蘇省淮安市。

興寧元年春二月己亥，[1]大赦，改元。三月壬寅，皇太妃薨于琅邪第。癸卯，帝奔喪，詔司徒、會稽王昱總内外衆務。夏四月，慕容暐寇滎陽，太守劉遠奔魯陽。[2]甲戌，揚州地震，湖瀆溢。五月，加征西大將軍桓温侍中、大司馬、都督中外諸軍事、録尚書事、假黄鉞。[3]復以西中郎將袁真都督司冀并三州諸軍事，[4]北中郎將庾希都督青州諸軍事。[5]癸卯，慕容暐陷密城，[6]滎陽太守劉遠奔于江陵。[7]秋七月，張天錫弑凉州刺史、西平公張玄靚，[8]自稱大將軍、護羌校尉、凉州牧、西平公。丁酉，葬章皇太妃。八月，有星孛于角亢，[9]入天市。[10]九月壬戌，大司馬桓温帥衆北伐。癸亥，以皇子生，大赦。冬十月甲申，立陳留王世子恢爲王。十一月，姚襄故將張駿殺江州督護趙毗，焚武昌，略府藏以叛，江州刺史桓冲討斬之。是歲，慕容暐將慕容塵攻陳留太守袁披于長平，[11]汝南太守朱斌承虚襲許昌，克之。

［1］二月己亥：中華本校勘記：“二月丁巳朔，不得有己亥。”

[2]魯陽：縣名，治所在今河南省魯山縣。

[3]大司馬：官名，八公之一，位在上公之下、大將軍及三公之上，高級將帥，多爲大臣加官。一品。　都督中外諸軍事：官名，亦稱都督中外諸軍。全國最高軍事統帥，總統中央地方的内外諸軍，權力極大。

[4]都督司冀并三州諸軍事：上述三州最高軍事行政長官。

[5]都督青州諸軍事：青州地區最高軍事行政長官。

[6]密城：位於今山東省昌邑市東南十五里。

[7]江陵：縣名，治所在今湖北省江陵縣。

[8]張天錫：字純嘏，本書卷八六有傳。

[9]角亢：角宿與亢宿的並稱。即二十八宿中東方蒼龍七宿中的第一、第二宿。

[10]天市：星區名。《史記》卷二七《天官書》："東北曲十二星曰旗。旗中四星曰天市。"

[11]長平：縣名，治所在今河南省西華縣東北。

二年春二月庚寅，江陵地震。慕容暐將慕容評襲許昌，[1]潁川太守李福死之。[2]評遂侵汝南，太守朱斌遁于壽陽。又進圍陳郡，[3]太守朱輔嬰城固守。桓温遣江夏相劉岵擊退之。[4]改左軍將軍爲游擊將軍，[5]罷右軍、前軍、後軍將軍，五校、三將官。[6]癸卯，帝親耕籍田。[7]三月庚戌朔，大閲户人，[8]嚴法禁，稱爲庚戌制。辛未，帝不悆。[9]帝雅好黄老，斷穀，餌長生藥，服食過多，遂中毒，不識萬機，[10]崇德太后復臨朝攝政。夏四月甲辰，[11]慕容暐遣其將李洪侵許昌，王師敗績于懸瓠，[12]朱斌奔于淮南，朱輔退保彭城。桓温遣西中郎將袁真、江夏相劉岵等鑿揚儀道以通運，温帥舟師次于合肥，慕容廆復屯許昌。五月，遷陳人于陸以避之。[13] 戊辰，以揚州刺史王述爲尚書令、衛將軍，以桓温爲揚州牧、録尚書事。壬申，遣使喻温入相，温不從。秋七月丁卯，復徵温入朝。八月，温至赭圻，[14] 遂城而居之。苻堅别帥侵河南，慕容暐寇洛陽。九月，冠軍將軍陳祐留長史沈勁守洛陽，[15] 帥衆奔新城。

[1]慕容評：十六國時昌黎棘城（今遼寧省義縣西）人，慕容廆之子。歷任前燕軍師將軍、輔弼將軍、司州刺史、驃騎將軍。後被前秦王猛所俘。

[2]潁川：郡名，治所在許昌縣（今河南省許昌市東）。

[3]陳郡：治所在陳縣（今河南省周口市淮陽區）。

[4]江夏：郡名，三國魏治所在上昶城（今湖北省雲夢縣），西晋移治安陸縣（今湖北省安陸市西南）。

[5]左軍將軍：官名，與前軍、後軍、右軍將軍合稱四軍將軍，領營兵千人，掌宿衛。初屬中軍將軍，後屬領軍將軍。四品。

[6]罷右軍、前軍、後軍將軍，五校、三將官：中華本點校本爲“罷右軍、前軍、後軍、將軍五校三將官”，意思不明，應點爲“罷右軍、前軍、後軍將軍，五校、三將官”。五校，即屯騎、越騎、步兵、長水、射聲五校尉。三將官，虎賁中郎將、冗從僕射、羽林監合稱。

[7]籍田：皇帝親耕之田，每逢春耕前，皇帝躬耕藉田，以示對農業的重視。籍，殿本作“耤”。

[8]大閱户人：檢搜户籍。

[9]帝不悆：悆，殿本作“豫”。

[10]萬機：機，殿本作“幾”。

[11]甲辰：辰，殿本作“申”。

[12]懸瓠：懸瓠城，即今河南省汝南縣城。

［13］遷陳人于陸以避之：中華本校勘記："'于陸'，文義不明，疑本作'于安陸'，脱'安'字。安陸在陳郡南，故遷陳郡之民于安陸。"

［14］赭圻：赭圻城，位於今安徽省繁昌縣西北長江南岸赭圻嶺下。

［15］沈勁：字世堅，本書卷八九有傳。

三年春正月庚申，皇后王氏崩。二月，乙未，以右將軍桓豁監荆州揚州之義城雍州之京兆諸軍事、領南蠻校尉、荆州刺史，[1]桓冲監江州荆州之江夏隨郡豫州之汝南西陽新蔡潁川六郡諸軍事、南中郎將、江州刺史，[2]領南蠻校尉，[3]並假節。丙申，帝崩于西堂，時年二十五。葬安平陵。

［1］監荆州揚州之義城雍州之京兆諸軍事：荆州、揚州轄下義城郡、雍州轄下京兆郡等地區軍事行政長官，位次於都督。雍州之京兆，東晋在襄陽縣（今湖北省襄陽市）僑置雍州，以鄧縣（今湖北襄陽市西北）爲京兆郡。

［2］監江州荆州之江夏隨郡豫州之汝南西陽新蔡潁川六郡諸軍事：江州，荆州轄下江夏、隨郡，豫州轄下汝南、西陽、新蔡、潁川等地區軍事行政長官，位次於都督。西陽，郡名，治所在西陽縣（今湖北省黄岡市東）。新蔡，郡名，治所在新蔡縣（今河南省新蔡縣）。

［3］領南蠻校尉：前述桓豁領南蠻校尉，此云桓冲領南蠻校尉，二人不可能同期同領南蠻校尉。《資治通鑑》卷一〇一《晋紀》哀帝興寧三年司馬光《考異》："帝紀云：'冲領南蠻校尉。'按江左唯荆州領南蠻。《冲傳》亦無，蓋《紀》因桓豁重出。今不取。"《晋書》卷二四《職官志》略云：晋武帝置南蠻校尉於襄陽。元康中，

南蠻校尉爲荆州刺史。及江左初，省南蠻校尉，尋又置於江陵。又按《晉書》卷四四《桓彝附桓豁傳》記桓豁“監荆、揚、雍州軍事，領護南蠻校尉，荆州刺史”事。如此，桓豁領南蠻校尉應屬無疑。（參見陳金鳳《〈晋書〉校勘二則》，《中國史研究》2000年第3期）

海西公

廢帝諱奕，字延齡，哀帝之母弟也。咸康八年封爲東海王。永和八年拜散騎常侍，尋加鎮軍將軍；升平四年拜車騎將軍。五年，改封琅邪王。隆和初，轉侍中、驃騎大將軍、開府儀同三司。

興寧三年二月丙申，哀帝崩，無嗣。丁酉，皇太后詔曰：“帝遂不救厥疾，艱禍仍臻，遺緒泯然，哀慟切心。琅邪王奕，明德茂親，屬當儲嗣，宜奉祖宗，纂承大統。便速正大禮，以寧人神。”於是百官奉迎于琅邪第。是日，即皇帝位，大赦。三月壬申，葬哀皇帝于安平陵。癸酉，散騎常侍、河間王欽薨。丙子，[1]慕容暐將慕容恪陷洛陽，寧朔將軍竺瑶奔于襄陽，[2]冠軍長史、揚武將軍沈勁死之。夏六月戊子，使持節、都督益寧二州諸軍事、鎮西將軍、益州刺史、建城公周撫卒。秋七月，匈奴左賢王衛辰、右賢王曹穀帥衆二萬侵苻堅杏城。[3]己酉，改封會稽王昱爲琅邪王。壬子，立皇后庾氏。[4]封琅邪王昱子昌明爲會稽王。[5]冬十月，梁州刺史司馬勳反，自稱成都王。十一月，帥衆入劍閣，[6]攻涪，西夷校尉毌丘暐棄城而遁。[7]乙卯，圍益州刺史周楚于成都，[8]桓温遣江夏相朱序救之。[9]十二月戊戌，以會稽內史王彪之爲尚書僕射。

[1]丙子：中華本校勘記："三月甲辰朔，無丙子。"

[2]寧朔將軍：官名，西晋時多駐幽州，爲幽州地區軍政長官，兼管烏丸事務。此時駐洛陽。四品。　襄陽：郡名，東漢建安十三年（208）置，治所在襄陽縣（今湖北省襄陽市），西晋移治宜城縣（今湖北省宜城市南）。

[3]匈奴：古代北方少數民族名。東漢時分裂爲南北兩部，建安二十一年（216）南匈奴呼厨泉單于入朝，部衆分爲五部，散居各郡縣。　左賢王：匈奴官名，即左屠耆王。屠耆爲匈奴語"賢"，漢人因稱之爲左賢王。單于手下最高官職，常由太子擔任。　衛辰：十六國大夏主赫連勃勃之父，赫連勃勃稱帝後，追尊爲桓皇帝，廟號太祖。　右賢王：匈奴官名，地位僅次於左賢王。　曹轂：中華本校勘記："周校：《苻堅載記》'曹穀'作'曹轂'。按：《通鑑》一〇一亦作'曹轂'。"　杏城：杏城鎮，位於今陝西省黄陵縣西南。

[4]皇后庾氏：名道憐，本書卷三二有傳。

[5]昌明：司馬曜，字昌明，本書卷九有紀。

[6]劍閣：即劍門關，位於今四川省劍閣縣東北。

[7]西夷校尉：官名，亦稱護西夷校尉。晋武帝太康三年（282）置，治寧州，寧州併入益州後以益州刺史兼領。東晋平蜀後復置，持節統兵，掌益州少數民族事務。立府，置長史、司馬，可與刺史一樣舉秀才、廉吏、良吏。四品。十六國前秦亦置，掌益州及西部地區少數民族事務。北凉段業亦置，掌凉興以西少數民族事務。

[8]周楚：字元孫，本書卷五八有傳。

[9]朱序：字次倫，本書卷八一有傳。

太和元年春二月己丑，以凉州刺史張天錫爲大將軍、都督隴右關中諸軍事、西平郡公。[1]丙申，以宣城内史桓秘爲持節、監梁益二州征討諸軍事。[2]三月辛亥，新蔡王邈薨。荆州刺史桓豁遣督護桓羆攻南鄭，[3]魏興人畢欽舉兵以應羆。[4]夏四月，旱。五月戊寅，皇后庾氏崩。朱序攻司馬勛於成都，衆潰，執勛，斬之。秋七月癸酉，葬孝皇后于敬平陵。九月甲午，曲赦梁、益二州。[5]冬十月辛丑，苻堅將王猛、楊安攻南鄉，[6]荆州刺史桓豁救之，師次新野而猛、安退。以會稽王昱爲丞相。十二月，南陽人趙弘、趙憶等據宛城反，[7]太守桓澹走保新野。[8]慕容暐將慕容厲陷魯郡、高平。[9]

[1]都督隴右關中諸軍事：隴右、關中地區最高軍事行政長官。

[2]桓秘：字穆子，本書卷七四有傳。　監梁益二州征討諸軍事：梁、益二州征討軍隊的監軍。

[3]南鄭：縣名，治所在今陕西省漢中市。

[4]魏興：郡名，東漢建安二十年（215）分漢中郡置西城郡，曹魏黄初二年（221）改名魏興，治所在西城縣（今陕西省安康市西北）。

[5]曲赦：特赦。

[6]王猛：字景略，本書卷一一四有載記。　南鄉：縣名，治所在今河南省淅川縣西南舊淅川縣城南原丹江南岸。

[7]趙憶：憶，原本作“意”，宋本、殿本作“憶”，據宋本、殿本改。

[8]桓澹：中華本校勘記：“《桓豁傳》作‘桓淡’。”　新野：縣名，治所在今河南省新野縣。

[9]魯郡：治所在魯縣（今山東省曲阜市東古城）。

二年春正月，北中郎將庾希有罪，走入于海。夏四月，慕容暐將慕容塵寇竟陵，太守羅崇擊破之。苻堅將王猛寇涼州，張天錫距之，猛師敗績。五月，右將軍桓豁擊趙憶，走之，進獲慕容暐將趙槃，送于京師。秋九月，以會稽内史郗愔爲都督徐兖青幽四州諸軍事、平北將軍、徐州刺史。[1]冬十月乙巳，彭城王玄薨。

[1]郗愔：字方回，本書卷六七有傳。　都督徐兖青幽四州諸軍事：上述四州最高軍事行政長官。

三年春三月丁巳朔，日有蝕之。癸亥，大赦。夏四月癸巳，雨雹，大風折木。秋八月壬寅，尚書令、衛將軍、藍田侯王述卒。

四年夏四月庚戌，大司馬桓温帥衆伐慕容暐。秋七月辛卯，暐將慕容垂帥衆距温，温擊敗之。[1]九月戊寅，桓温裨將鄧遐、朱序遇暐將傅末波於林渚，[2]又大破之。戊子，温至枋頭。丙申，以糧運不繼，焚舟而歸。辛丑，慕容垂追敗温後軍於襄邑。[3]冬十月，大星西流，有聲如雷。己巳，温收散卒，屯于山陽。豫州刺史袁真以壽陽叛。十一月辛丑，桓温自山陽及會稽王昱會于涂中，[4]將謀後舉。十二月，遂城廣陵而居之。

[1]“秋七月”至“温擊敗之”：中華本校勘記：“據《桓温傳》及《慕容暐載記》，敗者乃慕容忠，‘垂’疑爲‘忠’字之誤。”　慕容垂：字道明，本書卷一二三有傳。

[2]林渚：位於今河南省新鄭市東北。

[3]襄邑：縣名，治所在今河南省睢縣。

[4]涂中：即今安徽、江蘇境内的滁河流域。

五年春正月己亥，袁真子雙之、愛之害梁國内史朱憲、汝南内史朱斌。[1]二月癸酉，袁真死，陳郡太守朱輔立真子瑾嗣事，求救於慕容暐。夏四月辛未，桓温部將竺瑶破瑾於武丘。[2]秋七月癸酉朔，日有蝕之。八月癸丑，桓温擊袁瑾於壽陽，敗之。九月，苻堅將王猛伐慕容暐，陷其上黨。廣漢妖賊李弘與益州妖賊李金根聚衆反，[3]弘自稱聖王，衆萬餘人，梓潼太守周虓討平之。[4]冬十月，王猛大破慕容暐將慕容評於潞川。[5]十一月，猛克鄴，獲慕容暐，盡有其地。

[1]梁國：郡國名，治所在睢陽縣（今河南省商丘市）。

[2]武丘：地名，在今河南沈丘縣東南。

[3]廣漢：郡名，治所在廣漢縣（今四川省射洪市南）。　李弘：道士李脱的弟子，與其師鬼道療病，又在灊山養徒，云應讖當王，建年號鳳凰。失敗被殺。　李金根：中華本校勘記："周校：《周楚傳》作'李金銀'。"

[4]梓潼：郡名，治所在梓潼縣（今四川省梓潼縣）。　周虓：字孟威，本書卷五八有傳。

[5]潞川：亦稱潞水，即今山西省濁漳河。

六年春正月，苻堅遣將王鑒來援袁瑾，將軍桓伊逆擊，[1]大破之。丁亥，桓温克壽陽，斬袁瑾。三月壬辰，監益寧二州諸軍事、冠軍將軍、益州刺史、建城公周楚卒。夏四月戊午，大赦，賜窮獨米，人五斛。苻堅將苻雅伐仇池，仇池公楊纂降之。六月，京都及丹楊、晋陵、吴郡、吴興、臨海並大水。[2]秋八月，以前寧州刺史周仲孫爲假節、監益梁二州諸軍事、益州刺史。[3]冬十月壬子，高密王俊薨。十一月癸卯，桓温自廣陵屯于白石。[4]丁未，詣闕，因圖廢立，誣帝在藩夙有痿疾，嬖人相龍、計好、朱靈寶等參侍内寢，[5]而二美人田氏、孟氏生三男，長欲封樹，時人惑之，温因諷太后以伊、霍之舉。[6]己酉，集百官于朝堂，宣崇德太后令曰："王室艱難，穆、哀短祚，國嗣不育，儲宫靡立。琅邪王奕親則母弟，故以入纂大位。不圖德之不建，乃至於斯。昏濁潰亂，動違禮度。有此三孽，莫知誰子。人倫道喪，醜聲遐布。既不可以奉守社稷，敬承宗廟，且昏孽並大，便欲建樹儲藩。誣罔祖宗，傾移皇基，是而可忍，孰不可懷！今廢奕爲東海王，以王還第，供衛之儀，皆如漢朝昌邑故事。[7]但未亡人不幸，罹此百憂，感念存没，心焉如割。社稷大計，義不獲已。臨紙悲塞，如何可言。"於是百官入太極前殿，即日桓温使散騎侍郎劉享收帝璽綬。帝著白帢單衣，[8]步下西堂，乘犢車出神獸門。群臣拜辭，莫不歔欷。侍御史、殿中監將兵百人衛送東海第。[9]初，桓温有不臣之志，欲先立功河朔，以收時望。及枋頭之敗，威名頓挫，遂潛謀廢立，以長威權。然憚帝守道，恐招時議。以宫闈重閟，[10]床笫易誣，乃言帝爲閹，遂行廢辱。初，帝平生每以爲慮，嘗召術人扈謙筮之。卦成，答曰："晋室有盤石之固，陛下有出宫之象。"竟如其言。

[1]桓伊：字叔夏，本書卷八一有傳。

[2]丹楊：郡名，治所在建鄴縣（今江蘇省南京市）。楊，殿本作“陽”。　晋陵：郡名，治所在京口（今江蘇省鎮江市）。　吴郡：治所在吴縣（今江蘇省蘇州市）。　臨海：郡名，三國吴置，治所在臨海縣（今浙江省臨海市），尋移置章安縣（今浙江省臨海市東南）。

[3]寧州：治所在滇池縣（今雲南省昆明市晋寧區晋城鎮）。　周仲孫：仲，殿本作“仕”。

[4]白石：即白石陂，又名蘇峻湖，位於今江蘇省南京市城區西北部。

[5]相龍：中華本校勘記：“《五行志》中作‘向龍’。”

[6]伊、霍：伊尹和霍光。伊尹是輔佐商湯及其後代外丙、仲壬、太甲的賢臣。霍光是西漢人，字子孟，爲武帝所親信。武帝死後輔佐少主昭帝。期間輕徭薄賦，與民休息，社會較安定。

[7]昌邑故事：《漢書》卷六八《霍光傳》載：漢昭帝去世，霍光迎昌邑王劉賀即帝位。不久以其行淫亂、危社稷將其廢掉。

[8]白帢：白色便帽。

[9]侍御史：官名，簡稱御史、侍御。御史臺屬官，曹魏時分掌治書、課第等八曹，尚書、符節等三臺。西晋時分掌吏、課第、直事、印、中都督、外都督、媒、符節、水、中壘、軍營、法、算十三曹。六品。　殿中監：官名，三國魏置，掌殿中張設監護之事，領禁兵。兩晋及十六國後凉皆領禁兵，掌殿中宿衛，管理皇帝生活事務，亦代宣詔旨，地位雖低，頗有權勢。七品。

[10]宫闈重閟：一重重緊閉的宫門。喻宫廷中隱蔽極深的秘密。

咸安二年正月，降封帝爲海西縣公。四月，徙居吴縣，[1]敕吴國内史刁彝防衛，[2]又遣御史顧允監察之。[3]

十一月，妖賊盧悚遣弟子殿中監許龍晨到其門，[4]稱太后密詔，奉迎興復。帝初欲從之，納保母諫而止。龍曰："大事將捷，焉用兒女子言乎？"帝曰："我得罪於此，幸蒙寬宥，豈敢妄動哉！且太后有詔，便應官屬來，何獨使汝也？汝必爲亂。"因叱左右縛之，龍懼而走。帝知天命不可再，深慮横禍，乃杜塞聰明，無思無慮，終日酣暢，耽于内寵，有子不育，庶保天年。時人憐之，爲作歌焉。朝廷以帝安於屈辱，不復爲虞。太元十一年十月甲申，薨于吴，時年四十五。

[1]吴縣：治所在今江蘇省蘇州市。

[2]刁彝：字大倫，本書卷六九有傳。

[3]御史：官名，魏晋時爲侍御史、治書侍御史、督軍糧侍御史、殿中侍御史、監國侍御史等官的簡稱。

[4]盧悚：中華本校勘記："《五行志》上、《桓祕傳》'悚'作'竦'。"

史臣曰：孝宗因繈抱之姿，用母氏之化，中外無事，十有餘年。以武安之才，[1]啓之疆埸；以文王之風，被乎江漢，則孔子所謂吾無間然矣。[2]哀皇寬惠，可以爲君，而鴻祀禳天，[3]用塵其德。東海違許龍之駕，[4]屈放命之臣，[5]所謂柔弱勝剛强，得盡於天年者也。

[1]以武安之才：安，殿本作"帝"。

[2]吾無間然矣：意爲我對他没有什麽可批評的。語出《論語·泰伯》。

[3]鴻祀禳天：弘大的祭天禮儀。

[4]東海違許龍之駕：指拒絶盧悚弟子許龍迎其返駕之事。
[5]放命：違命。

贊曰：委裘稱化，大孝爲宗。遵彼聖善，成兹允恭。西旌玉壘，北旆金墉。遷殷舊僰，[1]莫不來從。哀后寬仁，惟靈既集。海西多故，時灾見及。彼異阿衡，我非昌邑。

[1]遷殷舊僰：殷商被迫屢次遷徙。喻西晋舊臣顛沛流徙。

晋書　卷九

帝紀第九

簡文帝　孝武帝[1]

簡文帝

簡文皇帝諱昱，字道萬，元帝之少子也。幼而岐嶷，[2]爲元帝所愛。[3]郭璞見而謂人曰：[4]“興晋祚者，必此人也。”及長，清虚寡欲，尤善玄言。

[1]簡文帝：原本卷首目録闕“文”字，今據殿本補。

[2]幼而岐嶷：幼年聰慧。岐嶷，聰慧。《詩·大雅·生民》：“誕實匍匐，克岐克嶷。”

[3]所愛：所，原本作“於”，宋本、殿本作“所”，據宋本、殿本改。

[4]郭璞：字景純，本書卷七二有傳。

永昌元年，元帝詔曰：“先公武王、先考恭王君臨琅邪，繼世相承，國嗣未立，蒸嘗靡主，[1]朕常悼心。

子昱仁明有智度，可以虔奉宗廟，以慰罔極之恩。其封昱爲琅邪王，食會稽、宣城如舊。”[2]咸和元年，所生鄭夫人薨。[3]帝時年七歲，號慕泣血，固請服重。成帝哀而許之，[4]故徙封會稽王，拜散騎常侍。[5]九年，遷右將軍，[6]加侍中。[7]咸康六年，進撫軍將軍，[8]領秘書監。[9]

[1]蒸嘗：本指秋冬二祭。後泛指祭祀。

[2]會稽：郡名，治所在山陰縣（今浙江省紹興市）。　宣城：郡名，治所在宛陵縣（今安徽省宣城市）。

[3]所生鄭夫人：名阿春，本書卷三二有傳。

[4]成帝哀而許之：成帝，原本、宋本、殿本作“元帝”，據中華本校勘記改。

[5]散騎常侍：官名，三國魏文帝黄初年間置，侍從皇帝左右，諫諍得失，顧問應對，與侍中等共平尚書奏事。也用作宰相、諸公等加官，入宫議政。三品。

[6]右將軍：官名，漢代重號將軍之一，與前、左、後將軍並爲上卿。魏晋時常設，權位漸低，僅爲武官名號，略高於一般雜號將軍。三品。

[7]侍中：官名，東漢建安中與給事黄門侍郎出入禁中，省尚書事。曹魏時爲門下之侍中省長官，常侍衛皇帝左右，掌顧問應對、諫諍糾察、平議奏事、駁奏異議等，權力甚重。三品。

[8]撫軍將軍：官名，三國蜀漢、孫吴皆置，爲加官，以示權重。晋沿置，與中軍將軍、鎮軍將軍並爲三名號將軍。三品。

[9]秘書監：官名，秘書省長官，掌管藝文圖籍、課試署吏，統著作局，掌國史修撰並管理中外三閣圖書。三品。

建元元年夏五月癸丑，康帝詔曰：“太常職奉天地，[1]兼掌宗廟，其爲任也，可謂重矣。是以古今選建，未嘗不妙簡時望，兼之儒雅。會稽王叔履尚清虚，志道無倦，優游上列，諷議朝肆。其領太常本官如故。”永和元年，崇德太后臨朝，進位撫軍大將軍、録尚書六條事。[2]二年，驃騎何充卒，[3]崇德太后詔帝專總萬機。八年，進位司徒，[4]固讓不拜。穆帝始冠，帝稽首歸政，不許。廢帝即位，以琅邪王絶嗣，復徙封琅邪，而封王子昌明爲會稽王。[5]帝固讓，故雖封琅邪而不去會稽之號。太和元年，進位丞相、録尚書事，[6]入朝不趨，讚拜不名，劍履上殿，給羽葆鼓吹班劍六十人，又固讓。及廢帝廢，皇太后詔曰："丞相、録尚書、會稽王體自中宗，明德劭令，[7]英秀玄虚，神栖事外。以具瞻允塞，故阿衡三世。[8]道化宣流，人望攸歸，爲日已久。宜從天人之心，以統皇極。主者明依舊典，以時施行。”於是大司馬桓温率百官進太極前殿，[9]具乘輿法駕，[10]奉迎帝於會稽邸，於朝堂變服，著平巾幘單衣，[11]東向拜受璽綬。

[1]太常：官名，漢代稱奉常，本掌禮樂宗廟、社稷祭祀，魏晉時此職掌歸尚書裁定，太常成爲閑職。三品。

[2]撫軍大將軍：官名，三國魏文帝始置，皇帝出征，總管留守事。晉二品，開府位從公者一品。　録尚書六條事：參録、分録尚書事。《宋書》卷三九《百官志上》："晉康帝世，何充讓録表曰：'咸康中，分置三録，王導録其一，荀崧、陸曄各録六條事。'然則似有二十四條，若止有十二條，則荀、陸各録六條，導又何所司乎？若導總録，荀、陸分掌，則不得復云導録其一也。其後每置二録，輒云各掌六條事，又是止有十二條也。十二條者，不知悉何

條。晋江右有四録，則四人參録也。"

[3]驃騎何充卒：文下原本、宋本、殿本有“康帝崩”三字。據中華本校勘記删。何充，字次道，本書卷七七有傳。

[4]司徒：官名，西漢哀帝元壽二年（前1）改丞相爲大司徒，東漢光武帝時改名爲司徒，東漢末又改爲丞相。三國魏恢復三公制，改丞相爲司徒，管理民政。兩晋沿制，爲八公之一，在太尉之下、司空之上。與丞相通職，一般不並置，爲名譽宰相。一品。

[5]昌明：司馬曜，字昌明，本卷有紀。

[6]丞相：官名，原爲最高國務長官，魏晋時省置無常，或分置左、右，或稱大丞相，多用來安置權臣。　録尚書事：官名，初爲職銜名，重臣加此名義始得總知國事，綜理政務，成爲真宰相。魏晋多以公卿權重者居之，總領尚書省政務，凡重號將軍、刺史皆得命曹授用，位在三公之上。

[7]明德劭令：德行修明，完善美好。

[8]阿衡：商代官名。師保之官。後引申爲任國家輔弼之任，宰相之職。

[9]大司馬：官名，八公之一，位在上公之下、大將軍及三公之上，高級將帥，多爲大臣加官。一品。　桓温：字元子，本書卷九八有傳。

[10]乘輿法駕：皇帝的車駕。

[11]平巾幘：武官所戴的一种平頂頭巾。

咸安元年冬十一月己酉，即皇帝位。桓温出次中堂，分兵屯衛。[1]乙卯，[2]温奏廢太宰、武陵王晞及子總。[3]詔魏郡太守毛安之帥所領宿衛殿内，[4]改元爲咸安。庚戌，使兼太尉周頤告于太廟。[5]辛亥，桓温遣弟祕逼新蔡王晃詣西堂，[6]自列與太宰、武陵王晞等謀反。[7]帝對之流涕，温皆收付廷尉。[8]癸丑，殺東海王二子及其母。初，帝以冲虛簡貴，歷宰三世，温素所敬憚。及初即位，温乃撰辭欲自陳述，帝引見，對之悲泣，温懼不能言。至是，有司承其旨，奏誅武陵王晞，帝不許。温固執至于再三，帝手詔報曰："若晋祚靈長，公便宜奉行前詔。如其大運去矣，請避賢路。"温覽之，流汗變色，不復敢言。乙卯，廢晞及其三子，徙于新安。[9]丙辰，[10]放新蔡王晃于衡陽。[11]戊午，詔曰："王室多故，穆哀早世，皇胤夙遷，神器無主。東海王以母弟近屬，入纂大統，嗣位經年，昏暗亂常，人倫虧喪，大禍將及，則我祖宗之靈靡知所託。皇太后深懼皇基，時定大計。大司馬因順天人，協同神略，親帥群后，恭承明命。雲霧既除，皇極載清，乃顧朕躬，仰承洪緒。雖伊尹之寧殷朝，[12]博陸之安漢室，[13]無以尚也。朕以寡德，猥居元首，實懼眇然，[14]不克負荷，戰戰兢兢，罔知攸濟。[15]思與兆庶更始，其大赦天下，大酺五日，增文武位二等，孝順忠貞鰥寡孤獨米人五斛。"己未，賜温軍三萬人，人布一匹，米一斛。庚申，加大司馬桓温爲丞相，不受。辛酉，温旋自白石，[16]因鎮姑孰。[17]以冠軍將軍毛武生都督荆州之沔中揚州之義城諸軍事。[18]十二月戊子，詔以京都有經年之儲，權停一年之運。庚寅，廢東海王奕爲海西公，食邑四千户。辛卯，初薦酃渌酒於太廟。[19]

[1]分兵屯衛：分，殿本作"令"。

[2]乙卯：中華本校勘記："乙卯當在癸丑下，此日次失序。"

[3]太宰：官名，即太師，因避司馬師名諱而改名太宰。八公

之一，居上公之首，爲宰相之任。一品。　武陵王晞及子總：中華本校勘記："周校：據《晞傳》'總'宜作'綜'。"

[4]魏郡：東晋僑置郡，寄居京邑（今江蘇省南京市附近）。　毛安之：字仲祖，本書卷八一有傳。

[5]太尉：官名，曹操爲丞相後，太尉府屬官歸相府，晋時太尉雖爲八公之一、三公之首，實爲名譽宰相，多爲大臣加官。一品。　周頤：周顗第三子，本書卷六九《周顗傳》有附載。

[6]祕：桓祕，字穆子，本書卷七四有傳。　新蔡王晃：司馬晃，字子明。本書卷三七有傳。

[7]自列：自白，自首。

[8]廷尉：官名，中央最高司法審判機構長官，負責會審朝中有罪文武大臣，覆核審決郡國疑獄等。三品。

[9]新安：治所在始新縣（今浙江省淳安縣西北新安江北岸，現已没入千島湖）。

[10]丙辰：丙，原本、宋本、殿本作"景"，"景"爲"丙"的避諱字，以後本卷凡遇此避諱字均徑改，不再出注。

[11]衡陽：郡名，治所在湘南縣（今湖南省湘潭市西南）。

[12]伊尹之寧殷朝：伊尹治理殷商使之安定太平。

[13]博陸之安漢室：霍光輔佐漢朝使之安定。霍光被封爲博陸侯。

[14]眇然：微小，弱小。

[15]罔知攸濟：不知道從哪裏渡過。攸，所。

[16]白石：即白石陂，又名蘇峻湖，位於今江蘇省南京市城區西北部。

[17]姑孰：即姑孰口，姑孰溪入長江之口，位於今安徽省當塗縣西北。

[18]冠軍將軍：官名，曹魏、孫吴、西晋皆置。西晋時領營兵。三品。　毛武生：即毛穆之，本書卷八一有傳。　都督荆州之沔中揚州之義城諸軍事：荆州之沔中地區、揚州轄下義城郡的最高

軍事行政長官。

[19]酃渌酒：美酒名。《文選·張景陽〈七命八首〉》注引盛弘之《荆州記》："渌水出豫章康樂縣，其間烏程鄉有酒官，取水爲酒。酒極甘美，與湘東酃湖酒，年常獻之，世稱酃渌酒。"《資治通鑑》卷一六四《梁紀》承圣元年："陸納襲擊衡州刺史丁道貴於渌口。"胡三省注："衡州，治衡陽縣。縣東二十里有酃湖，其水湛然緑色，取以釀酒，甘美，謂之酃渌。"

二年春正月辛丑，百濟、林邑王各遣使貢方物。[1]二月，苻堅伐慕容桓於遼東，[2]滅之。三月丁酉，詔曰："朕居阿衡三世，不能濟彼時雍，乃至海西失德，殆傾皇祚。賴祖宗靈祇之德，皇太后淑體應期，藩輔忠賢，百官戮力，用能蕩氛霧於昊蒼，[3]耀晨輝於宇宙。遂以眇身，託于王公之上，思賴群賢，以弼其闕。夫敦本息末，抑絶華競，使清濁異流，能否殊貫，官無秕政，[4]士無謗讟，[5]不有懲勸，則德禮焉施？且强寇未殄，勞役未息，自非軍國戎祀之要，其華飾煩費之用皆省之。夫肥遁窮谷之賢，[6]滑泥揚波之士，[7]雖抗志玄霄，潛默幽岫，[8]貪屈高尚之道，以隆協贊之美，孰與自足山水，栖遲丘壑，徇匹夫之潔，而忘兼濟之大耶？古人不借賢於曩代，朕所以虚想於今日。内外百官，各勤所司，使善無不達，惡無不聞，令詩人無素餐之刺，[9]而吾獲虚心之求焉。"癸丑，詔曰："吾承祖宗洪基，而昧于政道，懼不能允釐天工，克隆先業，夕惕惟憂，若涉泉水。[10]賴宰輔忠德，道濟伊望，[11]群后竭誠，協契斷金，[12]内外盡匡翼之規，文武致匪躬之節，冀因斯道，終克弘濟。每念干戈未戢，公私疲悴，藩鎮有疆理之務，征戍懷《東山》之勤，[13]或白首戎陣，忠勞未叙；或行役彌久，儋石靡儲，[14]何嘗不昧旦晨興，夜分忘寢。雖未能撫而巡之，且欲達其此心。可遣大使詣大司馬，并問方伯，逮于邊戍，宣詔大饗，求其所安。又籌量賜給，悉令周普。”乙卯，詔曰：“往事故之後，百度未充；群僚常俸，並皆寡約，蓋隨時之義也。然退食在朝，而禄不代耕，非經通之制。今資儲漸豐，可籌量增俸。”騶虞見豫章。[15]夏四月，徙海西公於吴縣西柴里。[16]追貶庾后曰夫人。[17]六月，遣使拜百濟王餘句爲鎮東將軍，[18]領樂浪太守。[19]戊子，前護軍將軍庾希舉兵反，[20]自海陵入京口，[21]晋陵太守卞眈奔于曲阿。[22]秋七月壬辰，桓温遣東海内史周少孫討希，[23]擒之，斬于建康市。[24]己未，[25]立會稽王昌明爲皇太子，皇子道子爲琅邪王，領會稽内史。是日，帝崩于東堂，時年五十三。葬高平陵，廟號太宗。遺詔以桓温輔政，依諸葛亮、王導故事。[26]

[1]百濟：古國名，故地在今朝鮮半島西南部，本馬韓故地。　林邑：即占城，在今越南社會主義共和國中部地區。本書卷九七有傳。

[2]苻堅：字永固，本書卷一一三有載記。　遼東：郡名，治所在襄平縣（今遼寧省遼陽市）。

[3]蕩氛霧於昊蒼：滌蕩空中的霧氣。喻清除戰亂使社會安定。

[4]秕政：不良的政治措施。

[5]謗讟：怨恨譭謗。《左傳·昭公元年》：“民無謗讟，諸侯

無怨。”

［6］肥遁窮谷：隱居在深山幽谷。肥遁，隱居。

［7］滑泥揚波：同流合污。

［8］幽岫：深山中的岩洞。常爲隱者所居之處。

［9］詩人無素餐之刺：諷刺無功受禄不勞而食。《詩·魏風·伐檀》：“坎坎伐檀兮，置之河之幹兮，河水清且漣猗。不稼不穡，胡取禾三百廛兮？不狩不獵，胡瞻爾庭有縣貆兮？彼君子兮，不素餐兮。”

［10］若涉泉水：水，殿本作“冰”。

［11］伊望：伊尹和吕公望。輔佐商周的兩個大臣。

［12］協契斷金：團結一心，利可斷金。源自《易·繫辭上》：“二人同心，其利斷金。”孔穎達疏：“金是堅剛之物，能斷而截之，盛言利之甚也。”

［13］《東山》之勤：《詩·豳風》中的一篇，爲歌頌周公東征之詩。

［14］儋石靡儲：儋，殿本作“擔”。

［15］騶虞：傳説中的義獸名。《詩·召南·騶虞》：“彼茁者葭，壹發五豝，於嗟乎騶虞。”毛亨傳：“騶虞，義獸也。白虎黑文，不食生物，有至信之德則應之。” 豫章：郡名，治所在南昌縣（今江西省南昌市）。

［16］吴縣：治所在今江蘇省蘇州市。

［17］庾后：名文君，本書卷三二有傳。

［18］鎮東將軍：官名，與鎮南、鎮西、鎮北將軍合稱四鎮將軍。多爲持節都督，出鎮方面。曹魏二品。晉改三品，加持節都督者二品。

［19］領：以地位較高的官員兼理較低的職務。 樂浪：郡名，治所在朝鮮縣（今朝鮮民主主義人民共和國平壤市）。

［20］護軍將軍：官名，東漢建安十二年（207）曹操改丞相府護軍爲中護軍，資重者可遷護軍將軍，典武官選舉，與中領軍同掌

禁軍。曹魏時四品，西晉時三品。　庾希：字始彦，本書卷七三有傳。

［21］海陵：縣名，治所在今江蘇省泰州市。　京口：地名，即今江蘇省鎮江市。

［22］曲阿：縣名，治所在今江蘇省丹陽市。

［23］東海：郡名，治所在郯縣（今山東省郯城縣北）。　内史：官名，西晉武帝太康十年（289）改諸王國相爲内史，掌管民政。五品。周家禄《晉書校勘記》認爲："晉制，以郡爲國，内史治民事，若郡太守。國除爲郡，復稱太守。然二名往往混淆，史家亦互稱之。"

［24］建康：地名，即今江蘇省南京市。

［25］己未：原本、宋本、殿本作"乙未"，據中華本校勘記改。

［26］諸葛亮：三國時琅邪陽都（今山東省沂南縣南）人，字孔明。東漢末隨叔父諸葛玄依附荆州劉表，隱居躬耕於隆中。後加入劉備集團，協助劉備占領荆州、益州，實現三分之勢。劉備死後輔佐劉禪，南征南中，北伐曹魏，最終病逝於北伐前綫。　王導：字茂弘，本書卷六五有傳。

帝少有風儀，善容止，留心典籍，不以居處爲意，凝塵滿席，湛如也。嘗與桓温及武陵王晞同載游版橋，温遽令鳴鼓吹角，車馳卒奔，欲觀其所爲。晞大恐，求下車，而帝安然無懼色，温由此憚服。温既杖文武之任，屢建大功，加以廢立，威振内外。帝雖處尊位，拱默守道而已，常懼廢黜。先是，熒惑入太微，[1]尋而海西廢。及帝登阼，熒惑又入太微，帝甚惡焉。時中書郎郗超在直，[2]帝乃引入，謂曰："命之修短，本所不計，故當無復近日事邪!"[3]超曰:"大司馬臣温方内固社稷,外恢經略,非常之事,臣以百口保之。"及超請急省其父,[4]帝謂之曰:"致意尊公,家國之事,遂至於此!由吾不能以道匡衛,愧嘆之深,言何能喻。"因咏庾闡詩云"志士痛朝危,忠臣哀主辱",[5]遂泣下霑襟。帝雖神識恬暢,[6]而無濟世大略,故謝安稱爲惠帝之流,[7]清談差勝耳。沙門支道林嘗言"會稽有遠體而無遠神"。[8]謝靈運迹其行事,[9]亦以爲赧獻之輩云。[10]

[1]熒惑:火星。　太微:古代星宫名。三垣之一。位於北斗之南,軫、翼之北,大角之西,軒轅之東。

[2]中書郎:官名,隸屬中書令。掌草擬詔書,外出執行重要使命等。亦作爲中書通事郎、中書侍郎的省稱。五品。　郗超:字景興,本書卷六七有傳。郗,原本、宋本、殿本作"郄",據中華本改。本卷下同。　在直:當班,猶現在在崗。

[3]故當無復近日事邪:近,原本、宋本、殿本作"近",中華本作"前"。

[4]請急:請假。

[5]庾闡:字仲初,本書卷九二有傳。　詩云"志士痛朝危,忠臣哀主辱":見《世説新語·言語》。

[6]神識恬暢:神態恬静、心胸豁達。

[7]謝安:字安石,本書卷七九有傳。

[8]沙門:僧人。　支道林:即支遁。東晋陳留(今河南省開封市東)人,俗姓關,名遁,字道林。二十五歲出家,般若學即色宗創始人。

[9]謝靈運:南朝宋陳郡陽夏(今河南省太康縣)人,小名客兒,謝玄孫。襲康樂公,世稱謝康樂。山水詩人,與顔延之並稱

"顔謝"。

[10]赧：周赧王，名姬延，東周最後一位國王。　獻：漢獻帝，名劉協，東漢最後一位皇帝。

孝武帝

孝武皇帝諱曜，字昌明，簡文帝第三子也。興寧三年七月甲申，[1]初封會稽王。咸安二年秋七月己未，立爲皇太子。是日，簡文帝崩，太子即皇帝位。詔曰："朕以不造，[2]奄丁閔凶，[3]號天扣地，靡知所訴。藐然幼冲，眇若綴旒，[4]深惟社稷之重，大懼不克負荷。仰憑祖宗之靈，積德之祀，先帝淳風玄化，遺咏在民。宰輔英賢，勛隆德盛。顧命之託，實賴匡訓。群后率職，百寮勤政。冀孤弱之躬有寄，皇極之基不墜。先恩遺惠，播于四海，思弘餘潤，以康黎庶。其大赦天下，與民更始。"九月甲寅，追尊皇妣會稽王妃曰順皇后。冬十月丁卯，葬簡文皇帝于高平陵。十一月甲午，妖賊盧悚晨入殿庭，[5]游擊將軍毛安之等討擒之。[6]是歲，三吴大旱，[7]人多餓死，[8]詔所在賑給。苻堅陷仇池，[9]執秦州刺史楊世。[10]

[1]七月甲申：是年七月癸丑朔，月内無甲申。《晋書》卷八《海西公紀》作："（七年）壬子，立皇后庾氏。封琅邪王昱子昌明爲會稽王。"《建康實録》卷八則作："秋七月己酉，改封會稽王昱爲琅邪王，以昱子昌明爲會稽王。壬子，立皇后庾氏。"己酉七日，壬子十日，牛繼清先生認爲，父子兩人同日封王似不妥，疑應從《海西公紀》作"壬子"。(參見牛繼清、張林祥《十七史疑年録》，黄山書社 2007 年版，第 41 頁)

[2]不造：不幸。

[3]奄丁閔凶：突然遭到憂患凶喪之事。

[4]眇若綴旒：微小如同冠冕上的懸珠。此爲孝武帝自謙之語。

[5]盧悚晨入殿庭：原本、宋本無"悚"字，殿本有，據殿本補。

[6]游擊將軍：官名，禁軍將領，與驍騎將軍分領命中虎賁，掌宿衛之任。隸屬中領軍（領軍將軍）。四品。　毛安之：字仲祖，本書卷八一有傳。

[7]三吴：地區名，一説指吴、吴興、會稽三郡；一説指吴、吴興、丹楊三郡；一説指吴、吴興、義興三郡。

[8]人多餓死：餓，殿本作"饑"。

[9]仇池：位於今甘肅省西和縣西仇池山上，又名百頃池。

[10]秦州：治所在冀縣（今甘肅省甘谷縣東）。

寧康元年春正月己丑朔，改元。二月，大司馬桓温來朝。三月癸丑，詔除丹楊竹格等四桁税。[1]夏五月，旱。秋七月己亥，使持節、侍中、都督中外諸軍事、丞相、録尚書、大司馬、揚州牧、平北將軍、徐兖二州刺史、南郡公桓温薨。[2]庚戌，進右將軍桓豁爲征西將軍。[3]以江州刺史桓冲爲中軍將軍、都督揚豫江三州諸軍事、揚州刺史，[4]鎮姑孰。八月壬子，[5]崇德太后臨朝攝政。九月，苻堅將楊安寇成都。[6]丙申，以尚書僕射王彪之爲尚書令，[7]吏部尚書謝安爲尚書僕射，[8]吴國内史刁彝爲北中郎將、徐兖二州刺史，[9]鎮廣陵。[10]復置光禄勛、大司農、少府官。[11]冬十月，西平公張天錫貢方物。十一月，苻堅將楊安陷梓潼及梁益二州，刺史周仲孫帥騎五千南遁。

[1]丹楊：郡名，治所在建鄴縣（今江蘇省南京市）。楊，殿本作“陽”。下文“丹楊”同。　竹格：竹格桁，建康四桁之一，王敦當年即從此處進入京城。

[2]使持節：漢朝官吏奉使外出時，或由皇帝授予節杖，以提高其權力。魏晉以後，凡重要軍事長官出征或出鎮，加使持節，可誅殺二千石以下官員。　都督中外諸軍事：官名，亦稱都督中外諸軍。全國最高軍事統帥，總統中央地方的内外諸軍，權力極大。　平北將軍：官名，與平東、平西、平南將軍合稱四平將軍。多持節都督或監某一地區的軍事，有時作爲刺史等地方官員監理軍務的加官。三品，加持節都督者二品。　徐：徐州，治所在彭城縣（今江蘇省徐州市）。　兖：兖州，三國魏治所在廩丘縣（今山東省鄆城縣西北），晉惠帝末，兖州闔境淪没於石勒。東晉元帝僑置兖州，治所在京口（今江蘇省鎮江市）。

[3]桓豁：字朗子，本書卷七四有傳。　征西將軍：官名，東漢永元年間置，地位與雜號將軍、偏將軍、裨將軍等同。建安年間與征東、征南、征北將軍合稱四征將軍，地位提高。三品，加持節都督者二品。

[4]江州：治所在南昌縣（今江西省南昌市）。　桓冲：字幼子，本書卷七四有傳。　中軍將軍：官名，西晉時統左右衛、前後左右驍騎等宿衛七營禁軍，主管京師及朝廷警衛。泰始四年（268）罷，置北軍中候代其職。後爲將軍名號，與鎮軍將軍、撫軍將軍並爲三名號將軍，不統禁兵。三品。　都督揚豫江三州諸軍事：上述三州最高軍事行政長官。

[5]八月壬子：中華本校勘記：“《舉正》：本年正月己丑朔，下年正月癸未朔，此月無壬子，當是‘壬午’之誤。”

[6]成都：縣名，治所在今四川省成都市。

[7]尚書僕射：官名，秦漢爲尚書令副貳，東漢建安四年（199）分置左、右，爲尚書省次官。三品。　王彪之：字叔武，本書卷七六有傳。　尚書令：官名，秦漢時爲尚書署長官。秩位雖

低，權力甚重。魏晋時沿置，爲尚書省長官，綜理全國政務，參議大政，爲高級政務長官。三品。

[8]吏部尚書：官名，三國魏時爲尚書省吏部曹長官，位居列曹尚書之上。三品。

[9]吴國：郡國名，治所在吴縣（今江蘇省蘇州市）。　刁彝：字大倫，本書卷六九有傳。　北中郎將：官名，與東、西、南中郎將並稱四中郎將，統兵征戰，權職甚重。四品。

[10]廣陵：縣名，治所在今江蘇省揚州市西北蜀岡上。

[11]光禄勛：官名，侍從皇帝左右，掌宫廷宿衛，西晋時兼掌原屬少府的一部分宫廷供御事務。三品。　大司農：官名，掌管全國財政和各地的屯田。三品。　少府：官名，掌管宫廷手工業。三品。

二年春正月癸未朔，大赦。追封謚故會稽世子郁爲臨川獻王。[1]己酉，北中郎將、徐兖二州刺史刁彝卒。二月癸丑，以丹楊尹王坦之爲北中郎將、徐兖二州刺史。[2]丁巳，有星孛于女虚。[3]三月丙戌，彗星見於氐。[4]夏四月壬戌，皇太后詔曰：“頃玄象或愆，[5]上天表異，仰觀所變，[6]震懼于懷。夫因變致休，自古之道，朕敢不克意復心，以思厥中？又三吴奥壤，股肱望郡，而水旱併臻，百姓失業，夙夜惟憂，不能忘懷，宜時拯恤，救其彫困。三吴義興、晋陵及會稽遭水之縣尤甚者，[7]全除一年租布，其次聽除半年，受振貸者即以賜之。”五月，蜀人張育自號蜀王，帥衆圍成都，遣使稱藩。秋七月，凉州地震，[8]山崩。苻堅將鄧羌攻張育，滅之。八月，以長秋將建，[9]權停婚姻。九月丁丑，有星孛于天市。[10]冬十一月己酉，天門蜑賊攻郡，[11]太守王匪死之，征西將軍桓豁遣師討平之。長城人錢步射、錢弘等作亂，[12]吴興太守朱序討平之。[13]癸酉，威遠將軍桓石虔破苻堅將姚萇於墊江。[14]

[1]郁：司馬郁，淮南王司馬允之子，八王之亂中被司馬倫所害。

[2]丹楊尹：官名，東晋京城所在郡府長官，掌京城行政諸務并詔獄，亦稱“京尹”。三品。　王坦之：字文度，本書卷七五有傳。

[3]星孛：星孛，彗星。《春秋左傳·文公十四年》：“秋，七月，有星孛入於北斗。”杜預注：“孛，彗也。”　女：星宿名。也稱須女、婺女、爲二十八宿之一。　虚：星宿名。北方玄武七宿之一，居中間。

[4]彗星：原本、宋本無“彗”字，殿本有，據殿本補。　氐：星宿名。二十八宿之一，東方蒼龍七宿的第三宿。有星四顆。也稱天根。

[5]頃玄象或愆：或，殿本作“忒”。

[6]仰觀所變：所，殿本作“斯”。

[7]義興：郡名，治所在陽羡縣（今江蘇省宜興市）。　晋陵：郡名，治所在京口（今江蘇省鎮江市）。

[8]凉州：治所在姑臧縣（今甘肅省武威市）。

[9]長秋：皇后代稱。

[10]天市：星區名。《史記》卷二七《天官書》：“東北曲十二星曰旗。旗中四星曰天市。”

[11]天門：郡名，三國孫吴置，治所在溇中縣（今湖南省慈利縣），西晋治所在澧陽縣（今湖南省石門縣）。　蜑（dàn）：南方少數民族。

[12]長城：縣名，治所在今浙江省長興縣東。

[13]吴興：郡名，治所在烏程縣（今浙江省湖州市南）。　朱序：字次倫，本書卷八一有傳。

[14]威遠將軍：官名，屬將軍名號，三國吴時權任很重，三國魏、兩晋時地位稍低。五品。另據桓石虔本傳，其曾任寧遠將軍，未任職威遠將軍。中華本此處作“鎮遠將軍”。　桓石虔：小字鎮惡，本書卷七四有傳。　姚萇：字景茂，本書卷一一六有載記。　墊江：今重慶市合川區以下嘉陵江。

三年春正月辛亥，大赦。夏五月丙午，北中郎將、徐兖二州刺史、藍田侯王坦之卒。[1]甲寅，以中軍將軍、揚州刺史桓冲爲鎮北將軍、徐州刺史，[2]鎮丹徒，[3]尚書僕射謝安領揚州刺史。秋八月癸巳，立皇后王氏，[4]大赦，加文武位一等。九月，帝講《孝經》。[5]冬十月癸酉朔，日有蝕之。十二月甲申，[6]神獸門灾。癸未，皇太后詔曰：“頃日蝕告變，水旱不適，雖克己思救，未盡其方。其賜百姓窮者米，人五斛。”癸巳，帝釋奠于中堂，[7]祠孔子，以顔回配。[8]

[1]王坦之：王，宋本作“三”。

[2]揚州刺史：揚，原本、宋本作“楊”，殿本作“揚”，據殿本改。　鎮北將軍：官名，東漢建安年間置，與鎮西、鎮南、鎮東將軍合稱四鎮將軍，多爲持節都督，出鎮方面。曹魏二品。晋三品，加持節都督者二品。

[3]丹徒：縣名，治所在今江蘇省鎮江市東南丹徒鎮。

[4]皇后王氏：名法慧，本書卷三二有傳。

[5]《孝經》：儒家經典之一。孔門後學所撰，今文本十八章，漢、晋、唐、宋多有儒者爲之作注。

[6]甲申：殿本作“癸未”，下文“癸未”殿本作“甲申”。中華本校勘記：“《舉正》：甲申誤書癸未前。”

[7]釋奠：古代在學校設置酒食以奠祭先聖先師的典禮。

[8]顏回：孔子弟子，名回，字子淵，亦稱顏淵。早卒。

太元元年春正月壬寅朔，帝加元服，[1]見于太廟。皇太后歸政。甲辰，大赦，改元。丙午，帝始臨朝。以征西將軍桓豁爲征西大將軍，[2]領軍將軍郗愔爲鎮軍大將軍，[3]中軍將軍桓沖爲車騎將軍，[4]加尚書僕射謝安中書監、録尚書事。[5]甲子，謁建平等四陵。夏五月癸丑，地震。甲寅，詔曰：“頃者上天垂監，譴告屢彰，朕有懼焉，震惕于心。思所以議獄緩死，赦過宥罪，庶因大變，[6]與之更始。”於是大赦，增文武位各一等。六月，封河間王欽子範之爲章武王。[7]秋七月，[8]苻堅將苟萇陷涼州，虜刺史張天錫，盡有其地。乙巳，除度田收租之制，公王以下口稅米三斛，蠲在役之身。冬十月，移淮北流人於淮南。十一月己巳朔，[9]日有蝕之。詔太官徹膳。十二月，苻堅使其將苻洛攻代，執代王涉翼犍。[10]

[1]元服：帽子。古稱行冠禮爲加元服。《儀禮·士冠禮》：“令月吉日，始加元服。”

[2]征西大將軍：官名，屬將軍名號，多授予統兵出鎮在外、都督數州諸軍事者。位在征西將軍之上。二品，開府位從公者一品。

[3]領軍將軍：官名，三國曹丕置，職掌同於中領軍，但任職者資位重於中領軍，簡稱領軍。爲禁衛軍最高統帥，常由皇帝親信或宗室擔任。兩晋沿置。三品。　郗愔：字方回，本書卷六七有

傳。　鎮軍大將軍：官名，高級軍事長官，權任甚重。兩晋二品，開府位從公者一品。

［4］桓冲：冲，原本作“仲”，宋本、殿本作“冲”，據本傳、宋本、殿本改。　車騎將軍：官名，魏晋南北朝時位次於驃騎將軍，在諸名號將軍之上，多作爲軍府名號，以加授大臣及重要州郡長官。二品，開府位從公者一品。

［5］中書監：官名，中書省長官之一。三國魏文帝初年分秘書置中書省，長官爲中書監、中書令。掌收納奏章、草擬詔令。平常不分高下，入朝時監略高於令。三品。

［6］庶因大變：因，殿本作“回”。

［7］河間王欽子範：司馬範，太元元年（376）封章武王，十六年逝。

［8］秋七月：七，原本、宋本作“九”，殿本作“七”，據殿本改。

［9］十一月己巳朔：中華本校勘記：“十一月應是丁酉朔。”

［10］涉翼犍：亦作什翼犍，拓跋鮮卑，十六國時代國國君，後被前秦所俘至長安，後被放回。北魏建立後被尊爲高祖昭成皇帝。

二年春正月，繼絶世，紹功臣。三月，以兗州刺史朱序爲南中郎將、梁州刺史、監沔中諸軍，[1]鎮襄陽。[2]閏月壬午，地震。甲申，暴風，折木發屋。夏四月己酉，雨雹。五月丁丑，地震。六月己巳，[3]暴風，揚沙石。林邑貢方物。秋七月乙卯，[4]老人星見。[5]八月壬辰，車騎將軍桓冲來朝。丁未，以尚書僕射謝安爲司徒。丙辰，使持節、都督荆梁寧益交廣六州諸軍事、荆州刺史、征西大將軍桓豁卒。[6]冬十月辛丑，以車騎將軍桓冲都督荆江梁益寧交廣七州諸軍事、領護南蠻校尉、荆州刺史，[7]尚書王藴爲徐州刺史、督江南晋陵諸軍，[8]征西司馬謝玄爲兗州刺史、廣陵相、監江北諸軍。[9]壬寅，散騎常侍、左光禄大夫、尚書令王彪之卒。[10]十二月庚寅，以尚書王劭爲尚書僕射。[11]

[1]南中郎將：官名，與東、西、北中郎將並稱四中郎將，統兵征戰，權職甚重。四品。　梁州：三國曹魏治所在沔陽縣（今陝西省勉縣東），西晋移治南鄭縣（今陝西省漢中市東）。　監沔中諸軍：沔中地區軍隊的監軍。

[2]襄陽：郡名，東漢建安十三年（208）置，治所在襄陽縣（今湖北省襄陽市），西晋移治宜城縣（今湖北省宜城市南）。

[3]六月己巳：中華本校勘記："六月癸巳朔，無己巳。"

[4]七月乙卯：中華本校勘記："七月癸亥朔，無乙卯。"

[5]老人星：亦省稱"老人"。南部天空一顆光度較亮的二等星。古人認爲它象徵長壽，故又名"壽星"。《史記》卷二七《天官書》："狼比地有大星，曰南極老人。老人見，治安；不見，兵起。"張守節正義："老人一星，在弧南，一曰南極，爲人主占壽命延長之應。"《史記》卷二八《封禪書》"壽星祠"唐司馬貞索隱："壽星，蓋南極老人星也。"

[6]都督荆梁寧益交廣六州諸軍事：上述六州的軍事行政長官。　荆州：治所在江陵縣（今湖北省江陵縣）。

[7]都督荆江梁益寧交廣七州諸軍事：上述七州最高軍事行政長官。　領：以地位較高的官員兼理較低的職務。　護南蠻校尉：官名，亦稱南蠻校尉，府鎮襄陽，東晋改鎮江陵。掌荆州及江州少數民族事務，統兵。四品。

[8]尚書：官名，東漢尚書臺六曹各置尚書，秩六百石。魏晋出爲朝官，分掌尚書省諸曹，品秩提高。三品。　王藴：字叔仁，本書卷九三有傳。　督江南晋陵諸軍：江南之晋陵郡的軍事行政長

官，位低於都督和監。

[9]征西司馬：官名，征西將軍府的佐官。軍府高級幕僚，掌參讚軍務、管理府内武職，位僅次於長史。七品。　謝玄：字幼度，本書卷七九有傳。　監江北諸軍：江北諸軍的監軍。

[10]左光禄大夫：官名，齊王曹芳正始元年（240）在光禄大夫上增置左、右，位在光禄大夫上。在朝顯職的加官，或授予年老有病致仕者，或授予死者。西晉時禄賜與特進同。二品，開府位從公者一品。

[11]王劭：字敬倫，本書卷六五有傳。

三年春二月乙巳，[1]作新宫，帝移居會稽王邸。三月乙丑，雷雨，暴風，發屋折木。夏五月庚午，陳留王曹恢薨。六月，大水。秋七月辛巳，帝入新宫。乙酉，老人星見南方。

[1]春二月乙巳：二，原本、宋本作“正”，殿本作“二”，據殿本改。

四年春正月辛酉，大赦，郡縣遭水旱者減租税。丙子，謁建平等七陵。二月戊午，[1]苻堅使其子丕攻陷襄陽，執南中郎將朱序。又陷順陽。[2]三月，大疫。壬戌，詔曰：“狡寇縱逸，藩守傾没，疆埸之虞，事兼平日。其内外衆官，各悉心戮力，以康庶事。又年穀不登，百姓多匱。其詔御所供，事從儉約，九親供給，衆官廪俸，權可減半。凡諸役費，自非軍國事要，皆宜停省，以周時務。”癸未，[3]使右將軍毛武生帥師伐蜀。夏四月，苻堅將韋鍾陷魏興，[4]太守吉挹死之。五月，苻堅將句難、彭超陷盱眙，[5]高密内史毛璪之爲賊所執。[6]六月，大旱。戊子，征虜將軍謝玄及超、難戰于君川，大破之。秋八月丁亥，以左將軍王藴爲尚書僕射。[7]乙未，暴風，揚沙石。九月，盗殺建安太守傅湛。[8]冬十二月己酉朔，日有蝕之。[9]

[1]二月戊午：是年二月甲申朔，月内無戊午。

[2]順陽：縣名，治所在今河南省淅川縣南。

[3]癸未：是年三月癸丑朔，癸未爲四月朔日。

[4]魏興：郡名，東漢建安二十年（215）分漢中郡置西城郡，曹魏黄初二年（221）改名魏興，治所在西城縣（今陝西省安康市西北）。

[5]句難：中華本校勘記："《苻堅載記》、《通鑑》一〇四均作'俱難'。"　盱眙：縣名，治所在今江蘇省盱眙縣東北。

[6]高密：郡國名，治所在高密縣（今山東省高密市西南）。

[7]左將軍：官名，漢代爲重號將軍，與前、後、右將軍並爲上卿。魏晋時爲常設官職，權位較兩漢漸低，僅爲武官名號，略高於一般雜號將軍，不典禁兵。三品。

[8]建安：郡名，治所在建安縣（今福建省建甌市南松溪南岸）。

[9]冬十二月己酉朔，日有蝕之：中華本校勘記："十二月乙卯朔，《天文志》中作'閏月己酉朔'，是。"

五年春正月乙巳，謁崇平陵。夏四月，大旱。癸酉，大赦五歲刑以下。[1]五月，大水。以司徒謝安爲衛將軍、儀同三司。[2]六月甲寅，震含章殿四柱，并殺内侍二人。甲子，以比歲荒儉，大赦，自太元三年已前逋租宿債皆蠲除之,[3]其鰥寡窮獨孤老不能自存者，人賜米五斛。丁卯，以驃騎將軍、琅邪王道子爲司徒。[4]秋九月癸未，皇后王氏崩。冬十月，九真太守李遜據交州反。[5]十一月乙酉，葬定皇后于隆平陵。

[1]大赦五歲刑以下：中華本校勘記："《拾補》：'大'字衍。按：盧説是，下年七月云'赦五歲刑以下'，無'大'字，可證。"

[2]衛將軍：官名，魏晋時位在名號將軍之上，多爲軍府名號，加給大臣、重要州郡長官。二品，開府位從公者一品。　儀同三司：官名，即開府儀同三司，三國魏始置。爲大臣加號，意謂與太尉、司徒、司空三司待遇相同，許開設府署，任命僚屬。

[3]自太元三年已前：已，殿本作"以"。　逋租宿債：拖欠的租子和舊債。

[4]驃騎將軍：官名，西漢時爲重號將軍，東漢以後，居諸名號將軍之首，僅作爲軍府名號加授大臣或重要州郡長官。二品，開府位從公者一品。　道子：司馬道子，字道子，本書卷六四有傳。

[5]九真：郡名，西漢文帝時南越王趙佗置。漢武帝時爲漢郡，治所在胥浦縣（今越南社會主義共和國清化省清化市西北）。　交州：又稱交阯，公元前2世紀初南越王趙佗置，後屬西漢。東漢改爲交州，治所在番禺縣（今廣東省廣州市），三國時移治龍編縣（今越南社會主義共和國河北省仙游縣東）。

六年春正月，帝初奉佛法，立精舍於殿内,[1]引諸沙門以居之。[2]丁酉，以尚書謝石爲尚書僕射。[3]初置督運御史官。[4]夏六月庚子朔，日有蝕之。揚、荆、江三州大水。己巳，改制度，減煩費，損吏士員七百人。秋七月丙子，赦五歲刑已下。甲午，交阯太守杜瑗斬李遜，[5]交州平。大饑。冬十一月己亥，[6]以鎮軍大將軍郗愔爲司空。[7]會稽人檀元之反，自號安東將軍，鎮軍參軍謝藹之討平之。[8]十二月甲辰，苻堅遣其襄陽太守閻震寇竟陵，[9]襄陽太守桓石虔討擒之。[10]

[1]精舍：僧人居住之所。

[2]沙門：僧人。

[3]謝石：字石奴，本書卷七九有傳。

[4]督運御史：官名，掌漕運，隸屬御史臺。

[5]交阯：郡名，治所在龍編縣（今越南社會主義共和國河北省仙游縣東）。

[6]冬十一月己亥：中華本校勘記："十一月戊辰朔，無己亥。"

[7]司空：官名，魏晋南北朝爲名譽宰相，多爲大臣加官。晋八公之一，位在三公之末。一品。

[8]鎮軍參軍：官名，鎮軍將軍的佐官，掌參謀軍事。

[9]襄陽太守閻震：中華本校勘記："《苻堅載記》、《通鑑》一〇四皆作'司馬閻振'。"　竟陵：郡名，治所在石城縣（今湖北省鍾祥市）。

[10]襄陽太守桓石虔：中華本校勘記："《校文》：《石虔傳》時爲南平太守，非襄陽。《苻堅載記》亦作'南平太守'。此《紀》蓋涉上'襄陽太守'而誤。按：《通鑑》一〇四亦作'南平'。"

七年春三月，林邑范熊遣使獻方物。[1]秋八月癸卯，大赦。九月，東夷五國遣使來貢方物。苻堅將都貴焚燒沔北田穀，略襄陽百姓而去。[2]冬十月丙子，雷。

[1]林邑：林，宋本作"材"。　范熊：中華本校勘記："周校：

據《四夷傳》當作‘范佛’。”

[2]苻堅將都貴焚燒沔北田穀，略襄陽百姓而去：中華本校勘記：“《通鑑》一〇四據《桓冲傳》《苻堅載記》作‘桓冲使揚威將軍朱綽擊秦荆州刺史都貴于襄陽，焚踐沔北屯田，掠六百餘户而還’，《紀》文恐誤。”

八年春二月癸未，黄霧四塞。三月，始興、南康、廬陵大水，[1]平地五丈。丁巳，大赦。夏五月，輔國將軍楊亮伐蜀，[2]拔五城，擒苻堅將魏光。秋七月，鷹揚將軍郭洽及苻堅將張崇戰于武當，[3]大敗之。八月，苻堅帥衆渡淮，遣征討都督謝石、冠軍將軍謝玄、輔國將軍謝琰、西中郎將桓伊等距之。[4]九月，詔司徒、琅邪王道子録尚書六條事。冬十月，苻堅弟融陷壽春。[5]乙亥，諸將及苻堅戰於肥水，[6]大破之，[7]俘斬數萬計，獲堅輿輦及雲母車。十一月庚申，[8]詔衛將軍謝安勞旋師于金城。[9]壬子，立陳留王世子靈誕爲陳留王。十二月庚午，以寇難初平，大赦。以中軍將軍謝石爲尚書令。開酒禁。始增百姓税米，口五石。前句町王翟遼背苻堅，[10]舉兵於河南，慕容垂自鄴與遼合，[11]遂攻堅子暉於洛陽。[12]仇池公楊世奔還隴右，[13]遣使稱藩。

[1]始興：郡名，治所在曲江縣（今廣東省韶關市東南蓮花嶺下）。　南康：郡名，西晋治所在雩都縣（今江西省于都縣東北），東晋永和五年（349）移治贛縣（今江西省贛州市西南）。　廬陵：郡名，治所在石陽縣（今江西省吉水縣東北）。

[2]輔國將軍：官名，三國兩晋皆置。三品。

[3]鷹揚將軍：官名，雜號將軍中地位較高者，曾作爲荆州、

兖州等州刺史的加官。五品。　武當：縣名，治所在今湖北省丹江口市西北。　郭洽：中華本校勘記："《斠注》：《苻堅載記》作'郭銓'。按：《通鑑》一〇五亦作'郭銓'。'郭銓'又見《五行志》中、《毛璩傳》、《桓石民傳》、《桓玄傳》。"

[4]征討都督：官名，出征軍隊的主帥。　謝琰：字瑗度，本書卷七九有傳。　西中郎將：官名，東漢末所置四中郎將之一。帥師征伐或鎮守。曹魏、西晋多兼涼州刺史，東晋多兼豫州刺史。四品。　桓伊：字叔夏，本書卷八一有傳。

[5]融：苻融，字博休，本書卷一一四有載記。　壽春：縣名，治所在今安徽省壽縣東南。

[6]肥水：即淝水，源出今安徽省肥西縣西北，北流至壽縣城東，復折西北入淮河。今名東淝河。

[7]"乙亥"至"大破之"：中華本校勘記："《通鑑》一〇五記肥水之捷在十一月，較合當時情事。"

[8]十一月庚申：中華本校勘記："十一月丙戌朔，無庚申。"

[9]金城：地名，在今江蘇省南京市栖霞區。

[10]翟遼：中華本校勘記："《商榷》：據《苻堅載記》，'翟遼'當是'翟斌'。按：《通鑑》一〇五亦作'翟斌'。"

[11]慕容垂：字道明，本書卷一二三有載記。　鄴：縣名，治所在今河北省臨漳縣西南。

[12]暉：苻暉，封平原公，歷任鎮東大將軍、豫州牧、使持節、散騎常侍、都督中外諸軍事、車騎大將軍、司隸校尉、録尚書，因屢敗於慕容冲受苻堅責備而自殺。

[13]仇池公楊世奔還隴右：中華本校勘記："《舉正》：《宋書·氐胡傳》此乃楊定，非世也，世已於太和五年卒矣。按：據《魏書》、《北史》、《宋書·氐胡傳》及《通鑑》一〇六，事在太元十年，紀繫之八年，恐誤。"

九年春正月庚子，封武陵王孫寶爲臨川王。戊午，立新寧王晞子遵爲新寧王。[1]辛亥，謁建平等四陵。龍驤將軍劉牢之克譙城。[2]車騎將軍桓沖部將郭寶伐新城、魏興、上庸三郡，[3]降之。二月辛巳，使持節、都督荆江梁寧益交廣七州諸軍事、車騎將軍、荆州刺史桓沖卒。[4]慕容垂自洛陽與翟遼攻苻堅子丕於鄴。[5]三月，以衛將軍謝安爲太保。[6]苻堅北地長史慕容泓、平陽太守慕容沖並起兵背堅。[7]夏四月己卯，增置太學生百人。[8]封張天錫爲西平公。使竟陵太守趙統伐襄陽，克之。苻堅將姚萇背堅，起兵於北地，自立爲王，國號秦。六月癸丑朔，崇德皇太后褚氏崩。[9]慕容泓爲其叔父沖所殺，沖自稱皇太弟。[10]秋七月戊戌，遣兼司空、高密王純之修謁洛陽五陵。己酉，葬康獻皇后于崇平陵。百濟遣使來貢方物。苻堅及慕容沖戰于鄭西，[11]堅師敗績。八月戊寅，司空郗愔薨。九月辛卯，前鋒都督謝玄攻苻堅將兖州刺史張崇于鄄城，[12]克之。甲午，加太保謝安大都督揚江荆司豫徐兖青冀幽并梁益雍凉十五州諸軍事。[13]冬十月辛亥朔，日有蝕之。丁巳，河間王曇之薨。乙丑，以玄象乖度，[14]大赦。庚午，立前新蔡王晃弟崇爲新蔡王。[15]苻堅青州刺史苻朗帥衆來降。[16]十二月，苻堅將吕光稱制于河右，[17]自號酒泉公。慕容沖僭即皇帝位于阿房。[18]

[1]戊午，立新寧王晞子遵爲新寧王：中華本校勘記："戊午爲二月初四，今越於'辛亥'上者，蓋因叙封王事連及之。"

[2]龍驤將軍：官名，高級軍事將領。三品。　劉牢之：字道

堅，本書卷八四有傳。　譙城：一名譙陵城，位於今河南省夏邑縣北。

[3]新城：郡名，曹魏黄初元年（220）改房陵郡置，治所在房陵縣（今湖北省房縣）。　上庸：郡名，東漢建安二十二年（217）置，治所在上庸縣（今湖北省竹山縣西南四十里堵水北岸）。

[4]都督荆江梁寧益交廣七州諸軍事：上述七州最高軍事行政長官。

[5]丕：苻丕，字永叔，本書卷一一五有載記。

[6]太保：官名，史上屢次廢置，三國魏末年復置。晋爲八公之一，位上公，在太宰、太傅之下。安置元老重臣，無職掌。一品。

[7]北地：郡名，三國魏治所在祋祤城（今陝西省銅川市耀州區東），西晋移治泥陽縣（今甘肅省寧縣東南）。　長史：官名，掌顧問參謀，爲所在官署掾屬之長。三國魏晋南北朝時王府、公府、軍府、邊郡均置。八至六品。　慕容泓：昌黎棘城（今遼寧省義縣西）人，慕容儁之子，十六國時西燕創建者。　平陽：郡名，治所在平陽縣（今山西省臨汾市西南）。　慕容冲：小字鳳凰，昌黎棘城（今遼寧省義縣西）人，慕容儁之子。西燕國主。

[8]太學：古代設於京城的最高學府，主要從事儒學教育。

[9]皇太后褚氏：名蒜子，本書卷三二有傳。

[10]慕容泓爲其叔父冲所殺，冲自稱皇太弟：慕容泓與慕容冲爲兄弟關係，非叔侄。

[11]鄭西：鄭縣西。鄭縣治所在今陝西省華縣。

[12]鄄城：縣名，治所在今山東省鄄城縣北。

[13]大都督揚江荆司豫徐兖青冀幽并梁益雍凉十五州諸軍事：上述十五州最高軍事行政長官。此所都督州最多者，都督上又加大字，亦見權位之重。

[14]玄象乖度：天象異常。玄象，天象。

[15]新蔡王晃弟崇：司馬孚之子司馬晃、司馬邕，司馬崇爲司馬邕子，不應爲司馬晃之弟。

[16]青州：治所在臨淄縣（今山東省淄博市東北）。　苻朗：字元達，本書卷一一四有載記。

[17]河右：即河西，今甘肅、青海二省之間黄河南段以西地區，即河西走廊、湟水流域一帶。

[18]阿房：阿房宫。位於今陝西省西安市西南阿房村、古城村與胸家莊一帶。

十年春正月甲午，謁諸陵。二月，立國學。[1]蜀郡太守任權斬苻堅益州刺史李平，[2]益州平。三月，滎陽人鄭燮以郡來降。[3]苻堅國亂，使使奉表請迎。龍驤將軍劉牢之及慕容垂戰于黎陽，[4]王師敗績。夏四月丙辰，劉牢之與沛郡太守周次及垂戰于五橋澤，[5]王師又敗績。壬戌，太保謝安帥衆救苻堅。五月，大水。苻堅留太子宏守長安，[6]奔于五將山。[7]六月，宏來奔，慕容冲入長安。秋七月，苻丕自枋頭西走，[8]龍驤將軍檀玄追之，爲丕所敗。旱，饑。丁巳，老人星見。八月甲午，大赦。丁酉，使持節、侍中、中書監、大都督十五州諸軍事、衛將軍、太保謝安薨。庚子，以琅邪王道子爲都督中外諸軍事。是月，姚萇殺苻堅而僭即皇帝位。九月，吕光據姑臧，[9]自稱凉州刺史。苻丕僭即皇帝位于晋陽。[10]冬十月丁亥，論淮肥之功，追封謝安廬陵郡公，封謝石南康公，謝玄康樂公，謝琰望蔡公，桓伊永脩公，自餘封拜各有差。是歲，乞伏國仁自稱大單于、秦河二州牧。[11]

[1]國學：即國子學。中央立最高儒學學府，隸屬太常，設國子祭酒、博士、助教。收納貴族子弟。

[2]蜀郡：治所在成都縣（今四川省成都市）。　益州：治所在成都縣（今四川省成都市）。

[3]滎陽：郡名，治所在滎陽縣（今河南省滎陽市東北）。

[4]黎陽：縣名，治所在今河南省浚縣東北。

[5]周次：中華本校勘記："周校：《劉牢之傳》'周次'作'田次之'。按：田次之亦見《毛璩傳》。　五橋澤：位於今河北省臨漳縣北。

[6]宏：苻宏，苻堅所立太子。苻堅奔五將山，苻宏留守長安。長安被慕容冲攻打，苻宏逃奔，投奔東晋。歷位輔國將軍，桓玄篡位後任之爲梁州刺史。義熙初，以謀叛被誅。

[7]五將山：位於今陝西省岐山縣東北。

[8]枋頭：地名，在今河南省浚縣西南淇門渡。

[9]吕光：字世明，本書卷一二二有載記。

[10]晋陽：縣名，治所在今山西省太原市西南。

[11]乞伏國仁：十六國時西秦主，本書卷一二五有載記。　大單于：本匈奴最高首領名，十六國時期一些少數民族政權亦置。　河：河州，治所在枹罕縣（今甘肅省臨夏縣西南）。

十一年春正月辛未，慕容垂僭即皇帝位于中山。[1]壬午，[2]翟遼襲黎陽，執太守滕恬之。乙酉，[3]謁諸陵。慕容冲將許木末殺慕容冲於長安。三月，大赦。太山太守張願以郡叛，[4]降于翟遼。夏四月，以百濟王世子餘暉爲使持節、都督、鎮東將軍、百濟王。代王拓拔珪始改稱魏。[5]癸巳，以尚書僕射陸納爲尚書左僕射，[6]譙王恬爲尚書右僕射。[7]六月己卯，地震。庚寅，以前輔國將軍楊亮爲西戎校尉、雍州刺史，[8]鎮衛山陵。秋八月庚午，封孔靖之爲奉聖亭侯，奉宣尼祀。丁亥，安平王邃之薨。翟遼寇譙，龍驤將軍朱序擊走之。冬十月，慕容垂破苻丕於河東，[9]丕走東垣，[10]揚威將軍馮該擊斬之，[11]傳首京都。甲申，海西公奕薨。十一月，苻丕將苻登僭即皇帝位於隴東。[12]

[1]中山：郡名，治所在盧奴縣（今河北省定州市）。

[2]壬午：中華本校勘記："正月癸卯朔，無壬午。"

[3]乙酉：中華本校勘記："正月無乙酉，二月癸酉朔，乙酉爲二月十三日。《通鑑》一〇六繫下文殺慕容冲於二月，是也。"

[4]太山：郡名，治所在奉高縣（今山東省泰安市東）。

[5]拓拔珪：珪，原本、宋本作"圭"，殿本作"珪"，據殿本、中華本校勘記改。

[6]陸納：字祖言，本書卷七七有傳。　尚書左僕射：官名，尚書省次官，輔助尚書令執行政務，參議大政，諫諍得失，監察糾彈百官。有時尚書省不置令，衹設左右僕射，此時左僕射居右僕射之上。三品。

[7]尚書右僕射：官名，尚書令副手，掌拆閱封緘奏章文書、參議政事、諫諍駁議、監察百官。位在左僕射之下。三品。

[8]西戎校尉：官名，亦稱護西戎校尉，西晋初治長治，掌雍州少數民族事務，領兵，多以征西、鎮西將軍兼任。四品。　雍州：治所在姑臧縣（今甘肅省武威市）。東漢建安十八年（213）移治長安（今陝西省西安市西北）。

[9]慕容垂破苻丕於河東：中華本校勘記："據《苻丕載記》、《魏書·慕容永傳》及《通鑑》一〇六，破苻丕者乃慕容永，非慕容垂。"　河東：郡名，治所在安邑縣（今山西省夏縣西北禹王城）。

[10]東垣：縣名，治所在今山西省垣曲縣東南。

[11]揚威將軍：官名，雜號將軍，領兵。四品。

[12]苻丕：字永叔，本書卷一一五有載記。 苻登：字文高，本書卷一一五有載記。 隴東：郡名，治所在秦汧縣故城（今陝西省隴縣東南）。

十二年春正月乙巳，以豫州刺史朱序爲青、兖二州刺史，鎮淮陰。[1]丁未，大赦。壬子，暴風，發屋折木。戊午，慕容垂寇河東，濟北太守温詳奔彭城。[2]翟遼遣子釗寇陳、潁，[3]朱序擊走之。夏四月戊辰，尊夫人李氏爲皇太妃。己丑，雨雹。高平人翟暢執太守徐含遠，[4]以郡降于翟遼。六月癸卯，[5]束帛聘處士戴逵、龔玄之。[6]秋八月辛巳，立皇子德宗爲皇太子，[7]大赦，增文武位二等，大酺五日，賜百官布帛各有差。九月戊午，復新寧王遵爲武陵王，[8]立梁王璲子龢爲梁王。[9]冬十一月，松滋太守王遐之討翟遼于洛口，[10]敗之。

[1]淮陰：縣名，治所在今江蘇省淮安市淮陰區西南。

[2]濟北：郡國名，治所在盧子城（今山東省平陰縣舊東阿東北）。 彭城：縣名，治所在今江蘇省徐州市。

[3]陳：郡國名，治所在陳縣（今河南省周口市淮陽區）。潁：潁水，源出河南省登封市西南陽乾山，東南流至安徽省潁上縣東南入淮河。

[4]高平：郡名，治所在昌邑縣（今山東省巨野縣南）。

[5]六月癸卯：中華本校勘記："六月乙丑朔，無癸卯。"

[6]處士：閑居不仕之人。 戴逵：字安道，本書卷九四有傳。龔玄之：字道玄，本書卷九四有傳。

[7]德宗：司馬德宗，本書卷一〇有紀。

［8］新寧王遵：齊王司馬攸之孫，嗣遼東王司馬定國後。

［9］梁王蓬子龢：武陵王司馬晞孫。龢，殿本作“和”。

［10］松滋：東晋成帝時僑置郡，治所在尋陽縣（今江西省九江市東），安帝時廢爲縣。　洛口：位於今河南省境内洛河入黄河之口。

十三年夏四月戊午，以青兖二州刺史朱序爲持節、都督雍梁沔中九郡諸軍事、雍州刺史，[1]譙王恬之爲鎮北將軍、青兖二州刺史。[2]夏六月，旱。乞伏國仁死，弟乾歸嗣僞位，[3]僭號河南王。秋九月，[4]翟遼將翟發寇洛陽，河南太守郭給距破之。[5]冬十二月戊子，濤水入石頭，[6]毁大桁，[7]殺人。乙未，大風，晝晦，延賢堂灾。[8]丙申，螽斯則百堂、客館、驃騎庫皆灾。[9]己亥，加尚書令謝石衛將軍、開府儀同三司。庚子，尚書令、衛將軍、儀同三司謝石薨。

［1］都督雍梁沔中九郡諸軍事：雍州、梁州之下沔中地區九個郡的最高軍事行政長官。

［2］譙王恬之：中華本校勘記：“上文及本傳、《宋書·禮志》一、《通鑑》一〇七俱無‘之’字。下十五年‘譙王恬之薨’不再注。”

［3］乾歸：乞伏乾歸，十六國時西秦主，本書卷一二五有載記。

［4］秋九月：九，殿本作“七”。

［5］河南：郡名，治所在雒陽縣（今河南省洛陽市東北）。

［6］石頭：石頭城，故址位於今江蘇省南京市清凉山。

［7］大桁：又稱朱雀桁，六朝都城建康南城門朱雀門外的浮橋，横跨秦淮河上。三國吴時稱南津橋，晋改名朱雀桁。桁爲連船而

成，長九十步，廣六丈。因在臺城南，又稱“南航”。秦淮河上二十四航，此爲最大，又稱“大航”。

[8]延賢堂：《資治通鑑》卷一二〇《宋紀》元嘉二年胡三省注：“延賢堂在建康華林園。”

[9]螽斯則百堂：原本、宋本、殿本無“則”字，據中華本校勘記補。螽斯、則百均爲多子多孫的意思。

十四年春正月癸亥，詔淮南所獲俘虜付諸作部者一皆散遣，[1]男女自相配匹，賜百日廩，其没爲軍賞者悉贖出之，以襄陽、淮南饒沃地各立一縣以居之。彭城妖賊劉黎僭稱皇帝於皇丘，龍驤將軍劉牢之討平之。二月，扶南獻方物。[2]吕光僭號三河王。夏四月甲辰，彭城王弘之薨。[3]翟遼寇滎陽，執太守張卓。六月壬寅，使持節、都督荆益寧三州諸軍事、荆州刺史桓石虔卒。[4]秋七月甲寅，宣陽門四柱灾。[5]八月，姚萇襲破苻登，獲其僞后毛氏。丁亥，汝南王羲薨。九月庚午，以尚書左僕射陸納爲尚書令。冬十二月乙巳，雨，木冰。

[1]作部：官署名，負責手工業品生産。

[2]扶南：意爲“山地之王”，在今柬埔寨王國，公元1世紀建國。

[3]彭城王弘之：司馬弘之，彭城王司馬權玄孫，位至散騎常侍。

[4]荆州刺史桓石虔卒：據熊賢漢先生考證，桓石虔未做過荆州刺史。第一，據《晋書》卷七四《桓彝傳》及附傳，桓氏家族首任荆州刺史者爲桓温，繼之者爲桓沖、桓石民。桓石民卒於太元十四年（389），桓石虔卒於太元十三年（388），没有桓石虔繼任

桓石民之可能。第二，《晋書》卷七九《謝安傳》載："是時桓冲既卒，荆、江二州並缺，物論以玄勛望，宜以授之。安以父子皆著大勛，恐爲朝廷所疑，又懼桓氏失職，桓石虔復有沔陽之功，慮其驍猛，在形勝之地，終或難制，乃以桓石民爲荆州，改桓伊於中流，石虔爲豫州。既以三桓據三州，彼此無怨，各得所任。其經遠無競，類皆如此。"明確記載桓石虔没有任荆州刺史的原因。第三，據《晋書》卷七五《王忱傳》記載，繼桓石民之後做荆州刺史的是王忱。(參見熊賢漢《〈晋書〉辨誤三題》，《咸寧師專學報》1984年第1期)

[5]宣陽門：南朝都城建康南面正門，約在今南京市中山路以南的淮海路一帶。又稱白門。

十五年春正月乙亥，鎮北將軍、譙王恬之薨。龍驤將軍劉牢之及翟遼、張願戰于太山，王師敗績。[1]征虜將軍朱序破慕容永於太行。[2]二月辛巳，以中書令王恭爲都督青兖幽并冀五州諸軍事、前將軍、青兖二州刺史。[3]三月己酉朔，地震。戊辰，大赦。秋七月丁巳，有星孛于北河。[4]八月，永嘉人李耽舉兵反，[5]太守劉懷之討平之。己丑，京師地震。有星孛于北斗，[6]犯紫微。[7]沔中諸郡及兖州大水。龍驤將軍朱序攻翟遼于滑臺，[8]大敗之，張願來降。九月丁未，以吴郡太守王珣爲尚書僕射。[9]冬十二月己未，地震。

[1]劉牢之及翟遼、張願戰于太山，王師敗績：中華本校勘記："《校文》:《牢之傳》'翟遼'作'翟釗'，蓋遼之子也。'張願'作'張遇'。據《傳》文，牢之戰勝，與《紀》異。"

[2]慕容永：字叔明，十六國時西燕國主，被後燕慕容垂攻殺。

[3]中書令：官名，掌收納尚書奏事，傳達皇帝詔旨。三國魏文帝初年分秘書置中書省，設中書監和中書令，職權甚重。三品。王恭：字孝伯，本書卷八四有傳。　都督青兖幽并冀五州諸軍事：上述五州最高軍事行政長官。　前將軍：官名，漢代重號將軍之一，與左、右、後將軍並爲上卿。魏晋時常設，權位較兩漢時漸低，僅爲武官名號，略高於一般雜號將軍，不典禁兵，不與朝政。三品。

[4]北河：星官名，屬井宿。本書卷一一《天文志上》："南河、北河各三星，夾東井。"

[5]永嘉：郡名，治所在永寧縣（今浙江省温州市）。

[6]北斗：即斗宿，二十八星宿之一。

[7]紫微：星宫名，三垣之一。有星十五顆，分兩列，以北極爲中樞，成屏藩狀。

[8]滑臺：滑臺城，即今河南省滑縣東舊滑縣，北臨古黄河。

[9]吴郡：治所在吴縣（今江蘇省蘇州市）。　王珣：字元琳，本書卷六五有傳。

十六年春正月庚申，[1]改築太廟。夏六月，慕容永寇河南，太守楊佺期擊破之。[2]己未，章武王範之薨。[3]秋九月癸未，以尚書右僕射王珣爲尚書左僕射，以太子詹事謝琰爲尚書右僕射。[4]新廟成。冬十一月，姚萇敗苻登于安定。[5]

[1]正月庚申：中華本校勘記："正月甲戌朔，無庚申。"

[2]楊佺期：本書卷八四有傳。

[3]章武王範之：河間王司馬欽之子，位至游擊將軍。

[4]太子詹事：官名，東宫屬官，掌管東宫内外事務。兩晋南北朝東宫地位極重，官署齊備，擬於朝廷。太子詹事任總宫官，堪

比朝廷之尚書令、領軍將軍，位權甚重。三品。

［5］安定：郡名，西漢置，治所在高平縣（今寧夏回族自治區固原市），東漢治所在臨涇縣（今甘肅省鎮原縣東南），東晉改治安定縣（今甘肅省涇川縣北）。

十七年春正月己巳朔，大赦，除逋租宿債。夏四月，齊國内史蔣喆殺樂安太守辟閭濬，[1]據青州反，北平原太守辟閭渾討平之。[2]五月丁卯朔，日有蝕之。六月癸卯，京師地震。甲寅，濤水入石頭，毁大桁。永嘉郡潮水涌起，近海四縣人多死者。乙卯，大風，折木。戊午，梁王龢薨。慕容垂襲翟釗于黎陽，敗之，釗奔于慕容永。秋七月丁丑，太白晝見。[3]八月，新作東宫。冬十月丁酉，太白晝見。辛亥，都督荆益寧三州諸軍事、荆州刺史王忱卒。[4]十一月癸酉，以黄門郎殷仲堪爲都督荆益梁三州諸軍事、荆州刺史。[5]庚寅，徙封琅邪王道子爲會稽王，封皇子德文爲琅邪王。[6]十二月己未，地震。是歲，自秋不雨，至于冬。

［1］齊國：郡國名，治所在臨淄縣（今山東省淄博市東北）。樂安：郡名，治所在高苑縣（今山東省鄒平市長山鎮）。

［2］北平原：郡名，治所在今山東省平原縣西南。

［3］太白：金星。

［4］都督荆益寧三州諸軍事：上述三州最高軍事行政長官。王忱：字元達，本書卷七五有傳。

［5］黄門郎：官名，黄門侍郎或給事黄門侍郎的省稱。五品。殷仲堪：本書卷八四有傳。　都督荆益梁三州諸軍事：上述三州最高軍事行政長官。

[6]德文：司馬德文，晋恭帝，本書卷一〇有紀。

十八年春正月癸亥朔，地震。[1]二月乙未，地又震。[2]三月，翟釗寇河南。夏六月己亥，始興、南康、廬陵大水，深五丈。秋七月，旱。閏月，祆賊司馬徽聚黨於馬頭山，[3]劉牢之遣部將討平之。九月丙戌，[4]龍驤將軍楊佺期擊氐帥楊佛嵩于潼谷，[5]敗之。冬十月，姚萇死，[6]子興嗣僞位。[7]

[1]癸亥朔：亥，原本、宋本、殿本作"卯"，據中華本校勘記改。

[2]地又震：殿本作"又地震"。

[3]祆：殿本作"妖"。　馬頭山：位於今江蘇省南京市六合區東北三十五里。

[4]九月丙戌：九月己丑朔，是月無丙戌。

[5]潼谷：潼谷水，《水經注·河水四》熊會貞注引《太平寰宇記》考潼谷水在今陝西省華陰市東四十里。

[6]冬十月，姚萇死：中華本校勘記："《御覽》一二三引《後秦録》、《通鑑》一〇八謂姚萇死於十二月庚子，此文'十'下疑脱'二'字。"

[7]興：姚興，字子略，本書卷一一七有載記。

十九年夏六月壬子，[1]追尊會稽王太妃鄭氏爲簡文宣太后。秋七月，荆、徐二州大水，傷秋稼，遣使振恤之。八月己巳，尊皇太妃李氏爲皇太后，宫曰崇訓。慕容垂擊慕容永於長子，[2]斬之。冬十月，慕容垂遣其子惡奴寇廪丘，[3]東平太守韋簡及垂將尹國戰于平陸，[4]簡死之。是歲，苻登爲姚興所殺，太子崇奔于湟中，[5]僭稱皇帝。

[1]夏六月壬子：中華本校勘記："六月甲寅朔，無壬子。《禮志》上記此事作'二月'，二月丙辰朔，亦無壬子。"

[2]長子：縣名，治所在今山西省長子縣西南。

[3]廩丘：縣名，治所在今山東省鄆城縣西北。

[4]東平：郡國名，治所在須昌縣（今山東省東平縣西北）。平陸：縣名，治所在今山東省汶上縣西北。

[5]太子崇：殿本於"太"字前有"登"字。　湟中：指今青海省湟水兩岸地區。

二十年春二月，作宣太后廟。甲寅，散騎常侍、光禄大夫、開府儀同三司、尚書令陸納卒。三月庚辰朔，日有蝕之。夏六月，荆、徐二州大水。十一月，魏王拓拔珪擊慕容垂子寶于黍谷，[1]敗之。

[1]黍谷：中華本校勘記："《校文》：《載記》及《魏書》均作'参合'。按：《通鑑》一〇八亦作'参合陂'。以作'参合'爲是。"

二十一年春正月，造清暑殿。三月，慕容垂攻平城，[1]拔之。夏四月，新作永安宫。丁亥，[2]雨雹。慕容垂死，子寶嗣僞位。[3]五月甲子，以望蔡公謝琰爲尚書左僕射。大水。六月，吕光僭即天王位。秋九月庚申，帝崩于清暑殿，時年三十五。葬隆平陵。

[1]平城：縣名，治所在今山西省大同市東北古城。

[2]丁亥：亥，原本、宋本、殿本作“卯”。據中華本校勘記改。

[3]寶：慕容寶，字道祐，本書卷一二四有載記。

帝幼稱聰悟。簡文之崩也，時年十歲，至晡不臨，[1]左右進諫，答曰：“哀至則哭，何常之有？”謝安嘗嘆以爲精理不減先帝。既威權己出，雅有人主之量。既而溺於酒色，殆爲長夜之飲。[2]末年長星見，[3]帝心甚惡之，於華林園舉酒祝之曰：“長星，勸汝一杯酒，自古何有萬歲天子邪！”太白連年晝見，地震水旱爲變者相屬。[4]醒日既少，而傍無正人，竟不能改焉。時張貴人有寵，年幾三十，帝戲之曰：“汝以年當廢矣。”貴人潛怒，向夕，帝醉，遂暴崩。時道子昏惑，元顯專權，[5]竟不推其罪人。初，簡文帝見讖云：“晋祚盡昌明。”及帝之在孕也，李太后夢神人謂之曰：“汝生男，以‘昌明’爲字。”及産，東方如明，[6]因以爲名焉。簡文帝後悟，乃流涕。及爲清暑殿，有識者以爲“清暑”反爲“楚”聲，哀楚之徵也。俄而帝崩，晋祚自此傾矣。

[1]至晡不臨：到傍晚也不親至。晡，申時，約當今十五時至十七時。

[2]殆爲長夜之飲：殆，殿本作“始”。

[3]長星：類似彗星，有長形光芒。

[4]相屬：接二連三，連接不斷。

[5]元顯：司馬元顯，司馬道子之子，本書卷六四有傳。

[6]東方如明：如，殿本作“始”。

史臣曰：前史稱“不有廢也，君何以興”；[1]若乃天挺惟神，光膺嗣位，邁油雲而驤首，[2]濟沉川而能躍；少康一旅之衆，[3]所以闡帝圖，成湯七十之基，[4]所以興王業；静河海於既泄，補穹圓於已紊；事異於斯，則弗由也。簡皇以虚白之姿，[5]在屯如之會，[6]政由桓氏，[7]祭則寡人。太宗晏駕，寧康纂業，天誘其衷，奸臣自隕。于時西逾劍岫而跨靈山，[8]北振長河而臨清洛；荆吴戰旅，嘯吒成雲；名賢間出，舊德斯在：謝安可以鎮雅俗，彪之足以正紀綱，桓冲之夙夜王家，謝玄之善斷軍事。于時上天乃眷，强氏自泯，五尺童子，振袂臨江，思所以挂旆天山，[9]封泥函谷。[10]而條綱弗垂，威恩罕樹，道子荒乎朝政，國寶彙以小人，拜授之榮，初非天旨，鬻刑之貨，自走權門，毒賦年滋，愁民歲廣。是以聞人許榮馳書詣闕，[11]烈宗知其抗直，而惡聞逆耳，肆一醉於崇朝，飛千觴於長夜。雖復“昌明”表夢，安聽神言？而金行頽弛，抑亦人事，語曰“大國之政未陵夷，小邦之亂已傾覆”也。[12]屬苻堅百六之秋，[13]棄肥水之衆，帝號爲“武”，不亦優哉！

[1]前史稱“不有廢也，君何以興”：語見《左傳·僖公十年》。

[2]邁油雲而驤首：志氣凌雲，氣宇軒昂。驤首，氣宇軒昂。

[3]少康：夏王，相之子。夏太康失位，后羿取代夏政，寒浞又殺后羿。夏相之后緡逃回母家，生少康。後夏臣伯靡聚衆殺寒

浞，迎少康復位。史稱少康中興。

[4]成湯：商朝第一位王，名履。於鳴條打敗夏桀，滅夏，建商。

[5]虛白之姿：指簡文帝清心寡欲，尤善玄談。

[6]屯如之會：困難之際。《易・屯》："六二，屯如邅如。"孔穎達疏："屯是屯難""如是語辭也"。

[7]政由桓氏：由，殿本作"自"。

[8]西逾劍岫而跨靈山：向西跨過峰巒越過昆侖。劍岫，峰巒。靈山，昆侖山。比喻開疆拓土。

[9]挂旆天山：在天山揚起旗幟。

[10]封泥函谷：固守函谷關。封泥，守關如封泥，喻據守雄關。

[11]聞人許榮馳書詣闕：指孝武帝不親萬機，但以酣歌爲務，拒絶許榮上書勸諫之事。事見本書卷六四《司馬道子傳》。聞人許榮，即上書人許榮，中華本在聞人後加頓號，並以聞人加人名號，誤。

[12]"大國之政未陵夷，小邦之亂已傾覆"：此爲當時俗語，意爲大國的生命力强於小國。

[13]百六之秋：災難之秋。古代道家稱天厄爲"陽九"，地厄爲"百六"。《文選・袁宏〈三國名臣序贊〉》："百六道喪，干戈迭用。"吕延濟注："四千六百一十七歲爲一元，一百六歲曰陽九之厄。"因以"陽九百六"指災難或厄運。

贊曰：君若綴旒，道非交泰。[1]簡皇凝寂，不貽伊害。孝武登朝，奸雄自消。燕之擊路，鄭叔分鑣。[2]倡臨帝席，酒勸天妖。金風不競，[3]人事先凋。

[1]交泰：天地祥和，萬物通泰。

［2］鄭叔分鑣：鄭伯和共叔段相鬥之事。事見《左傳·隱公元年》。

［3］金風不競：喻晋之衰落。